David James Fisher

Psychoanalytische Kulturkritik und die Seele des Menschen

Essays über Bruno Bettelheim

Reihe »Psyche und Gesellschaft«

Herausgegeben von Johann August Schülein und Hans-Jürgen Wirth

David James Fisher

Psychoanalytische Kulturkritik und die Seele des Menschen

Essays über Bruno Bettelheim

unter Mitarbeit von

Roland Kaufhold und Michael Löffelholz

Psychosozial-Verlag

Alle im Buch veröffentlichten Fotos stammen aus dem Privatarchiv von Dr. Roland Kaufhold sowie von Prof. Dr. Dr. Jochen Stork, dem die Herausgeber für die Publikationsrechte herzlich danken.

Bibliografische Information der Deutschen Nationalbibliothek
Die Deutsche Nationalbibliothek verzeichnet diese Publikation in der Deutschen Nationalbibliografie; detaillierte bibliografische Daten sind im Internet über <http://dnb.d-nb.de> abrufbar.

Originalausgabe

E-Mail: info@psychosozial-verlag.de
www.psychosozial-verlag.de

Lektorat/Satz: Lars Steinmann
Umschlagabbildung: Porträt Bruno Bettelheims
Umschlaggestaltung: Christof Röhl
nach Entwürfen des Ateliers Warminski, Büdingen
Printed in Germany
ISBN 978-3-89806-281-7

Inhaltsverzeichnis

1. Vorwort

David James Fisher

Dreizehn Jahre sind nun seit Bettelheims Tod 1990 durch Selbstmord im Alter von 86 Jahren vergangen. Überwiegend waren sie eine für seinen Ruf verheerende Zeit gewesen, trotz des Erscheinens von nicht weniger als drei großen Biographien[1] und einer Flut von Memoiren und Studien, die sein Leben und seinen Einfluss bewerten.[2] Bettelheim begann 1943 zu publizieren; in den letzten 30 Jahren seines Lebens hatte er eine privilegierte Position in der amerikanischen Literatur inne und gebot über ein breites Publikum für seine Ansichten und Perspektiven – im Gegensatz zu den meisten anderen Psychoanalytikern seiner Zeit, vielleicht mit Ausnahme von Erik Erikson in Amerika und Jacques Lacan in Frankreich. Er fungierte als öffentlicher Intellektueller, dessen Schriften und Erklärungen mit Spannung erwartet, weit verbreitet und in angesehenen Zeitschriften und wissenschaftlichen Journalen von hoher Auflage sowie von einem renommierten Verlag veröffentlicht wurden. Bettelheim äußerte sich zu einer erstaunlichen Spanne von Themen und schien ein enzyklopädisches Wissen und eine autoritative Stimme zu diversen Themenbereichen zu haben, von den psychologischen Wirkungen der Erfahrungen des Holocaust und der Konzentrationslager bis zum Verständnis und der Behandlung emotional schwer gestörter Kinder, zu den Schwierigkeiten der Kindererziehung, der emotionalen Komponente des Lebens im Kibbuz, der Bedeutung von Märchen und den richtigen Einstellungen und dem Geist, mit denen Freuds Texte gelesen werden sollten. Mehr noch, seine Ideen waren bewusst kontrovers, die Äußerungen des Autors konnten scharfzüngig, omnipotent und intolerant sein. Er schrieb und sprach gegen die Tendenzen der allgemein verbreiteten Meinung, attackierte heilige Kühe, genoss seine Fähigkeit, moralische Heuchelei zu demaskieren, seichte oder naive psychologische Standpunkte zu untergraben und sein Publikum dahingehend zu provozieren, dass es etablierte Pietäten hinterfragte. So wurde seine klare Stimme fraglos zu einem Bestandteil der zeitgenössischen Diskussion, an der sich eine Öffentlichkeit von gebildeten Laien in Bezug auf die Kernthemen der Zeit orientierte. In dieser Rolle beleidigte Bettelheim viele einzelne Menschen und ganze Zuhörerschaften. Dabei machte er sich Feinde. Einiges davon brach nach seinem Tod heraus.

Nach und nach kann ein kohärentes Portrait des Mannes gezeichnet werden, das Portrait eines mit einer Menge von Fehlern behafteten Individuums, eines Individuums mit vielen Widersprüchen. Er war ein auf kreative Weise deprimierter Mann, der über enorme Vorräte an Vitalität verfügte, über eine ungeheure Lust auf Arbeit, eine erstaunliche Neugier und eine einzigartige Fähigkeit, sich sowohl auf das Gesamtbild als auch auf die Details zu konzentrieren.

Sein Leben veränderte sich dramatisch durch die plötzliche und kaum erwartete Machtergreifung der Nationalsozialisten in Österreich und seine Inhaftierung in zwei Konzentrationslagern der Nazis für elf Monate in den Jahren 1938–1939. Vor der Zeit in den Lagern war Bettelheim ein recht typisches Mitglied der assimilierten jüdischen oberen Mittelschicht in Wien gewesen, ein Mitglied einer außerordentlich gut gebildeten bürgerlichen sozialen Schicht, die kosmopolitisch, anspruchsvoll und säkularisiert war, modern eingestellt in ihrem Empfinden, progressiv in der Politik. Er hatte einen Doktorgrad in Ästhetik an der Universität Wien erworben. Er war hoch kultiviert und hatte ein breitgefächertes kulturelles, künstlerisches und politisches Wissen und ebensolche Interessen. Sein frühestes Rebellentum zeigte sich in Form seiner Mitgliedschaft in der Jugendbewegung, dem Wandervogel, wo er als Jugendlicher – gemeinsam mit seiner Cousine Edith Buxbaum – lernte, Anti-Kriegs-Gefühle während des Ersten Weltkriegs zu äußern, allgemeine sozialistische Grundätze zu schätzen, elterliche und institutionelle Autorität zu hinterfragen, sich mit Sexualität zu beschäftigen und mit ihren Wirkungen auf Aspekte der Persönlichkeit und sich vor allem überhaupt für Formen des subjektiven Erlebens zu begeistern.

Von seiner frühen Kindheit an bis ins Erwachsenenalter litt Bettelheim unter depressiven Schüben, unter schweren Problemen mit Selbstzweifeln wegen seines Aussehens (er glaubte, hässlich zu sein), schwankenden Selbstwertgefühlen hinsichtlich seiner Intelligenz und seiner Fähigkeiten zu schreiben, unter Ambivalenz gegenüber seinem Judentum und schließlich einer Unsicherheit darüber, ob er eine tiefere Bedeutung in seinem Leben finden könne. Bettelheim war ein Mann von wesenhaftem Paradox: er konnte reizbar, unangenehm, unhöflich, wütend, ungeduldig, hart, richtend, aufdringlich, kritisch und aufgebracht sein; zu anderer Zeit war er außerordentlich feinfühlig, gütig, fürsorglich, höflich, anderen zugewandt und sich der prekären Verletzlichkeit anderer Menschen bewusst. Als öffentliche Person konnte er charmant, witzig, geistreich, unterhaltsam, selbstkritisch, dramatisch und sogar selbstentblößend vor denen sein, die um ihn waren. Als private Person, und dies vor allem in den letzten Jahren seines Lebens, als ich ihn kennen lernte, konnte er unerbittlich ehrlich, taktlos in seiner Offenheit, selbstquälerisch und grausam anderen gegenüber sein und chronisch selbstmordgefährdet. Der Tod seines Vaters machte ihn im Alter von 23 Jahren zum Patriarchen der Familie, zwang ihn, den Holzfällerbetrieb zu übernehmen, den er verachtete, was seine Studienvorhaben und seinen Wunsch, als Psychoanalytiker ausgebildet zu werden, durchkreuzte.

Die Psychoanalyse wurde für Bettelheim zu einem festen Bestandteil seiner Suche nach Bedeutung im Leben. Sogar in der schlimmsten existentiellen Situation bestand er auf dem Erklärungswert des analytischen Instruments und seiner Nützlichkeit, um die Beziehung des Selbst zu sich selbst und zu seiner Umgebung zu erschließen. Die Psychoanalyse half ihm in seiner lebenslangen Suche nach Autonomie, Ganzheit und Authentizität. Durch die Psychoanalyse lernte er, für andere hilfreich zu sein, seine intuitiven Fähigkeiten und seinen brillianten Verstand, seinen leichten Zugang zum Unbewussten für das empathische Verstehen anderer verletzlicher menschlicher Wesen einzusetzen, ohne sie zu entmenschlichen oder zu erniedrigen. Seine Version der Psychoanalyse unterstrich das menschliche Vermögen des Individuums, sich mit Konflikten auseinanderzusetzen, um Echtheit zu erlangen, Selbstbetrug zu überwinden, sich dunklen und oft demütigenden Gefühlen gegenüber dem Selbst zu stellen, und schließlich ein volles und realistisches Gefühl der Lebensbewältigung und der Verantwortung sich selbst und seinem Platz in der Welt gegenüber zu entwickeln.

Vor allem verstand Bettelheim, dass die Wege zu Selbstbefreiung und Selbstklärung über Emotionen führen. Schon bevor die Affektabstimmung und die empathisch-introspektive Methode Schlagwörter der psychoanalytischen Bewegung wurden, wusste er aus gelebter Erfahrung, dass emotionale Expressivität die genuinste Form der Selbsterforschung und der psychologischen Ehrlichkeit ist. Obwohl er sehr versiert in der klassischen Theorie Freuds und ein lebenslanger Student von dessen Werken war, tendierte Bettelheim dazu, theoretischen und abstrakten

Zugangsweisen zum Verstand zu misstrauen; zu viel Theorie führe zur Entstehung einer entfremdenden Distanz, welche die wichtige interpersonelle Verbindung zwischen Analytiker und Patient schmälere, die das Herzstück analytischen Forschens darstellt. Der Seele – ein Begriff, den er dem des »Verstandes« vorzog – näherte man sich eher durch die Begründung und die Neubegründung einer sicheren, respektvollen, warmen, fürsorglichen, aber nicht zu engen Beziehung zwischen dem Therapeuten und dem Patienten. Dies war sein Modell der idealen psychoanalytischen Situation, der Einrichtung einer Insel der Gelassenheit zwischen den beiden, wo Dialog, Entdeckung und affektive Erforschung ungehindert vonstatten gehen können.

Bettelheim wurde mit der Psychoanalyse während der letzten Jahre des Ersten Weltkriegs und in den 20er und 30er Jahren bekannt; er bewegte sich in gesellschaftlichen Kreisen, zu denen Analytiker wie Wilhelm und Annie Reich, Otto Fenichel und Grete Bibring gehörten, und er war der Cousin der Analytikerin Edith Buxbaum.[3] Nach einer ca. sechsjährigen Psychotherapie bei Richard Sterba, in erster Linie wegen Eheproblemen mit seiner ersten Ehefrau, Gina (die er 1930 geheiratet hatte), und wegen Unzufriedenheit mit seiner Arbeit als Leiter des Holzfällerunternehmens seiner Familie,[4] begann er eine Analyse mit Richard Sterba irgendwann um 1936–1937.[5]

Es ist heute hinreichend bekannt, dass Bettelheim nie eine formale psychoanalytische Ausbildung in der Wiener Psychoanalytischen Gesellschaft oder irgendwo sonst erhielt.

Als ich Bettelheim in meinem Interview nach seiner Ausbildung in Wien fragte, erwiderte er: »Ich habe eigentlich überhaupt keine Erinnerungen an diese Gesellschaft, sondern vielmehr an diejenigen, die zu ihr gehörten. Denn, sehen Sie, ich war noch kein Mitglied. Ich war sehr eng mit Wilhelm Reich befreundet, und ich habe bereits Fenichel erwähnt, der ebenfalls ein guter Freund wurde, ebenso wie andere. Ich wurde darüber unterrichtet, was vor sich ging.« Als ich ihn fragte, wie viele Seminare er besucht habe, antwortete er offen, dass er gar keine besucht habe: »Nein, ich hatte gerade erst angefangen.«

Kurz gesagt, waren Bettelheims Qualifikationen als Psychoanalytiker im Wesentlichen selbsterzeugt. Er wurde zum Analytiker durch einen Prozess der Selbst-Autorisierung. Er erwarb Kenntnisse über Analyse durch seine Analyse bei Richard Sterba, durch das Studium der klinischen

Literatur und das Nachdenken darüber und größtenteils durch seine Arbeit mit gestörten Patienten, wobei er sich auf seine außergewöhnlichen Fähigkeiten stützte, zuzuhören und sich in die innere Welt und intensiven Kämpfe anderer einzufühlen. Mehr als alles andere waren es seine Patienten, die ihn lehrten und überwachten. Er machte die Vorstellung, dass der Patient immer recht habe, zu einem nicht reduzierbaren Prinzip der therapeutischen Technik, wobei das empathische Verstehen und die Fürsorge für den anderen zum Fundament seines klinischen Stils wurden – eines Stils, der einer Kunstform näher kam als einer Wissenschaft. Bei seiner Auswahl der Kandidaten als Berater an seiner Orthogenic School interessierte sich Bettelheim weniger für akademische Referenzen als für eine ehrliche Motivation, zu lernen und mit den Kindern zu arbeiten, und die Fähigkeit, zu den eigenen Gefühle Zugang zu haben; er zog Amateure gut in Fragen seelischer Gesundheit ausgebildeten Professionellen vor. Viele psychoanalytische Pioniere aus Bettelheims Generation erhielten ihre analytische Imprimatur durch eine Analyse bei Freud oder einem seiner führenden Schüler; viele leisteten später hervorragende Beiträge auf diesem Gebiet und wurden ausgezeichnete Kliniker. Historisch gesehen müssen wir uns vor Augen halten, dass die Psychoanalyse eine neue Disziplin war, so dass eine formale Ausbildung oft nicht der einzige Weg zu einer erfolgreichen oder herausragenden Karriere war. Natürlich machte das Fehlen einer formalen psychoanalytischen Ausbildung und medizinischer Referenzen Bettelheim zu einer Zielscheibe für Misstrauen und zu einem lebenslangen Außenseiter für den amerikanischen psychoanalytischen Mainstream, der gegen Laienanalyse eingestellt war und dem Innovatoren nicht willkommen waren.

Bettelheim hat als öffentlicher Intellektueller ein recht spezielles Terrain im kulturellen Leben Amerikas besetzt. Obwohl er bestallter Professor an der University of Chicago war, ging er der Forschung und Publikationen in eng gefassten Bereichen akademischer Spezialisierung aus dem Weg. Er stellte Disziplingrenzen infrage. Er versuchte, nie scholastisch oder langweilig zu sein. Stattdessen schrieb er einflussreiche, sehr gut verkäufliche und manchmal mit Preisen ausgezeichnete Bücher, die eine nicht spezialisierte Öffentlichkeit erreichten. Er hatte einen Draht dafür, Themen zu behandeln, die seiner Leserschaft wirklich wichtig waren. Wie er mir über seine Absichten zu *Freud und die Seele des Menschen* schrieb: »Was mir gefiel, war, dass ich so viele spontane Reaktionen von einer Vielzahl verschiedener Intellektueller bekam, die mir schrieben, dass Freud für sie zum ersten Mal einen Sinn ergab. Sie reichten von einem Nobelpreisträger in Volkswirtschaft bis zum weltgrößten Mathematiker, aber auch zu Elftklässlern. Das macht mich froh, weil dies die Gruppe ist, die ich erreichen wollte.«[6] Nicht verwunderlich, dass seine Schriften die Kritik und den Groll akademischer Gelehrter auf sich gezogen haben, die seine Methodologie und seine Tendenz zum Generalisieren in Frage stellten, die es genossen, faktische Fehler auszugraben, und die ihn um seine intellektuelle Reichweite, seine Selbstsicherheit und seine Autorität beneideten. Zuletzt bezichtigte man ihn des Betrugs und Plagiats.[7]

Der öffentliche Intellektuelle war auch dem amerikanischen psychoanalytischen Establishment entfremdet. Er stellte eine kohärente und oft subversive Freudsche psychoanalytische Perspektive dar, arbeitete aber außerhalb der organisierten Psychoanalyse in Amerika und gegen sie; er gab nie Kurse oder Seminare an psychoanalytischen Instituten (obwohl er gelegentlich einen Kurs an der erweiterten Abteilung des Chicago Psychoanalytic Institute anbot), und publizierte kaum einmal in psychoanalytischen Journalen. Die positive Entwicklung seiner Karriere oder seines Selbstwertgefühls war nicht der offiziellen Psychoanalyse zu verdanken. Als die eines berühmten Außenseiters wurden Bettelheims Schriften vom psychoanalytischen Establishment entweder ignoriert oder heftig kritisiert, was bei ihm sowohl Gefühle der Verachtung als auch der Verletzung hinterließ; er sehnte sich nach dessen Anerkennung, war aber durch die strenge Zurückweisung ihm gegenüber hart geworden. Die Analytiker ihrerseits haben Bettelheim möglicherweise als zu weitgehend Abtrünnigen betrachtet, als zu freien Denker, um ihn je als ausgewiesenes Mitglied der Gilde akzeptieren zu können; viele müssen ihn als unlenkbar betrachtet haben, als nicht bereit, sich den klinischen und institutionellen Richtlinien der American Psychoanalytic Association zu fügen.

Wie er mir bezüglich seines Buchs über Freud schrieb: »Ich hatte nicht erwartet, einen Keil zwischen die Psychoanalytiker zu treiben.« Er wollte einen Freudschen Standpunkt bewahren und relevant machen, um sein Publikum zum Nachdenken anzuregen und emotionale Resonanz wachzurufen. Er hatte nicht den Wunsch, als Hüter der Orthodoxie oder als jemand zu fungieren, der eine naive, aber idealisierte Sichtweise Freuds verteidigen wolle. Er setzte seine eigene Rolle in ironischen Kontrast zu der Anna Freuds, der Tochter des Gründers, die »die Rolle der Wächterin über die Psychoanalyse übernommen hatte. Was sie angeht, besagt die offizielle psychoanalytische Haltung, dass jeder Mensch ambivalente Gefühle seinen Eltern gegenüber hat – ausgenommen Anna Freud.«[8]

Als ein Einzelgänger, der mit einer sowohl humanen als auch scharfen Stimme sprach, zog Bettelheim es vor, psychoanalytischer »Störenfried« zu sein, jemand, der andere dazu brachte, ihre allgemein üblichen Ansichten zu überprüfen, der Pietäten entmystifizierte und der Dogmen und Konventionen aufspießte. Er war äußerst skeptisch gegenüber psychoanalytischen Theorien, deren Schwerpunkt auf Anpassung anstelle von Konflikt lag, auf sozialer Angleichung anstelle von solchen Theorien, die eher im kreativen, spielerischen und einzigartigen, spontanen Lebendigsein von Individuen verankert waren, die in entfremdenden Massengesellschaften lebten. Massenkulturen erzeugten Konformität, geistlosen Materialismus und Konsum, während sie geistige Unabhängigkeit und authentische Äußerungen des Herzens bestraften; sie gefährdeten das gesunde Empfinden des Individuums für das Selbst und für Vitalität tiefgreifend. Im Gegensatz zu den meisten Mitgliedern der offiziellen Psychoanalyse entschloss sich Bettelheim bewusst, in einer direkten, zugänglichen, lesbaren, emotional geladenen Prosa zu schreiben, ohne Zuflucht in wissenschaftlicher oder unnötig gelehrter Sprache zu suchen. Wer in Fachsprache lehrt und schreibt, verkehrt in einer Sprache, die nur einer ausgewählten Elite aus Analytikern vertraut ist; sie fungieren somit, laut Bettelheim, als Sekte oder geheime Gesellschaft von Eingeweihten, die einen privaten, obskuren Diskurs betreiben.

Die Freudsche Psychoanalyse war zu wichtig, um der Obhut der Freudianer überlassen zu werden. Es wurde zu seiner Mission, das klinische Spektrum analytischer Theorie und Praxis zu erweitern, so dass es die Behandlung sehr früh gestörter Kinder und Jugendlicher, sogar Autisten, mit einschloss – Gruppen, die der konventionellen analytischen Einschätzung als unheilbar oder unbehandelbar galten. Gleichzeitig demonstrierte er die intellektuelle und emotionale Kraft der Methode, um aufzuzeigen, wie sich Freuds Projekt auf Erziehung, Elternschaft, das Entziffern kultureller Artefakte, das Lesen von Texten und das Deuten von Filmen und Kunstwerken anwenden ließ. Bettelheim als Kliniker wurde dadurch auch zu jemandem, der veranschaulichte, wie die Psychoanalyse dazu genutzt werden konnte, humanistische Einblicke in Formen des kulturellen Lebens zu geben. Darin erwies er sich als ein Erbe Freuds, vor allem von dessen späteren kulturellen Schriften: Freuds als Kulturhistoriker und Kulturkritiker.

Des Gleichen schrieb er in seinen Texten über den Holocaust und die Konzentrationslager der Nazis mit der moralischen Autorität, dem Ernst und der Glaubwürdigkeit eines Menschen, der Häftling in Dachau und Buchenwald gewesen war, also eines Menschen, der aus seinen eigenen Beobachtungen und seiner gelebten Erfahrung heraus schrieb. Sein erster, einflussreicher Essay über die Konzentrationslager wurde von psychoanalytischen Zeitschriften rundheraus abgelehnt, aus dem inzwischen absurd scheinenden Grund, dass seine Studie hasserfüllt sei gegenüber den Deutschen, voll paranoider Gedanken, und dass sie keine verifizierbaren Daten enthalte. Bettelheim ärgerten und deprimierten diese Ablehnungen.

Dennoch konnte er oft Standpunkte einnehmen, die den jüdischen Überlebenden der Konzentrationslager gegenüber unsensibel und grausam waren, insbesondere sein Bestehen auf einer psychologischen und ideologischen Mittäterschaft der Juden an ihrem eigenen Massenmord. Bettelheim betätigte sich manchmal darin, das Opfer zu beschuldigen. Er schien sich seiner extremen Ambivalenz bezüglich seines eigenen Judentums nicht bewusst zu sein, wie sich in seinen Gedanken über die Gefahren eines »Ghetto-Denkens« widerspiegelte. Bettelheim traf in seinen Schriften über die Lager nicht immer historisch wichtige Unterscheidungen; er versäumte es, Haft- und Arbeitslager von Todeslagern zu differenzieren; er hatte die Tendenz, spezifische Phasen des Nazi-Terrors unscharf darzustellen; er romantisierte häufig die vergeblichen Widerstandsaktionen von Seiten jüdischer Häftlinge. Seine Werke über die Konzentrationslager riefen oft heftige Polemik und emotionale Anschuldigungen gegen ihn hervor. Obwohl er die harte Position vertrat, dass er es nicht brauche, geliebt zu werden, und dass er nicht beliebt sein müsse, verletzten ihn diese Angriffe und wirkten sich auf wiederkehrende Quellen von Schmerz, Trauma und Qual aus.

Bettelheim hatte das starke emotionale Bedürfnis, verstanden zu werden. Dies war einer der Gründe für seine Tendenz, sich in seinen Schriften zu wiederholen. Wenn er missverstanden wurde, verletzte ihn das. Wie er in seinem Interview mit mir erwähnte, verzweifelte er daran, die fragmentierende Erfahrung des Lebens in den Lagern an Generationen zu vermitteln, die den Holocaust nicht erlebt hatten. Sie könnten möglicherweise nie das richtige Bezugssystem für das Leben an der äußersten Grenze der Existenz haben. »Es ist ein Erlebnis, das so überwältigend ist, tatsächlich so voller Widersprüche, dass es sehr schwer ist, damit fertig zu werden. Ich glaube, dass jeder, der eine Zeit in einem deutschen Konzentrationslager zugebracht hat – es muss nicht unbedingt ein Vernichtungslager sein –, ein Gefühl der Schuld und der Scham niemals los wird. Es ist eine so erniedrigende Erfahrung, dass man sich gezwungen fühlt, sie nicht zuzulassen, sondern die eigene Schuld abzuwehren. In einer lebensbedrohlichen Situation muss man seine normalen Reaktionen unterdrücken. *Das Problem ist, dass man fühlt, dass niemand wirklich versteht, was man durchgemacht hat* (Hervorhebung von D. J. Fisher). Manche Leute verdrängen es, manche versuchen, mit dem Leben wie gewohnt fortzufahren, als ob nichts sich je ereignet hätte. Das ist eine sehr unzureichende Art, damit umzugehen.«[9]

Das Kernstück von Bettelheims Berufslaufbahn waren seine 29 Jahre (1944 bis 1973) als Direktor der Sonia Shankman Orthogenic School, die der University of Chicago angegliedert ist. Auch hier ist das Bild Bettelheims recht durchwachsen; er brachte seine persönlichen Paradoxe in seine vielfältigen Rollen und Verantwortlichkeiten als Leiter der Schule mit ein. Die Orthogenic School war darauf angelegt, in einem Wohnzentrum eine sichere, freundliche, angenehme Umgebung für schwer gestörte Kinder zu schaffen. Sie war therapeutisches Ambiente und Schule für die Kinder und Ausbildungszentrum für die Berater. In einem der frühesten, rigorosesten, ehrgeizigsten und experimentellsten Ansätze zur Schaffung eines totalen therapeutischen Milieus für kranke Kinder hat Bettelheim wieder einmal als Vorläufer gehandelt.

Er bevorzugte es, Kinder in die Schule aufzunehmen, die nirgendwo anders erwünscht waren oder die von psychologischen Fachleuten und von ihren Eltern als extrem pathologisch, antisozial, delinquent, gewalttätig, suizidal oder autistisch diagnostiziert wurden, und die vielfache Schwierigkeiten hatten, stabile Beziehungen mit anderen Kindern und Erwachsenen einzugehen. Bettelheim hatte gehofft, ein Milieu zu schaffen, das dem Wohlergehen und Wachstum des Kindes diente. Er verwendete psychoanalytische Konzepte in dieser Wohn-Umgebung. Jedes Verhalten, Gefühl, jede Fantasie sollte aus der Perspektive des Kindes betrachtet werden; jede Handlung und jeder Gedanke hatte unbewusste Bedeutung. Empathie, Intuition und klinisches Wissen waren Mittel, um das Leiden und die Qual des Kindes zu erfassen. Kurz, Bettelheim hoffte, dass seine Schule und seine therapeutische Methode eine Brücke zwischen der Welt der Geisteskrankheit und der Welt des Verstandes darstellen würde.

Als Leiter der Orthogenic School brachte Bettelheim all seine Talente und alle Eigenheiten seiner Persönlichkeit in die zu bewältigende Aufgabe ein. Die Schule erlaubte es ihm, Heilender und Lehrer zu sein, Forscher und Schriftsteller, Mentor, Supervisor und Therapeut für seine Mitarbeiter, ein unermüdlicher Verwalter, der alle Einzelheiten des Schulbetriebs überwachte. Inzwischen ist offensichtlich geworden, dass Bettelheim einige seiner klinischen Resultate übertrieben und ein zu optimistisches Bild seiner Erfolge gezeichnet hat, vor allem bei den autistischen Patienten, wo er bestenfalls Teilresultate erzielte. Dies tat er hauptsächlich in einer Reihe von Büchern, die Fallstudien und erweiterte Erklärungen über die Struktur, Organisation und klinische Orientierung der Schule vermittelten.[10] Bettelheim konnte unglaublich ermutigend und freundlich zu seinen Beratern sein, ihnen großzügig Zeit widmen, ihre persönliche und klinische Reifung fördern. Er verwischte viele Grenzlinien, was seine Mitarbeiter anging. Er hatte die Tendenz, einige seiner Berater in die analytische Therapie mitzunehmen; er hatte klare Lieblinge. Dies verschärfte die Rivalität innerhalb der Schule, verstärkte den Wettkampf und die Paranoia in der spannungsgeladenen Atmosphäre der Schule und förderte sowohl Idealisierung als auch Verärgerung.

Bettelheim leitete die Schule zuerst als Autoritätsperson, die ihr klinisches und pädagogisches Wissen anwenden wollte; er entwickelte sich zu einem Autokraten ohne Zweideutigkeiten, was seine eigene Macht und Autorität anbelangte. Als er älter, berühmter und griesgrämiger wurde, arbeitete er mit einem Auftreten voll Arroganz, Aggressivität und Schroffheit gegenüber seinen Mitarbeitern und den Kindern; er wurde zu jemandem, der immer recht haben musste, der indiskret direkt auf den Punkt zu sprechen kam, voreilige Schlüsse zog und es erreichen konnte, dass sich sowohl Berater als auch Kinder in ihrer Privatsphäre verletzt, bloßgestellt und gekränkt fühlten. Er war verbal verletzend und feindselig; er rechtfertigte seine Handlungen im Namen des Schutzes der Ordnung in einer geschlossenen Umgebung, wo Chaos und Gewalt ausbrechen konnten. In Anlehnung an Freuds Strukturmodell konzeptualisierte er seine Rolle an der Schule als die des Über-Ich, wobei die Kinder das Es und die Berater das Ich darstellten. Dr. B., wie er genannt wurde, war furchterregend und Gegenstand von endlosen Gerüchten, Klatsch und Übertragungsfantasien.

Wenngleich er Charisma, Energie, Anziehung und Talent ausstrahlte, konnte sich Bettelheim auch jähzornig, unvorhersehbar, sadistisch und einschüchternd aufführen. Obwohl er es nie schwarz auf weiß zugab, flüchtete sich Bettelheim dahin, Schülern Klapse und Schläge zu erteilen, um in Krisensituationen die Ordnung an der Schule wiederherzustellen. Tatsächlich hat sein Gebrauch körperlicher Bestrafung seinem posthumen Ruf geschadet. Er konnte sich den Kindern gegenüber auch charmant, sensibel, mitfühlend und freundlich verhalten. Er erlaubte es nicht, viel Nähe zu ihm aufzubauen, und verfügte über keine natürliche Ungezwungenheit mit oder Liebe zu Kindern, wie sie viele Kinderanalytiker besitzen.

Ohne in der Orthogenic School gelebt oder gearbeitet zu haben, kann man sich die Übertragungs- und Gegenübertragungsdynamik, die dort ausgelöst wurde, nur vorstellen. Als außergewöhnlicher und inspirierender Mann an der Spitze und als jemand, der in einer kleinen, selbstgenügsamen und unter hohem Druck stehenden Institution als Guru fungierte, wurde Bettelheim stark bewundert und hatte leidenschaftliche Befürworter und Anhänger; seine Lieblosigkeiten und sein Kontrollverlust sollten nach seinem Tod bei einstigen Beratern und Schülern Ärger und Wut auf ihn hervorrufen. Es wird noch Zeit brauchen, den Charakter der Projektionen und Gegenprojektionen der früheren Patienten und Berater herauszufinden, und ebenso, wie sich Bettelheims Ängste und ungeklärten Gefühle sich selbst gegenüber, insbesondere seine depressiven Affekte, sein Gefühl von Betrügerei und sein leicht verletzter Narzissmus, im Schulbetrieb darstellen konnten.

Vor allem zeigten seine Bücher ein idealisiertes Bild der Schule. Über die Berichte hinaus, welche die Schule entweder glorifizieren oder denunzieren, und über Idealisierung und Paranoia hinaus muss die Orthogenic School jedoch historisch und kritisch als kühnes und einfallsreiches Experiment zur Behandlung in einem Wohnumfeld angesehen werden. Sie ergab hochinteressante Daten über solche Umwelten und über sehr kranke Kinder, die von ihren Eltern getrennt leben. Sie brachte eine Anzahl bemerkenswerter und dauerhafter Erfolge hervor. Viele Absolventen der Schule behaupten, dass Bettelheim ihnen das Leben gerettet habe. Viele führten später ein erfülltes und produktives Leben. In seinen kürzlich erschienenen Memoiren liefert Stephen Eliot den detailliertesten und bewegendsten Bericht über seinen Aufenthalt an der Orthogenic School. Er erinnert sich mit gemischten Gefühlen an Bettelheim, hauptsächlich aber mit Zuneigung und Dankbarkeit. »Er war nicht nur mein größter Lehrer, was ich anerkennen konnte, sondern auch ein Freund, wenn ich auch fast vierzig Jahre gebraucht habe, um das zu erkennen. Wie andere Genies war er komplex, wechselhaft und nicht immer geschätzt.«[11]

***

Mein Buch mit Essays über Bettelheim ist in vier sich überlappende Abschnitte unterteilt: einen Überblick über sein Leben und den Einfluss seines Werkes; eine Analyse seiner Texte über den Holocaust und über Kindeserziehung; vielseitige Betrachtungen seines Todes und Selbstmords; und einen polemischen abschließenden Abschnitt, in dem ich auf eine Anzahl bösartiger Angriffe auf Bettelheim nach seinem Tod reagiere.

Der Titelessay dieses Bandes, »Psychoanalytische Kulturkritik und die Seele«, bietet eine Interpretation der kritischen Einblicke in Bettelheims Leben und Werk, als vollständiges Ganzes betrachtet; er richtet seine Aufmerksamkeit besonders auf seine Schriften zu den Konzentrationslagern. Er zeigt, dass seine Lebensgeschichte als Lagerhäftling und Emigrant in Amerika in Verbindung mit Merkmalen seiner Persönlichkeit zur Entwicklung seiner klinischen Methodologie, zu seiner Suche nach Sinn durch den Umgang mit schwer gestörten Kindern führte. Der Essay bietet eine detaillierte Diskussion von *Freud und die Seele des Menschen.* Dieser herausfordernde Text, vorgeblich eine Analyse der Fehlübersetzungen von Freud ins Englische, wurde in Wahrheit zu einer Plattform für Bettelheim, um seine eigene ganzheitliche Auffassung von der Psychoanalyse darzulegen: als ein Mittel, um den wertvollsten Besitz eines Menschen – seine affektive Subjektivität – ins Bewusstsein zu übersetzen; die psychoanalytische Form des Entschlüsselns ermögliche folglich die Erforschung der mannigfaltigen Dimensionen der Seele.

Abschnitt II enthält zwei Essays. Der erste vergleicht und kontrastiert Bettelheims psychoanalytisches und soziales Verständnis von Faschismus und Antisemitismus, insbesondere in Bezug auf Texte der 1940er Jahre, mit den Werken einer Kohorte von vier anderen Analytikern, Erik Erikson, Otto Fenichel, Ernst Simmel und Rudolf Loewenstein. All diese Analytiker wurden gezwungen, Mittel- und Westeuropa aufgrund des Aufstiegs des Nationalsozialismus zu verlassen; alle litten unter der Politik des rassischen Antisemitismus. Ich argumentiere, dass es in diesen Werken eine Dialektik zwischen einem unerbittlichen moralischen und politischen Antifaschismus und einer deutlichen Ambivalenz der Autoren hinsichtlich ihrer eigenen Identität als Juden gibt. Die Identifikation mit der Psychoanalyse erlaubte ihnen, eine tiefdringende Einsicht in faschistische Rhetorik und ihre defensiven Strategien zu entwickeln, nicht aber in ihre eigenen verwirrten Identitäten als kosmopolitische Juden und Intellektuelle, die wegen Überzeugungen und Assoziationen verfolgt wurden, die sie nicht länger teilten. Das Kapitel »Ermutigung zum Spiel« ist eine kritische Analyse von Bettelheims »A good-enough Parent« (dt.: Ein Leben für Kinder), seinem umfassendsten Werk über die Komplexität zeitgenössischer Kindererziehung.[12] Hier kehrt der Winnicottsche Bettelheim seinen Kurs völlig um und gestattet sich, Müttern gegenüber weniger hart zu sein und seine empathische Einfühlung sowohl der inneren Welt des Kindes als auch den schmerzhaften Dilemmas von Eltern zu widmen. Das Buch ist ferner ein nachhaltiges Argument für das Spielerische.

Abschnitt III wird mit »Ein letztes Gespräch mit Bruno Bettelheim« eröffnet. Hier versuchte ich, ihm eine sichere und intime Arena zu bieten, wo ich an den drängendsten Sorgen ganz am Ende seines Lebens, an seinen eindringlichen Äußerungen über Selbstmord, Anteil nehmen konnte. In diesem Interview sprach ich mit Bettelheim über historische Fragen zu seiner formalen psychoanalytischen Ausbildung, über seine Sicht anderer Figuren in der analytischen Bewegung, seine Gedanken über das Alter, Gebrechlichkeit, Krankheit, den Tod seiner Frau, die Entzweiung mit seiner Tochter und das allgegenwärtige Gefühl, nutzlos zu sein, das er verspürte, während sich seine Gesundheit verschlechterte und er nicht mehr fähig war zu arbeiten. In »Der Selbstmord eines Überlebenden« versuche ich, mit Bettelheims Selbstmord ins Reine zu kommen, indem ich das Ereignis in den Zusammenhang seines Lebens während seiner letzten Jahre stelle, als ich ihn in Los Angeles kannte und er sich mir anvertraute. Ich sehe diesen Selbstmord im Zusammenhang mit dem unerträglichen Vermächtnis der Scham und der Schuld eines Überlebenden zweier Konzentrationslager. Das Kapitel »Homage an Bettelheim« ist eine Gedenkschrift, die kurz nach seinem Tod 1990 verfasst wurde, Teil meiner eigenen Trauerarbeit, meines eigenen Bedürfnisses, einen Sinn in seinem gewaltsamen Weggang zu finden.

Der letzte Abschnitt schließt mit einem polemischen Unterton ab und gewährt vielleicht etwas Einblick in das Klima der unmittelbar auf seinen Selbstmord folgenden verbalen Hetzjagd gegen Bettelheim wie auch gegen Menschen wie mich, die eine aggressive Gegenattacke starteten. Er beginnt mit »Offener Brief an *Newsweek*« (mitunterschrieben von Rudolf Ekstein), in dem ich auf die faktischen und interpretativen Verzerrungen des Artikels antworte, den sie »Beno Brutalheim« betitelt hatten. *Newsweek* veröffentlichte übrigens nur eine gekürzte Version dieses Briefes und ließ dabei jede Erwähnung von Fehlern oder schlampiger Berichterstattung ihrerseits aus. Der zweite Text, ein Brief, der in *Society* veröffentlicht wurde, die mein Interview mit Bettelheim abgedruckt hatte, antwortet auf zwei von Bettelheims ehemaligen Patienten aus der Orthogenic School, die bis nach seinem Tod gewartet hatten, um ihn schonungslos anzuprangern.[13] Der Band schließt mit zwei unveröffentlichten Dokumenten, Briefen Bettelheims[14] an mich, ab. Einer davon enthält seine Reaktionen auf einen Essay von mir über »Freud lesen: ›Das Unbehagen in der Kultur‹« und fasst kurz seinen hermeneutischen Zugang zu größeren Texten zusammen. In dem anderen geht es um seinen eigenen Text über Freud und meine Rezension von »Freud und die Seele des Menschen«. Sie zeigen Bettelheim als geistreichen, gratwandernden Intellektuellen, in höchstem Maße rechthaberisch, dabei jedoch höflich und respektvoll denen gegenüber, die sich in ernsthaften intellektuellen Bemühungen engagieren.

Dieser Band gesammelter Essays wäre nicht möglich gewesen ohne die großzügige Empfänglichkeit von Hans-Jürgen Wirth, Verleger des Psychosozial-Verlages. Lars Steinmann hat als Lektor die außerordentliche Mühe auf sich genommen, meine englischsprachigen Schriften in ein kohärentes deutschsprachiges Werk zu verwandeln. Michael Löffelholz ist ein idealer Übersetzer gewesen, sorgsam, rücksichtsvoll dem Autor gegenüber, und auf meine Grundideen eingestellt; er hat den Autor nie im Stich gelassen. Ulrich Bach vom Fachbereich Germanistik der UCLA hat ebenfalls exzellente Arbeit bei der Übersetzung von zwei der Kapitel geleistet. Sabine Oetz, Stefan Neubert und Werner Rügemer haben selbstlos einzelne Kapitel übersetzt. Thomas Aichhorn (Wien) hat die Entstehung dieses Buches in einer sehr liebenswürdigen, kontinuierlich-konstruktiven Weise begleitet und so zu einem Austausch zwischen Österreich, Amerika und Deutschland beigetragen. Mehr als alles andere haben Roland Kaufholds Energie, Weitblick und Enthusiasmus dieses Buch von einem Traum zu Wirklichkeit werden lassen. Ich schulde ihm tiefe Dankbarkeit. Er ist eine ständige Stütze und eine große Hilfe bei der Vervollständigung und Realisierung dieses Projektes gewesen.

David James Fisher
Los Angeles, im Juni 2003

Übersetzung: Daniela Bone und Michael Löffelholz

Anmerkungen

1 Nina Sutton: Bruno Bettelheim: A Life and a Legacy (Basic Books: New York, 1996) (dt.: Bruno Bettelheim. Auf dem Weg zur Seele des Kindes, 1997); Richard Pollak, The Creation of Dr. B.: A Biography of Bruno Bettelheim (Simon & Schuster: New York, 1997); Theron Raines, Rising to the Light: A Portrait of Bruno Bettelheim (Knopf: New York, 2002). Siehe hierzu auch die Buchbesprechungen von Celeste Fremon (2002): The Man in the White Coat. Review of: T. Raines: Rising to the Light, Los Angeles Times, Sunday, September 15, 2002, S. 6 (s. Fremon 1994) sowie Robert Gottlieb: Review: The Strange Case of Dr. B., in: The New York Review of Books, February 27, 2003 (via: www.nybooks.com/contests/20030227).

2 Letters to the Chicago Reader, April 6, May 4, May 25, June 8, July 6, July 13, 1990; Charles Pekow, »The Other Doctor Bettelheim«, Washington Post, Aug. 26, 1990; Ronald Angres, »Who, Really, was Bruno Bettelheim?« Commentary, Vol 90, No. 4 (Oct. 1990), S. 26; Paul Roazen, »The Rise and Fall of Bruno Bettelheim«, Psychohistory Review, Vol. 20, No. 3 (Spring, 1992), S. 221–250; (dt.) : Aufstieg und Fall von Bruno Bettelheim, *psychosozial,* 25. Jg., Nr. 89, Heft 3/2002. Siehe hierzu ergänzend: Roland Kaufhold : »Dem, was man selbst erlitten hat und andere ebenfalls, kann nur abgeholfen werden, indem man lebt und handelt.« Kritischer Kommentar zu Paul Roazens Bettelheim-Studie, *psychosozial*, 25. Jg., Nr. 89, Heft 3/2002), Kaufhold 2001; als Beispiel für eine eloquente Verteidigung Bettelheims siehe Elio Frattaroli, *Healing the Soul in the Age of the Brain* (Penguin: New York, 2001), S. 132–148.

3 Siehe Kaufhold (2001a) sowie die Studie »Von Wien über New York nach Seattle/Washington: Zum 100. Geburtstag von Edith Buxbaum (1902–1982), einer Pionierin der Psychoanalytischen Pädagogik« von Kaufhold, Zeitschrift für politische Psychologie, 9. Jg., 2001, Nr. 4, S. 221–233.

4 Detaillierte Angaben zu Bettelheims Jugend in Wien finden sich in Kaufhold (2001) sowie in Kaufhold (2003b): Bruno Bettelheim (1903–1990): Frühe biographische Wurzeln in Wien und sein psychoanalytisch-pädagogisches Werk, in: Kinderanalyse 3/2003.

5 Vgl. Raines 2002, S. 40, Kaufhold 2001, S. 140–143; siehe hierzu auch Kurt Jacobsens (Chicago) (2000, dt. 2003) lesenswerten Bettelheim-Essay, welcher einige befremdliche Darstellungen in Sutton (1996) sowie in Pollak (1997) in überzeugender Weise korrigiert. Jacobsen (2000, S. 395) führt unter Verweis auf ein Interview mit Emma Visher (später: von Radanowicz) aus, dass Bettelheims spätere Lehranalyse in Wien – die durch seine Verschleppung nach Wien auf traumatische Weise abgebrochen wurde – bereits spätestens ihm Frühjahr 1935 begonnen haben muss – und somit sehr viel länger war als dies Sutton und Pollak darstellen.

6 Letter, Bruno Bettelheim to David James Fisher, June 24, 1983, siehe Kapitel 11 in diesem Buch. Siehe auch Kap. 6 »Ein letztes Gespräch mit Bruno Bettelheim« in diesem Buch.

7 Alan Dundes: Bruno Bettelheim's Uses of Enchantment and Abuses of Scholarship, *Journal of the American Folklore Society*, Vol. 104 (Winter, 1991), S. 74–83. Siehe hierzu auch: Roland Kaufhold (1999): »Falsche Fabeln vom Guru?« Der »Spiegel« und sein Märchen vom bösen Juden Bruno Bettelheim. In: Behindertenpädagogik, 38. Jg., Heft 2/1999, S. 160–187.

8 Letter, Bruno Bettelheim to David James Fisher, June 24, 1983, siehe Kap. 11 in diesem Buch.

9 Siehe Kap. 6 in diesem Buch: »Ein letztes Gespräch mit Bruno Bettelheim«.

10 Siehe die dichte Werkübersicht zu Bettelheims Büchern in Kaufhold (2001), S. 155–224.

11 Stephen Eliot, Not the Thing I Was: Thirteen Years at Bruno Bettelheim's Orthogenic School (St. Martin's Press: New York, 2002), S. 5; siehe auch R. Gottlieb: Review: The Strange Case of Dr. B., in: The New York Review of Books, February 27, 2003.

12 Siehe hierzu vergleichend die Analyse dieses Buches in Kaufhold (2001), S. 205–212.

13 Siehe hierzu vertiefend den Essay von Kaufhold (1999b): »Falsche Fabeln vom Guru?« Der »Spiegel« und sein Märchen vom bösen Juden Bruno Bettelheim. In: Behindertenpädagogik, 38. Jg., Heft 2/1999, S. 160–187, in dem Fishers Engagement für eine realitätsgerechte Wahrnehmung von Bettelheims Lebenswerk aufgegriffen und auf die deutschsprachige Diskussion übertragen wird.

14 Siehe hierzu vertiefend die in Kaufhold (Hg.) (1994) sowie Kaufhold (Hg.) (1999) dokumentierten und kommentierten Briefwechsel zwischen Bettelheim und Ernst Federn.

2. Einführung

Roland Kaufhold und Michael Löffelholz

»If everyone agreed with me I know I would be doing something wrong. I *like* to be unpopular.«

Bruno Bettelheim (in: Raines 2002, S. XXI)

»Mein Ziel war, das zu sagen, was ich sagen wollte, und das, so gut ich konnte. Und es ziemlich leicht verständlich zu machen. Ich versuche, allgemein verständlich zu schreiben. Ich weiß nicht, ob ich es geschafft habe, aber ich habe es versucht.«

Bruno Bettelheim, 1990 (in: Fremon 1994, S. 110)

»Es ist also nicht verwunderlich, daß der Selbstmord eines Menschen, den wir liebten, eine solche Wut in uns hinterläßt. Er scheint uns sagen zu wollen: was immer du auch getan hast, es war nicht genug. (...) Mit Bettelheims Selbstmord kommt das Urteil von einem, der den Menschen in seiner scheußlichsten und entwürdigendsten Gestalt gesehen hat, in Dachau und in Buchenwald. Es fällt nicht schwer, sich vorzustellen, daß er mit seinem Selbstmord auch einen scharfen Verweis gegen eine Welt der Lebenden ausgesprochen hat, in der so etwas geschehen konnte. Zeuge dieser Niedertracht gewesen zu sein, wäre allein schon Grund genug für hellsichtige Verzweiflung. (...)

Ich bin mir nicht sicher, aber ich glaube, die Tatsache, daß beide, Levi und Bettelheim, sich so lange Jahre nach ihren Leiden in den Lagern zum Sterben entschlossen, sagt uns etwas über die zunehmende Einsamkeit der alternden Überlebenden dieser Verbrechen aus. Wenn es in den Voraussetzungen für Selbstmord etwas Gemeinsames gibt, dann ist es Einsamkeit, dieses Gefühl, daß es zwischen einem selbst und dem Rest der Welt einen unüberwindlichen Graben gibt. Man denke nur an die Einsamkeit der Überlebenden der Konzentrationslager. Sie sind Reisende, die aus einem grauenhaften Land zurückkehrten. Sie erzählen ihre Geschichte, und niemand kann die Schrecken ihrer Berichte nachvollziehen. Jahr um Jahr schrumpft der Tod die Zahl derjenigen, die verstehen können – die anderen Überlebenden. (...)

Es könnte sein, daß die tröstlichste Stimme, die ein Überlebender in dieser zunehmenden Einsamkeit hört, die Stimme der Toten ist. Wer jemals einen geliebten Menschen verloren hat, weiß, wie hartnäckig die Stimmen der Toten locken können. Und dann stelle man sich vor, wie es sein muß, wenn die Millionen des eigenen Volkes flehen, man möge sich zu ihnen gesellen. Man stelle sich vor, man habe so lange mit der Erinnerung an den Tod gelebt, daß er seinen Schrecken verloren hat. In solchen Momenten wird der Selbstmord zur Flucht aus der Einsamkeit des Überlebens, eine Reise der Rückkehr in die Gesellschaft der Dahingegangenen. (...)

Wollen wir die Überlebenden des Holocaust ehren, dann ist Schweigen das Mindeste, was wir tun können, und es bleibt uns nur noch, jenem Geheimnis Respekt zu zollen, das sich hinter der Frage verbirgt, warum sich einige für das Leben und andere für das Sterben entschieden haben. Denn dies ist letzten Endes die Last, die wir Überlebenden zu tragen haben, wenn sich jemand das Leben nimmt: wir können niemals mit Gewißheit sagen, ob sein letzter Schrei ein Schrei um Hilfe oder ein Schrei der Erlösung war.«

Michael Ignatieff (Ignatieff 1994, S. 113–115)

I. Späte Freundschaft zweier Intellektueller

Es war David James Fisher, dem sich Bruno Bettelheim 1988, am Ende seines Lebens, den Tod im Auge, in einem langen Gespräch anvertraute.[1] Dieses Gespräch, auf drei Sitzungen verteilt, war als klärender, an die »Nachgeborenen« (Brecht 1976) gerichteter biographischer Abschluß gedacht. Bettelheim verabredete mit Fisher, es erst nach seinem Tod zu veröffentlichen.

Wie viele der anderen Fragen, die er Bettelheim stellte, enthielten auch die folgenden einen deutlichen autobiographischen Selbstbezug Fishers:

»Würden Sie auf der Grundlage Ihrer Erfahrungen sagen, dass die Zukunft der Psychoanalyse nicht allein in den Händen von Klinikern liegen sollte, sondern eher in den Händen von unabhängig gesinnten Forschern und Intellektuellen?« und etwas später: »Wenn die Psychoanalyse und die psychoanalytischen Vereinigungen von privat praktizierenden Klinikern dominiert würden, von Leuten, die sich dem Denken nicht verpflichtet sehen oder auch nicht dazu, zur Literatur beizutragen und ernsthafte Forschung zu betreiben, wäre die Disziplin dann in Gefahr?«[2]

In seiner Antwort vermeidet es Bettelheim, einer der beiden Seiten den Vorrang zuzusprechen. Klinische Erfahrung sei fraglos die Basis der Weiterentwicklung der Psychoanalyse, jedoch keine hinreichende Bedingung dafür. Hinzutreten müsse die gedankliche Verarbeitung der praktischen Erfahrung im Kontakt mit den humanistischen Strömungen, wie sie sich an großen Universitäten zeigten.

Sich um diese anspruchsvolle Verbindung von klinischer Erfahrung und gedanklicher Reflexion im Horizont der kulturellen Entwicklung der Zeit bemüht zu haben, zeichnet nicht nur Bettelheim sondern auch den jüngeren Gesprächspartner aus. Deshalb konnte sich eine späte geistige und persönliche Freundschaft zwischen beiden bilden und Bettelheim sich Fisher öffnen.

II. Bildungsweg: Amerika – Europa – Amerika

Die Motive und Erfahrungen, die Fisher dazu bewogen, sich für Bettelheim besonders zu interessieren, die bewirkten, dass er von dessen Lebenswerk ebenso fasziniert war wie sich auch von Bettelheim in mancher Hinsicht befremdet fühlte, lassen sich aus Fishers Bildungsweg erschließen. David James Fisher wurde unmittelbar nach dem 2. Weltkrieg in Amerika in einer jüdischen Familie geboren (s. u.).

Fisher gehört nicht nur dem Geburtsdatum nach zur 68er Generation: seine Studienjahre fielen genau in die Zeit der Entwicklung der westlichen Gesellschaften, in der sich der studentischen Jugend die Chance bot, ihre Stimme lautstark gegen gesellschaftliche und kulturelle Missstände zu erheben und der restaurativ erstarrten, stagnierenden Nachkriegskultur neue Ideen zuzuführen.[3] Die Wiederbelebung bedeutsamer europäischer humanistischer Traditionen durch die antiautoritäre Bewegung der Neuen Linken, der sich Fisher während der formativen Bildungsjahre der Postadoleszenz anschloß, wurde bei ihm durch die Wahl der Studienfächer noch unterstrichen: europäische Kulturgeschichte, französische Sozial- und Literaturgeschichte. Die einflussreichsten Lehrer waren zwei Europäer, *George L. Mosse*[4] und *Germaine Brée*[5], und ein Amerikaner, *Harvey Goldberg*[6], der aber die Hälfte des Jahres in Paris zubrachte. Und so wandte sich Fishers geistige Phantasie in den Studienjahren von Amerika ab und vor allem Frankreich zu. Vor seiner Promotion 1973 in Madison über »Romand Rolland und das Problem des Intellektuellen«[7]

verbrachte er ein Jahr in Paris, um unmittelbar anschließend an das Rigorosum für zwei weitere Jahre nach Paris zu einem Postgraduiertenstudium über die Geschichte der Arbeiterbewegung und des Marxismus an die École Pratique des Hautes Études zurückzukehren. Die mit der sinnlichen und intellektuellen Ausstrahlung von Paris eng verbundene phantasiebetonte, realitätsenthobene Studienzeit ging dann 1975 relativ abrupt mit der endgültigen Heimkehr nach Amerika und der Nötigung zu Ende, sich dort auf dem akademischen Arbeitsmarkt zu behaupten. In den letzten Monaten seines Jugendmoratoriums in Frankreich entdeckte Fisher in den Romain-Rolland-Archiven in Paris noch seltene Briefe Freuds an Rolland und verfasste eine Abhandlung über deren spannungsreiche tiefe Freundschaftsbeziehung.[8] Zurück in den Vereinigten Staaten sah er sich mit dem Problem konfrontiert, dass es an den amerikanischen Hochschulen kaum mehr Dauerstellen für Ideen- und Geistesgeschichte gab, da die Geschichtswissenschaft nunmehr von der Sozialgeschichte dominiert wurde. Und auf dem Campus wehte dem Neuen Linken, der der Vision eines Dritten Weges anhing, ein unterdessen konservativ umgeschlagener Zeitgeist entgegen. Fisher musste sich über mehrere Jahre hin mit auf jeweils ein Jahr befristeten Stellen begnügen und häufig den Arbeitsort wechseln. Als 1979 die Bewerbung auf eine aussichtsreiche Dauerstelle für Geistesgeschichte in Los Angeles an der Universität von Kalifornien scheiterte, ging die Interimsphase mit einer persönlichen Krise zu Ende; diese erzwang eine Wende der Lebensorientierung. Noch im gleichen Jahr entschloss sich Fisher, einen schon zuvor ins Auge gefassten Lebensplan nun zu realisieren und sich – ohne Medizinexamen – zum Psychoanalytiker ausbilden zu lassen. Seine Bewerbung am Psychoanalytischen Institut Los Angeles' wurde angenommen.

Mit der klinischen Ausbildung, die von 1980 bis 1988 dauerte, setzte sich Fisher einer zweiten sein weiteres Leben bestimmenden Lernphase aus. War die erste um Paris zentrierte dem von einem Hochgefühl begleiteten Aufbau produktiver Illusionen gewidmet, so ging es nun darum, in einer kreativen Phase der Desillusionierung die angereicherten geistigen Ressourcen behutsam zu modifizieren zum Aufbau einer tragfähigen geistigen Identität.[9]

III. Einflüsse und Erfahrungen: vom Kulturhistoriker zum psychoanalytischen Kliniker

Fragen wir genauer nach den Einflüssen und Erfahrungen, die während der beiden Ausbildungsphasen besonders nachhaltige Wirkungen in Fishers Persönlichkeit hinterließen und sein intellektuelles Profil fortdauernd bestimmten.

Da ist vor allem der Kulturhistoriker *George L. Mosse* zu nennen, der zu Fishers Studienzeit in Madison lehrte. Fisher hat sich stark mit ihm identifiziert. In den Anfangsjahren des Studiums wohnte er auch anderthalb Jahre in dessen Haus. Mosse war der Nachfahre einer deutsch-jüdischen Verlegerfamilie, die zur Berliner Großbourgeosie gehörte. Der Großvater Rudolf Mosse hatte dort ein bedeutendes Verlagsunternehmen gegründet, das u. a. mehrere Tageszeitungen besaß und von seinem Vater Hans Lachmann-Mosse weitergeführt wurde. Dieser war u. a. der Herausgeber und Eigentümer des liberalen »Berliner Tageblatts«. 15jährig floh George Mosse, der damals Kurt Hahns Internat in Salem am Bodensee besuchte, 1933 über die Schweiz und England nach Amerika. Seit 1955 lehrte er in Madison, später abwechselnd auch in Israel, europäische Kulturgeschichte. Es war der Einfluß der 60er Jahre, der Mosse bewegte, seinen Forschungsschwerpunkt vom Mittelalter in die Moderne des frühen 20. Jahrhunderts, also in die Gegenwartsgeschichte, zu verlegen und sich Fragen nach den historischen Ursachen von Faschismus und Rassismus[10] zuzuwenden und damit seiner eigenen unverarbeiteten Lebensgeschichte, seinem Emigrantenschicksal. Mosse vermittelte Fisher von früh an deutliche Gegengewichte gegenüber dem utopischen Zeitgeist der Studienjahre, gegenüber der damals verbreiteten Allmachtsvorstellung, dass alles möglich sei.

In einem Gespräch mit zwei ostdeutschen Publizisten, das 1990 in Berlin stattfand, erinnert Mosse an jene bewegte Zeit: »Ja, die 68er Ereignisse waren sehr einflussreich, auf mich sicherlich auch, denn ich habe da an meiner Universität auch eine gewisse Rolle gespielt. Aber nicht die eines Anführers der Revolution, sie war mehr die ...einer Wespe unter der Haut der Revolution. Die mit Fragen sticht und fordert: Denkt darüber nach. So ähnlich, wie eben ein Lehrer verfahren sollte. Und so haben sie mich respektiert.«[11]

Mosse stand der antiautoritären Studentenbewegung, die ihm zu seinen eigentlichen Forschungsthemen verholfen hatte, mit kritischer Sympathie gegenüber. Die philosophisch und humanistisch gewendete Marxlektüre sowie die damit verbundene Betonung von Geist und Bildung mit der Überwindung eines ökonomischem Reduktionismus sagten ihm an der Neuen Linken zu.[12] Seine Kritik galt dem im Marxismus vorherrschenden Rationalismus in der Betrachtung von Geschichte und Gesellschaft. Demgegenüber wies er auf den Einfluss irrationaler, bewusster und unbewusster, sowie personaler Momente hin. Theoriekonstruktionen widmete er sich nicht als solchen, sondern reflektierte sie in ihren Kontexten, im Zusammenhang ihres Gebrauchs und Missbrauchs.[13]

Mosses Verständnis von Kultur und Kulturgeschichte mit ihrer Öffnung des Vernunftbegriffs wurde für Fishers weiteres Denken und wissenschaftliches Arbeiten grundlegend, es blieb die nachhaltig wirkende Ressource seiner eigenen wissenschaftlichen Kreativität.

Die nächste wichtige Lernerfahrung machte Fisher im Postgraduiertenstudium über die Geschichte des Marxismus und der Arbeiterbewegung seit der Pariser Kommune von 1871 an der École Pratique des Hautes Études in Paris. Von entscheidendem Gewicht dürfte für ihn in dieser Studienphase die Frage gewesen sein, wieweit sich Mosses offener und ein marxistisch orientierter Geschichtsbegriff auf einander zu bewegen konnten.

Eine überragende Rolle in der von Fisher besuchten 6. Sektion jener Hochschule spielte damals *Georges Haupt*, ein aus Rumänien stammender marxistischer Intellektueller,[14] Überlebender aus Auschwitz und Buchenwald,[15] der nach Frankreich emigriert war. Haupt lehrte in Paris, an amerikanischen Universitäten, in Berlin und Zürich und versammelte Marxisten aller Schattierungen um sich. Er war eine Integrationsgestalt des internationalen Sozialismus und wirkte vor allem als Vermittler zwischen Ost- und Westeuropa. Seinem Versuch, den Marxismus zu erneuern, legte er einen offenen Begriff von Geschichte als kollektiver Erinnerung[16] zugrunde, mit dem er die konventionelle Auffassung von Geschichte als Legitimationswissenschaft zugunsten bestimmter Interessen und Absichten überwinden wollte.[17]

Die fast dreißig Jahre zurückreichende Erinnerung eines ehemaligen Geschichtsstudenten namens Jean-Pierre Kuster an Georges Haupt als

Gastdozent in Zürich, wohin er im Wintersemester 1973/74 auf Betreiben der kritischen Studenten eingeladen worden war, zeigt, dass Haupt auch im Umgang mit den Studenten Konventionen durchbrach und neue Wege menschlicher Öffnung in der Beziehung zur jüngeren Generation ging: »Erstmals erlebten wir, dass ein Professor auch anders mit Studenten umgehen konnte. Haupt kam zu uns auf die Studentenbude, wir kochten Spaghetti zusammen und diskutierten nächtelang unsere Arbeiten« (vgl. Tagesanzeiger (Zürich) vom 8.8. 2001).

Die Öffnung für die Vielfalt historischer Interpretationen innerhalb des Marxismus, wie sie von Haupts Wirken vertreten wurde, konnte von Fisher als anschlussfähig für das ihm von Mosse gelehrte Geschichtsverständnis erfahren werden, nicht als Bruch mit ihm.

Dass sich Fisher ganz am Ende dieses der Geschichte der Arbeiterbewegung gewidmeten Studiums an der École des Hautes Études den Romain-Rolland-Archiven in Paris zuwandte, dort Briefe von Freud an Rolland entdeckte und in den Monaten vor der endgültigen Rückkehr nach Amerika eine Abhandlung über den Briefwechsel dieser beiden Freunde und ihre Dispute über das »ozeanische Gefühl« als Quelle von Religion verfasste, zeigt jedenfalls, dass das geistige, das individuelle, das personale Moment in der Geschichte, das Mosse betonte, für ihn weiterhin maßgebend blieb. Mit dem Schritt auf Freud zu kam nun allerdings ein neues Element ins Spiel, das Fishers weiteren Lebensweg zunehmend durchdringen sollte.

Sigmund Freud hatte Fisher schon durch Mosses Vorlesungen über europäische Kulturgeschichte, in denen vor allem Freuds Spätschriften eine Rolle spielten, als einen der wichtigsten Denker des 20. Jahrhunderts und Begründer einer neuen Disziplin mit einem subversiven Blick auf die Situation des modernen Menschen kennengelernt. Der »Stachel Freud« hatte in ihm aber auch persönliche Beunruhigung in Bezug auf die eigenen familiären Erfahrungen ausgelöst und ihm die Ahnung vermittelt, dass man mit Gelehrsamkeit autobiographisches Fragen verstellen könne.

Die jetzt einsetzende wissenschaftliche Auseinandersetzung Fishers mit Freuds Position in ihrem spannungsvollen Verhältnis zum Idealismus Rollands ist von der Erwartung getragen, nach dem Studium sozialistischer, gesellschaftswissenschaftlicher und -politischer Positionen durch den Anschluß an die psychoanalytische Praxis humanistischen Denkens gleichsam noch festeren Boden unter die Füße zu bekommen.

Genau diesen Faden nimmt Fisher vier Jahre später in seiner zweiten Bildungsphase wieder auf und setzt den beschrittenen Weg nun in ganz neuer Einstellung fort.[18]

Seine Ausbildung zum Psychoanalytiker absolvierte er am *Psychoanalytischen Institut* in Los Angeles, das von seinem Gründungsgeist und von einigen dort wirkenden Persönlichkeiten her zu Fishers Erfahrungen und Profil passte.

Exkurs

Ein Angehöriger der zweiten Psychoanalytikergeneration, der Generation der politischen Freudianer, der sozialistische Arzt Ernst Simmel (1882–1947) aus Berlin, 1927 Gründer der psychoanalytischen Klinik »Schloß Tegel«, 1932 Verfasser der mutigen, klarsichtigen Studie »Nationalsozialismus und Volksgesundheit« (Simmel 1993, S. 151–162)[19], hatte das Institut 1935 nach seiner Emigration unter dem Namen Los Angeles Psychoanalytic Study Group gegründet. 1944, mitten im Krieg, hatte er in den USA eine große Konferenz zum Antisemitismus organisiert, an welcher sich u. a. Adorno und Horkheimer beteiligten.

Otto Fenichel (1897–1946)[20], ein alter Bekannter Bettelheims aus den Wiener Tagen, kam 1938 zur Psychoanalytischen Vereinigung von Los Angeles hinzu.

Die wohl ambivalente Beziehung Bettelheims zu dem sechs Jahre älteren Otto Fenichel[21] hatte sich bereits in seinem Jugendalter entwickelt: 13jährig hatte sich Bettelheim durch das Vorbild seiner früh sehr kritisch-progressiv engagierten Cousine Edith Buxbaum (s. Kaufhold 2001a) dem sozialistisch-pazifistischen Jung-Wandervogel[22] angeschlossen, wo er Otto Fenichel begegnete; dieser besuchte seinerzeit Freuds »Vorlesungen zur Einführung in die Psychoanalyse« an der Wiener Universität. Eine Eifersucht auf Fenichel wegen der Freundin bewegte Bettelheim dazu, die ersten Schriften Freuds zu lesen und von da ab alle weiteren, sobald sie erschienen (s. Bettelheim 1990, S. 35–49, Kaufhold 2001, S. 213f.).

Bereits 1945 (!) erkannte Fenichel, angeregt durch eine Rezension des ebenfalls in die USA emigrierten Berliner Analytikers Martin Grotjahn, die Bedeutung von Bettelheims erster, bahnbrechender Konzentrations-

lagerstudie »Individual and Mass Behavior in Extreme Situations« (1942). Fenichel bemerkte »about a very interesting paper by Bettelheim«: »The author's conclusion is: What thus happens in an extreme fashion to the prisoners in concentration camps, also, in a somewhat less exaggerated form, happens to the inhabitants of the great concentration camp called Greater Germany.«[23] Und Fenichel fügte hinzu: »I should like to add that Bettelheim's paper is not only moving because of its contents but is an excellent piece of psychological work, very stimulating, and in need of discussion by ›sociologically oriented analysts‹« (Reichmayr/Mühlleitner 1998, Bd. I, S. 143f.).[24] Das Psychoanalytische Institut in Los Angeles war eine der ganz wenigen Einrichtungen in Amerika, die Nicht-Medizinern offen stand.

***

Fisher – selbst kein Mediziner – den seine bisherigen Bildungserfahrungen sehr wachsam gegenüber autoritären und dogmatischen Einstellungen gemacht hatten, sah sich dort in den 80er Jahren zur Freiheit des Gedankens und Ausdrucks ermutigt. Das Los Angeles Institute, in dieser Zeit tolerant auch gegenüber vom Mainstream abweichenden Positionen, setzte damit die relativ liberale Tradition des Berliner Psychoanalytischen Instituts der Weimarer Zeit fort, wo Simmel einst gearbeitet hatte. Es gehörte seinerzeit *nicht* der »American Psychoanalytic Association« (APA) an.[25]

Die Erfahrungen mit der eigenen Person vor allem im Rahmen von Lehranalyse und Supervision stellten für Fishers geistige Entwicklung die größte Bereicherung jener zweiten Bildungsphase dar. Es ist deshalb in unserem Zusammenhang von höchstem Interesse, dass Fisher von den drei für ihn in Frage kommenden Lehranalytikern in Los Angeles den mitteleuropäischen Emigranten *Rudolf Ekstein* wählte,[26] der wie Bettelheim aus Wien stammte, mit ihm in freundschaftlichem und wissenschaftlichem Austausch stand und in dessen letzten Lebensjahren sein engster Freund war.[27] Fishers Lehrbeziehung zu Ekstein dauerte 9 Jahre. Gleich bei der ersten Begegnung stellte Fisher die Verbindung zu seiner kulturwissenschaftlichen Beschäftigung mit Freud in den letzten Pariser Monaten her: er nahm seinen Essay über die Brieffreundschaft von Freud und Rolland zu Ekstein mit. Fisher hatte darin zu zeigen gesucht, dass in den Auseinandersetzungen zwischen Rollands und Freuds Humanismus, zwischen mystisch-optimistischer Vollendungsidee und nüchtern-pessimistischer Skepsis, ein Kernkonflikt des modernen Geistes ausgetragen werde.[28] Die Psychoanalyse – vertreten von Freud – erscheint als eine Antwort auf die Frage, wie die Vollendungsidee des modernen Geistes – vertreten von Rolland – im Moment ihres Zusammenbruchs bewahrt werden könne.[29] Genau jener Konflikt und diese Frage sollten nun auch einen gewichtigen Stellenwert in Fishers Lehranalyse erhalten. Die Brücke von Fishers erster Bildungsphase in Madison und Paris zur klinischen Lehrzeit in Los Angeles wurde somit dadurch hergestellt, dass die klinische Arbeit an den Konflikten der eigenen Biographie sich mit der Verarbeitung von Konflikten der modernen Kulturgeschichte verband. Was in Paris noch Gegenstand gedanklicher Arbeit am Außenrand der Person war, musste nun im Innern durchgearbeitet werden. Die Themen zwischen Freud und Rolland waren die Fishers. Der eigene Lebensweg mit seiner krisenhaften Zuspitzung konfrontierte ihn mit der Aufgabe, die zerbrochenen 68er Illusionen und Allmachtsvorstellungen realitätsgemäß zu transformieren – gleichsam einen Schritt von Rolland auf Freud zu zu gehen. Dazu gab es Parallelen in der Biografie des Lehranalytikers Ekstein.

Exkurs

Ekstein war in seiner Jugend, wie viele Angehörige der zweiten Psychoanalytikergeneration und ähnlich wie Fisher, sozialistisch engagiert und sehr aktiv im illegalen antifaschistischen Untergrundskampf engagiert. 1934 hatte er sich, enttäuscht von der halbherzigen Politik der Sozialdemokraten gegenüber dem drohenden Faschismus, in Wien dem kommunistischen Jugendverband angeschlossen. Mehrfach, zuletzt im Juli 1938, verhaftet, konnte er gerade noch rechtzeitig über Belgien und England in die USA emigrieren. Nahezu seine gesamte Familie wurde von den Nazis ermordet (Kaufhold 2001, S. 108).

Dort, in seiner neuen Heimat, schloss er seine in Wien begonnene Analyse ab, arbeitete, wie viele seiner europäischen Freunde und Kollegen, zuerst von 1947–1958 bei der Menninger Foundation und ab 1958 in Los Angeles als außerordentlich produktiver Psychoanalytischer Pädago-

ge. Er spezialisierte sich auf eine Arbeit mit psychisch sehr kranken, von ihm als »Grenzfallkinder« (Ekstein 1973) bezeichneten Kindern und Jugendlichen; seine Arbeitsweise wies Ähnlichkeiten mit der Bettelheims auf, war mit ihr jedoch nicht identisch.[30] *Uns will scheinen, dass sich hierin auch Unterschiede in ihrer Persönlichkeit widerspiegeln (s. Kaufhold 1994a).*

Von dem sozialistisch-revolutionärem Erbe seiner Wiener Jugendzeit hatte sich Ekstein trennen müssen, sei es weil es vom Faschismus zerstört worden war, sei es aufgrund der gesellschaftlichen und politischen Entwicklung in den westlichen und östlichen Ländern und sei es aufgrund des mit der Emigration nach Amerika verbundenen Kulturbruchs, der entstandenen Distanz zur europäischen Herkunftskultur. Die selbstkritische Auseinandersetzung mit der eigenen sozialistisch-revolutionären Vergangenheit im Zusammenspiel von Überwinden und Bewahren lässt sich sehr gut an den mündlich übermittelten Antworten beobachten, die Ekstein auf Fragen gibt, die ihm Roland Kaufhold 1992 vorlegte.

»Kaufhold: Sie selbst haben die Psychoanalyse vor allem in Ihrer Jugend – ähnlich wie Siegfried Bernfeld – im Kontext Ihres politischen Engagements betrachtet. Sie waren beide Sozialisten, revolutionäre Sozialisten. Sie wollten die Psychoanalyse mit marxistischem Gedankengut verbinden. Nach Ihrer Emigration in die USA war es selbstverständlich schwierig, an diesem Thema – zumindest öffentlich – weiter zu arbeiten. ...Ihnen Herr Ekstein ist es ein großes Bedürfnis, anlässlich Ihrer jährlichen Europareise an der 1. Mai-Demonstration teilzunehmen. Nun hat sich die Welt radikal geändert, der Ostblock hat sich innerhalb weniger Jahre scheinbar in ein Nichts aufgelöst, marxistisches Gedankengut wird eher belächelt. Welche Bedeutung hat diese Thematik, diese Interpretation der Welt, in Ihrem Leben gehabt? Welche Bedeutung schreiben Sie ihr heute noch zu?

Ekstein: Der Marxismus von ehemals, dieses »Laßt die roten Fahnen wehen!«, hat sich verändert. Die roten Fahnen von damals sind nun rosarot geworden. Dennoch erinnere ich mich lebhaft an die frühen 1. Maidemonstrationen im Wien der 30er Jahre, wo wir gegen den Stacheldraht der Polizei, der faschistischen Polizei, laufen mussten, demonstriert haben. Es ist sozusagen ein Frühlingsfest geworden. Die marxistischen Auffassungen haben damals Veränderungen gebracht, Veränderungen in der Gesellschaftsstruktur, und wir sehen in Europa und Amerika mehr Fortschritt als in Russland. Die wirtschaftliche Situation ist jedoch immer noch ein Problem, ob im Westen oder im Osten. In unserer Jugend gab es angesichts des immer mächtiger werdenden Faschismus klare Ideologien und feste Überzeugungen. Die tiefen Überzeugungen von damals, romantisch, wie sie waren, sollten hoffentlich schöpferischen Zweifeln gewichen sein …

Ich glaube, daß eine Gesellschaftsordnung nur dann die innere Fähigkeit hat, sich anzupassen, wenn Kritik gegen die herrschenden Verhältnisse möglich ist.«[31]

Sein vor allem von Siegfried Bernfeld, August Aichhorn, Anna Freud und Wilhelm (Willi) Hoffer geprägtes Wiener Erbe hat Rudolf Ekstein niemals vergessen, niemals verleugnet; er integrierte es in den USA vielmehr in seine berufliche und private Identität. Lange bevor man sich hierzulande – angeregt durch die 68er Bewegung – auch nur des Begriffes der Psychoanalytischen Pädagogik wiedererinnerte, publizierte er in den USA hierüber, veranstaltete und förderte psychoanalytisch-pädagogische Ausbildungskurse für Lehrer und Sozialarbeiter, entwickelte psychoanalytisch-milieutherapeutische Verfahren (s. Kaufhold 2001, S. 17f., S. 114–135). Sein zusammen mit seinem amerikanischen Kollegen Rocco L. Motto 1963 auf deutsch publizierter Beitrag »Psychoanalyse und Erziehung – Vergangenheit und Zukunft« (Ekstein/Motto 1963) war zugleich die erste wissenschaftliche Publikation im deutschsprachigen Raum zur Wiener und Berliner Tradition der psychoanalytisch-pädagogischen Bewegung, die vom Faschismus zerschlagen worden war. Einige Zitate aus seinen Schriften mögen die Atmosphäre und den Geist widerspiegeln, mit dem Ekstein sowohl seine pädagogisch-therapeutische Tätigkeit als auch seine psychoanalytische Lehrtätigkeit betrieb. Es scheint uns erkennbar, wie weitreichend David James Fisher hierdurch angeregt, geprägt wurde, aber eben auch ein tiefes Verständnis für Bettelheims (sowie Eksteins) komplexe, widersprüchliche Persönlichkeit auszubilden vermochte:

»Viele von uns, die sich damals und 1938 der Psychoanalyse anschlossen, brachten die frühe Begeisterung der neuen Erziehung mit einer neuen Art der psychoanalytischen Pädagogik in Verbindung, die einen Versuch darstellte, die Wissenschaft in die Erziehung zu tragen. Bernfelds Arbeit repräsentiert deutlich die Debatte, die damals stattfand.« (Kaufhold 2001, S. 125)

»Bernfeld spricht davon, daß der Erzieher gegen zwei Grenzen der Erziehung ankämpfen muß, die kaum zu meistern sind. Da ist nun die

Grenze der Gesellschaftsordnung, die es dem Erzieher unmöglich macht, sein Ziel zu erreichen. Dann spricht Bernfeld über die zweite Grenze, das Unbewußte des Kindes, ein Hindernis, das der Erzieher nicht überwinden kann. Es ist, als ob der Erzieher gegen zwei Feinde ankämpfen müsse: die ungünstige Ordnung oder gar Unordnung der Gesellschaft und die Hindernisse des Unbewußten im Kinderleben.« (in: Kaufhold 2001, S. 122)

»Eine Vorbedingung eines guten Erziehers ist, daß er genügend über sich weiß, genügend über die Gesellschaft weiß und über das Kind weiß, daß er aber trotzdem in sich eine Art Kindlichkeit bewahrt hat. Diese Kindlichkeit wird ihm dann helfen, trotz dieser zwei Hindernisse weiterzuleben. Bernfeld will ja dem Erzieher nicht sagen: ›Verlaß das Feld der Erziehung‹ – sondern er will ihm doch eigentlich sagen: ›Bleib – aber du sollst doch wissen, was die Grenzen sind.‹ Können sie aber bleiben, wenn sie die Grenzen ganz annehmen? Es ist eine ganz merkwürdige Ambivalenz, die er erleben muß.« (Kaufhold 2001, S. 135, Hervorhebung R. K.)

Und wenig später fügt Ekstein bezüglich seines Ideals eines Pädagogen hinzu:

»Ein gesunder Mensch paßt sich an die Gesellschaftsordnung an und arbeitet zu gleicher Zeit an der Anpassung der Gesellschaft an sich selbst. Er macht immer beides. Die wahre Idee ist die, daß gute Erziehung Menschen erzieht, die nicht nur in die Welt hineinwachsen, sondern auch an der Welt arbeiten. (...) Ich meine, eine gute Erziehung wäre die, die niemals mit der Welt ganz zufrieden ist, die immer die Welt bessern, verändern will, und eine schlechte Erziehung wäre die, die entweder nur für den Status quo arbeitet oder Menschen als Werkzeug verwendet« (Kaufhold 2001, S. 135).

Hier zeigt sich, wie das, was Fisher »ausgewogene (wörtlich: balancierte) Evaluationen« nennen sollte (Fisher 1991, S. XXXII), bei Ekstein vorgebildet ist (s. u.).

***

David James Fisher nun hatte in gewisser Hinsicht den Weg der deutschsprachigen Emigranten in seinem eigenen Leben nachvollzogen. Er hatte sich, vollauf identifiziert mit der europäischen sozialistischen Kulturidee, mit der endgültigen Rückkehr von Paris nach Amerika von hochfliegenden gesellschaftlichen Veränderungserwartungen verabschieden müssen, zumal der Zeitgeist sich verändert und eine entmutigende Periode der

Entpolitisierung begonnen hatte. Diese Trennung musste er nun mit Ekstein, der darin offensichtlich schon längere Erfahrungen hatte, durcharbeiten. Eine lesenwerte wissenschaftliche Frucht dieser Arbeit stellt sein Essay über Otto Fenichel und seinen Kreis dar (s. u.).[32]

Neben den Erfahrungen mit der eigenen Person in Lehranalyse und Supervision während seiner Ausbildung zum Psychoanalytiker in den 80er Jahren lernte Fisher am Psychoanalytischen Institut in Los Angeles aus nächster Nähe Wesentliches über die Psychoanalyse als Disziplin sowohl in ihrer institutionellen als auch in ihrer personellen Umsetzung, was erhebliche Auswirkungen auf seine eigene Einstellung dazu hatte.

In jener Zeit konnte er eine deutliche Wende zur von Kohut begründeten Selbstpsychologie beobachten. Sie reflektierte die Modernisierungsschübe in den westlichen Gesellschaften in Richtung auf verletztlichere Selbststrukturen im Rahmen eines Konsumkapitalismus, – eine gesellschaftliche Situation, die Christopher Lasch damals mit großer öffentlicher Wirkung in seinem Buch » Das Zeitalter des Narzissmus« (München 1982) dargestellt hatte. Die amerikanische Originalausgabe erschien 1979 unter dem aufschlussreichen Titel: »The Culture of Narcissm. American Life in an Age of Diminishing Expectations«. Fisher konnte diesem paradigmatischen Wandel im psychoanalytischen Denken, der auch eine ihm willkommene Veränderung des therapeutischen Umgangs bedeutete, in Bezug auf die eigene Person sehr viel abgewinnen. Auch dürfte die verstehende Annäherung an den Patienten ohne vorgefasste Theorie dem hermeneutischen Ansatz, den Fisher in seiner Ausbildung zum Kulturhistoriker schätzen gelernt hatte, entsprochen haben.

Die Richtungsstreitigkeiten, die er am Psychoanalytischen Institut von Los Angeles, insbesondere zwischen Kleinianern und Selbstpsychologen, beobachtete, erinnerten ihn an die Debatten unter europäischen Linken, wie er sie 10 Jahre früher an der École des Hautes Études in Paris studiert hatte. Als affektive Grundlage der Überbewertung der jeweils eigenen Theorie und ihrer Reichweite entdeckte er die Macht der Übertragung auf eine Schule der Gedanken oder der Untersuchungsmethode: »Die unbewußte Identifikation (mit der Schule des Lehranalytikers) erwies sich als mächtiger als die Unabhängigkeit des Gedankens, als dauerhafter als das reife Nachdenken über klinische und theoretische Fragen« (Fisher 1991, S. XXIV); und: »Sie verbargen ihre Ängste, indem sie einer all umfassenden Theorie anhingen.« (a. a. O.) Zugleich hätten ökonomische und Machtmotive hinter den meisten Disputen gestanden.

Die Desillusionierung, die Fisher nun auch im Hinblick auf psychoanalytische Theorie und Praxis erlebte, war ein Realitätszuwachs, den er als einen Humanisierungsgewinn bei sich selbst verzeichnete. Es war ein weiterer Schritt auf Freuds nüchternen Humanismus zu.

Fishers dogmen- und autoritätskritisches Fazit der Lehrzeit in Los Angeles war die Achtung vor allen drei großen Richtungen der Psychoanalyse. Eine definitive Wahrheit oder wissenschaftlichen Konsens könne es im Hinblick auf das, was in einer bestimmten Situation geschehe, nicht geben. Ebenso wenig gebe es den einen richtigen Weg der Intervention. So blieb Fisher skeptisch gegenüber der offiziellen Position der Amerikanischen Psychoanalytischen Vereinigung, die die klassische Freudsche Psychoanalyse zu vertreten beanspruchte.

Fisher machte auch die Beobachtung, dass – im Vergleich mit den Erfahrungen seiner ersten Bildungsphase an Universitäten – bei der Ausbildung an psychoanalytischen Instituten, die eher technischen Schulen glichen, die Gefahr des Antiintellektualismus bestehe, sofern die Aneignung eines authentischen philosophischen Ansatzes durch den Praktiker abgewertet werde.

Andererseits war ihm klar geworden, dass Interpretation keine intellektuelle Operation ist. Ohne selbst eine Analyse gemacht zu haben, könne die Subtilität und großartige Erklärungskraft des psychoanalytischen Instrumentariums nicht verstanden werden. Allenfalls seien dazu einige intuitive und außergewöhnliche Individuen fähig. So seien manche Philosophen und Literaturkritiker in der Lage, zentrale psychoanalytische Ideen zu erfassen. Gleichwohl schrieben Marcuse, Adorno, Habermas und Ricoeur entfernt vom aktiven Austausch der klinischen Stunden. Ihr Schreiben erscheine abgesondert von den emotionalen und phantasiegetriebenen Aspekten der klinischen Arbeit. Durchweg überschätzten die meisten Theoretiker die intellektuellen Aspekte der Analyse und verfehlten die Vorherrschaft der Phantasie im Leben der Menschen.[33]

IV. Wissenschaftliches Profil: Psychoanalyse in kulturhistorischer und kulturkritischer Absicht

Die Biographie Fishers verbindet die Bildung zum Kultur- und Ideenhistoriker der Moderne mit der Ausbildung zum psychoanalytischen Kliniker. Diese Verbindung zeigt sich in Profil und Programmatik seiner wissenschaftlichen Arbeit, den Bereichen, denen sie sich widmet, ihren Themen, den Schwerpunkten der Auseinandersetzung, ihren Visionen. Ihre Aufgabe sieht sie darin, jene Verbindung zu entfalten und die beiden divergierenden Zugänge, den der Kulturgeschichte auf der einen Seite und den des Klinischen auf der anderen bei der Behandlung aktueller Probleme zu balancieren und zu integrieren. Durchgehendes Thema der Forschungsarbeiten Fishers ist das Verhältnis von Kulturgeschichte der Moderne und Psychoanalyse. Er verfolgt es in den zwei möglichen Varianten: einer Kulturgeschichte der Psychoanalyse und einer psychoanalytischen Kulturgeschichte.[34]

Unser Interesse hier gilt der ersten Variante: Fisher verfasst Essays über repräsentative Gestalten und Themen der Kulturgeschichte der Psychoanalyse[35], die er als »Ausgangspunkte« für weitere Reflexion und Forschung seitens interessierter Leser versteht (Fisher 1991, S. XXXII). Diese Texte Fishers lassen sich zwei Ansätzen zuordnen, einem kulturhistorischen und einem kulturkritischen, welche freilich hinterrücks miteinander kooperieren.

Der erste Ansatz nimmt seinen Ausgang von der Kulturgeschichte, er fragt sozusagen nach dem Nutzen der Kultur- und Ideengeschichte für die Psychoanalyse. Es geht Fisher dabei um eine Selbstreflexion der Psychoanalyse als Teil der größeren kulturellen, politischen und sozialen Geschichte ihrer Zeit, um die Bildung von Zusammenhängen im Sinn Wilhelm Diltheys.[36]

Diese kulturgeschichtliche Auffassung Fishers richtet sich gegen die Selbstisolation der Psychoanalyse als ahistorische wissenschaftliche und therapeutische Disziplin, gegen ein Selbstverständnis, wie er es in Amerika überwiegend praktiziert sieht. Für Fisher ist jene kulturgeschichtliche Sicht demnach ausgeprägt europäisch, eine Entdeckung seiner Studienjahre unter dem Eindruck der studentischen Kulturrevolte der 60er Jahre und des Studiums zuerst bei George L. Mosse und Germaine Brée in

Madison und später bei Georges Haupt in Paris. Fisher erlebt sie als Befreiung vom Reduktionismus instrumenteller, positivistischer, pragmatistischer Vernunft. Er entdeckt, dass die Psychoanalyse – beginnend mit Sigmund Freud – sich selbst so zusammenhängend in diesen kulturgeschichtlichen Kontexten verstand, sowohl in ihrer ersten wie in ihrer zweiten Generation, jedenfalls solange sie in Europa arbeiten konnte, d.h. bis zur Vernichtung und Vertreibung durch Faschismus und Stalinismus. Dessen gilt es sich zu erinnern. Fisher gelangt zu der zusammenfassenden wissenschaftstheoretischen These, dass eine Abschottung der Psychoanalyse von den Kräften ihrer Zeit trotz dem abgeschirmten Setting, selbst wenn sie es wollte, gar nicht möglich sei.

In seinem kulturhistorischen Interesse an der Entwicklung der Psychoanalyse erweist sich Fisher eindeutig als Angehöriger der kulturrevolutionären, antiautoritären und politischen 68er Bewegung: sie hatte die Erinnerungsarbeit im großen Stil ins Leben gerufen, sie schloß sich kurz mit den sozialistischen Bewegungen der 20er Jahre, einschließlich der psychoanalytischen. Psychoanalyse wurde als Bewegung, als Traditionszusammenhang in der historischen Entwicklung im 20. Jahrhundert entdeckt, den es weiterzuführen galt. Maßgebliche Mentoren jener Bewegung, etwa Herbert Marcuse, reichten noch bis in diese Zeit vor dem Faschismus zurück.

Dass Fisher allerdings vom Ende von 68 aus denkt und in zunehmend gewonnenem kritischem Abstand zu den seinerzeit verbreiteten Omnipotenzvorstellungen, zeigt sich vor allem daran, dass er von der Idee eines allumfassenden einheitlichen Konzepts Abstand nimmt, das zum Ehrgeiz vor allem altmarxistischer Anstrengungen gehörte, wie er sie noch in den Debatten an der Pariser École des Hautes Études erlebt hatte, ohne dass sie zu einem Ergebnis gekommen wären. Damit schließt er an Mosses Epistemologie an. Er orientiert sich an hermeneutischer Offenheit und Vielfalt der Interpretationen. Seine Erinnerungsarbeit zielt auf kritische Relativierung durch Verweis auf historische Kontexte. In Fishers Abneigung gegenüber totalisierenden Einstellungen deutet sich eine postmoderne Komponente in seiner Forschungshaltung an.

Besonders aufschlussreich für Fishers Position und erreichte Distanz ist der Blick, den er aus der Perspektive einer zu begründenden Kulturgeschichte der Psychoanalyse auf die zweite Psychoanalytikergeneration wirft, der sich die 68er Bewegung vorwiegend zugewandt hatte. Er sieht sie großenteils politisiert – auch das ein europäisches Phänomen – einbezogen in die politischen Polarisierungen ihrer Zeit und überwiegend identifiziert mit linken Reformbewegungen, viele von ihnen ausdrücklich marxistisch orientiert. Die 68er Generationserfahrung Fishers, die ihn zuletzt in eine Lebenskrise führte, hatte sich an einer Reihe von immanenten Kontroversen jener sozialistischen Bewegungen abzuarbeiten. Deshalb verschob sich – im Vergleich zu seinem Lehrer Mosse, der sich überwiegend mit Faschismus und Rassismus befasste – Fishers Interesse auf die Linksbewegungen der Moderne und ihre Untiefen. Dabei handelt es sich vor allem um erkenntnistheoretische und sozialphilosophische Fragen, die es zu klären galt.[37]

Fisher fasst das Problem, wie es sich ihm in diesem Kontext stellte, einmal in der Frage zusammen: Ist die marxistische soziologische Sicht kompatibel mit den liberalen, individualistischen, humanistischen Grundlagen der Psychoanalyse? (Fisher 1991, S. XX)

Fishers Antworten lassen sich an seiner kritischen Beschäftigung mit Russel Jacobys (1985) Studie »Die Verdrängung der Psychoanalyse oder der Triumph des Konformismus«[38] ablesen (s. o.).[39] Fisher stellt zustimmend Jacobys Leistung heraus, eine fast vergessene Generation europäischer Psychoanalytiker, die radikale Humanisten und Nonkonformisten waren – dabei tief beeinflusst von der mitteleuropäischen marxistischen Tradition der Gesellschaftstheorie –, wieder zum Leben erweckt und sich mit den sozialen Rückwirkungen des Vergessens auseinandergesetzt zu haben. Otto Fenichel habe sich dagegen gewehrt, Freuds Individualpsychologie von einem Verständnis von Geschichte und Gesellschaftsstruktur zu trennen. Selbsterkenntnis und Selbstveränderung sollten entlang einer Revolutionierung der Gesellschaft geschehen, Marx und Freud sich ergänzen. Marx stellte einen methodologischen Schlüssel zum Verständnis der sozialen Beziehungen zur Verfügung und Freud zu den Dimensionen der Subjektivität und der inneren Welt. Was Otto Fenichel anzog am Marxismus waren die wissenschaftliche Strenge und die rationale Methode.

Faschismus und Exil haben dann das Leben und Engagement der politischen Freudianer zerstört. Von der Austreibung aus Mitteleuropa hätten sie sich nie erholt. Um in Amerika zu überleben, hätten Fenichel und sein Kreis ihr eigenes Erbe zensiert und ihr marxistisches Engagement verschwiegen. Die Linksfreudianer hätten sich einer Selbstrepression anheimgegeben. So hätten sie selbst ihren Teil zur Domestikation der amerikanischen Psychoanalyse beigetragen, indem sie nun die Psychoanalyse als isolierte technische, klinische Disziplin förderten.

Fisher sieht in dieser zuletzt genannten Einschätzung einen allzu undifferenzierten und ungerechtfertigten, allzu harten und unsensiblen Angriff auf die Integrität dieser Generation europäischer Psychoanalytiker, legt darin aber auch ein vorurteilsverzerrtes Amerikabild frei. Die Motive, ihre persönliche und politische Geschichte nicht zu veröffentlichen und sich politisch zurückzuhalten, seien komplexer gewesen als die allzu einfache These von Selbstrepression und Niederlage unterstelle. Jacoby folge der oberflächlichen »Ausverkaufsthese« aus den 60er Jahren.

Zur Erklärung der politischen Zurückhaltung der in der Zwischenkriegszeit in Mitteleuropa politisch so aktiven Freudianer im amerikanischen Exil diskutiert Fisher vor allem drei Aspekte:

Die Stalinschen Strafprozesse von 1936 bis 37 und der Stalin-Hitler-Pakt von 1939 hätten desillusionierende, zum Überdenken der Identifikation mit dem autoritären Sozialismus herausfordernde Wirkungen gehabt, dahingehend dass die ideologischen und utopischen Aspekte des Marxismus fortan keinen Sinn mehr machten.

Zum zweiten hätten sie dem amerikanischen politischen und kulturellen Kontext, in dem sich der Kampf eher auf der Achse konservativ versus liberal abspielte, nicht entsprochen, einem Kontext, der nicht einfach als Zweiter-Klasse-Kultur abgewertet werden dürfe, wie es Jacoby im Gefolge der Frankfurter Schule tue.[40]

Schließlich sei das Selbstverständnis der politischen Freudianer primär das von Psychoanalytikern gewesen, die leidenden Menschen zu einem besseren Selbstverständnis verhelfen wollten, nicht das von Philosophen oder Politikern. Die liberalen, individualistischen Grundlagen der Psychoanalyse seien der ideologische Rahmen gewesen, der die Formen ihres Engagements begrenzte, auch wenn ihre Sympathien den revolutionären Gruppen gehört hätten. Die psychoanalytische Ethik verlange vom Therapeuten neutral und unparteilich zu bleiben und als Person rätselhaft, um tieferen Zugang zum Unbewussten des Patienten zu ermöglichen.

Jacoby habe daran erinnert, so das Fazit Fishers, dass Psychoanalyse selbst Engagement sei, aber dieses Engagement sei subtiler als die Möglichkeiten, die mit dem Verstehen und der Veränderung der modernen Gesellschaft verbunden seien. Nichts desto trotz sei das psychoanalytische Engagement eine Form des Denkens und Handelns entlang struktureller Niveaus, obwohl es in einer hochprivaten Domäne der Erkundung ausgeübt werde. Jacoby erfasse die Verbürgerlichung der amerikanischen Psychoanalyse als kulturelle Misere, die unvermeidlich auch eine politische Misere sei. Er erfasse jedoch nicht, dass Fenichel und sein Kreis diese Misere durchaus wahrnahmen, dagegen ankämpften und auf ihre eigene Art psychoanalytisch engagiert blieben.

Diese Studie Fishers können wir als beispielhaft ansehen für das, was ihm als »ausgewogene Evaluationen« (Fisher 1991 S. XXXII) vorschwebt, balancierend zwischen Zustimmung zur und kritischen Distanzierung von der eigenen Identifikation mit der Neuen Linken. (vgl. u).

Exkurs

Russel Jacobys Schrift weckte, auch wegen ihres rhetorisch brillianten Stils, im Kontext eines wiedererwachten Interesses an dem Schicksal der ins Exil vertriebenen »Linksfreudianer« hierzulande – und offenkundig auch in den USA – größere Resonanz.

In Los Angeles fand Fisher Ende der 80er Jahre mit seinen diesbezüglichen Forschungen und Reflexionen unter seinen Kollegen Anklang und Zuspruch. In der bereits weiter oben erwähnten Einführung[41] *zu Simmels Aufsatz »Nationalsozialismus und Volksgesundheit« – welche Heiman van Dam unter dem Eindruck des von ihm besuchten ersten Kongresses der Internationalen Psychoanalytischen Vereinigung (IPV) nach dem Krieg in Deutschland (Hamburg 1986) im Los Angeles Psychoanalytic Bulletin publiziert hatte*[42] *– schloss er sich weitgehend Fishers Interpretationen an: Fisher käme »much closer to understanding the absence of political involvement of Fenichel and Jacoby in this country, than for instance, Russell Jacoby« (S. 15). Fisher habe sehr zutreffend die Bedeutung der radikal veränderten gesellschaftlichen Realität beschrieben, welche die aus einer extremen gesellschaftlichen Gegensätzlichkeit und Konfrontation geflohenen europäischen Psychoanalytiker innerpsychisch hätten verarbeiten müssen. Das »alte Europa« – heute recht überraschend wieder zu einem aktuellen Begriff avanciert – sei für sie zerbrochen, untergegangen, und sie benötigten all ihre innere Energie, um sich in dieser ihnen unvertrauten neuen Wirklichkeit beruflich zu integrieren, sich hierdurch* *eine neue Identität aufbauen zu können: »They established new psychoanalytic institutes, had to re-build their lives and their practices, and had, above all, to deal with the trauma of being a refugee as well as with the loss of many of their relatives and close friends.« (van Dam 1989, S. 15)*

Es sei noch eine weitere Quelle erwähnt, welche Fishers Interpretationen stützt: Bezogen auf das Schicksal des marxistischen Psychoanalytikers Siegfried Bernfeld in den USA – Eksteins lebenslangem Vorbild – dürfte einem Gespräch des amerikanischen Kinderanalytikers Daniel Benveniste (San Francisco) mit dem Psychoanalytiker und Sozialarbeiter Nathan Adler – einem engen Schüler, Analysand und Freund Bernfelds – eine besondere Bedeutung zukommen.

Adler führt zu Jacobys Hypothesen kritisch aus: »Jacoby behauptet, daß die linksgerichteten Psychoanalytiker aus Europa ihre Überzeugungen verrieten, als sie nach Amerika kamen. Das ist Unsinn! In Europa waren diese Psychoanalytiker linksradikal gewesen. Die gemäßigten waren Sozialdemokraten, aber die meisten, wie Fenichel und Reich, standen weiter links. Jacoby behauptet, daß diese Gruppe (...) in Amerika ihre Prinzipien aufgab. Das zu glauben ist naiv. Sie gaben keineswegs ihre Prinzipien auf, als sie nach Amerika kamen. Fenichel, Bernfeld, Fromm, Horney und die anderen, die Radikale und Linkssozialisten waren, verliebten sich ganz einfach in Amerika und waren von Roosevelt begeistert. (...) In der Politik des New Deal fanden sie eine Offenheit, die es überflüssig machte, weiter nach links zu rücken. In Amerika gab es genug Bewegungsfreiheit und Spielraum für Kritik und Kompromisse. Es herrschte genug Offenheit, um politische Entwicklungen zu ändern und zu beeinflussen. Man kann also nicht sagen, daß diese Psychoanalytiker ihre Überzeugungen verrieten, sondern sie verliebten sich ganz einfach in das Amerika des New Deal.«[43]

Vermutlich ist David James Fishers ausgewogenes Urteil über das Schicksal der ins Exil vertriebenen deutschsprachigen Psychoanalytiker auch durch Bettelheims Selbsteinschätzung mitgeprägt worden: Zur gleichen Zeit, als sich die Beziehung zwischen Bettelheim und Fisher intensivierte, fand 1987 in Österreich der erste große Kongreß zur Vertreibung der österreichischen Intelligenz ins Exil statt (s. Stadler 1987, 1988). Bettelheim, der hieran u. a. zusammen mit Ernst Federn, Rudolf Ekstein sowie Else Pappenheim teilnahm und als Ältester – im Namen des erkrankten, ein Jahr älteren Richard Sterba sprach – führte im autobiographischen Rückblick aus:

> *»Es besteht für mich kein Zweifel, daß die österreichische Emigration in die Vereinigten Staaten viel zum Wachstum der Psychoanalyse beigetragen hat. Und nicht nur zum Wachstum der Psychoanalyse in den Vereinigten Staaten, sondern zum Wachstum und zur Entwicklung der Psychoanalyse überhaupt. Es ist natürlich sehr schwer zu entscheiden, inwiefern die Psychoanalyse dieses Wachstum der Emigration österreichischer Psychoanalytiker nach den Vereinigten Staaten verdankt und was diese Analytiker auf jeden Fall geschaffen hätten, wenn sie in Wien geblieben wären. (...) Ich wage daher nicht, zu sagen, ob das schreckliche politische und soziale Unglück der Hitlerzeit, das für die österreichischen Psychoanalytiker so fürchterliche Folgen hatte, der psychoanalytischen Bewegung weltweit großen Schaden brachte, oder ob die Emigration der Entwicklung der Psychoanalyse vielleicht mehr geholfen als geschadet hat.*[44] *Man kann aber wohl mit Sicherheit behaupten, daß die Psychoanalyse heute anders aussehen würde, hätte sie nicht durch die Ereignisse der Hitlerzeit ihre Wurzeln in Wien verloren.« (Bettelheim 1988, S. 216)*

Und fügte über sich selbst hinzu:

> *»Mit Sicherheit kann ich nur über mich selbst sprechen und sagen, daß ohne diese Emigration und ohne den mit ihr Hand in Hand gehenden Kulturtransfer keiner meiner Beiträge zur Psychoanalyse das Licht der Welt gesehen hätte. (...) So schrecklich die Ereignisse waren, die mich zur Emigration gezwungen hatten, habe ich keinerlei Zweifel, daß, wäre ich in Österreich geblieben, es fraglich ist, ob ich überhaupt etwas zur Entwicklung der Psychoanalyse beigetragen hätte, und wenn, dann wären diese Beiträge ganz anderer Art gewesen. In meinem Fall hat sich also dieser Kulturtransfer von Österreich nach den Vereinigten Staaten günstig ausgewirkt.« (a. a. O. S. 216)*[45]

***

Fishers Projekt, die Entwicklung der Psychoanalyse – repräsentiert durch ihre bedeutenden Gestalten – im kulturgeschichtlichen Zusammenhang zu rekonstruieren, konnte nicht ernsthaft durchgeführt werden, ohne nach ihren Ursprüngen in der Geschichte der Moderne zu fragen, d. h. ohne den Blick auf die Debatten der ersten Psychoanalytikergeneration zu richten. Mit diesem Erkenntnisinteresse hatte sich Fisher dem Briefwechsel zwischen Freund und Rolland zugewandt. Die Verbindung zwischen moderner Kulturgeschichte und Psychoanalyse stellt er an dieser entscheidenden Stelle mit der These her, dass in den Spannungen dieser Beziehung ein zentraler Konflikt des modernen Geistes ausgetragen werde. Der Konflikt wird zum wesentlichen Thema von Fishers klinischem Prozeß. Die Arbeit daran ist von nun an nicht mehr eine Frage der historischen Theorie allein.

Genau hier findet der *zweite Ansatz* Fishers seine Begründung, der kulturkritische. Er ist in der klinischer Arbeit verankert. Er fragt sozusagen nach dem Nutzen der Psychoanalyse für die Psychoanalyse. Fisher stellt sich in die Tradition psychoanalytischer Hermeneutik.[46] Ihr obliegt die kritische Aufgabe, die latente Sprache einer manifest erzählten Geschichte zu entschlüsseln und die Vielfalt ihrer Bedeutungen offenzulegen. Diese Methode gilt es nun auch auf die Geschichte der eigenen Disziplin anzuwenden. Es geht darum, den Subtext der Geschichte der Psychoanalyse zu ermitteln, ihre Irrtümer bloßzulegen, ihre Vollendungs- und Integrationsidee auf sich selbst zurückzubeziehen durch Selbstkritik.

Grundlage der kulturkritischen Arbeiten Fishers ist die Analyse der eigenen 68er Biographie, der mit ihr verbundenen Abwehrmechanismen, Omnipotenzvorstellungen und Projektionen.[47]

Für uns von besonderem Interesse ist nun, dass sich Fisher mit den subversiven methodologischen Mitteln seines zweiten, kulturkritischen Ansatzes der Beziehung von Freud zu Rolland erneut zuwendet, um jetzt die latente Sprache der Beziehung zu Gehör zu bringen.[48] Gegenstand der Analyse ist Freuds späte Schrift »Das Unbehagen in der Kultur«. Fisher versucht nachzuweisen, dass »die Gestalt Rollands den ganzen Text beherrscht als Symbol, Gedanke, als Gegenüber, Ansporn, Gegner; als jemand, der zu weitreichenden Spekulationen über die Natur der Kultur und das Unglück herausfordert, das für den Menschen mit der Kultur gegeben ist«, zu zeigen, »dass Rolland im Text als unterdrückter Anderer und sein Double fungiert. Freuds tiefe, aber unerkannte Identifikation mit Rolland enthüllt (seine) Sehnsucht, den Idealismus und den Optimismus des 19. Jahrhunderts fortzusetzen, den sein skeptischer Vorstoß so sehr untergrub.« (Fisher 1991, S. XXXVIIf.) Mit dieser Entdeckung vermag Fisher wieder einen Schritt von Freud zu Rolland zurückzugehen und eine Aussöhnung mit der eigenen 68er Biographie herzustellen.

Ein anderes Beispiel seiner Erforschung der Geschichte der Psychoanalyse in kulturkritisch-subversiver Absicht, das in unserem Zusammenhang von Interesse ist, bietet Fisher mit seiner Analyse der Wahrnehmungen des Faschismus und Antisemitismus, wie sie in den 40er Jahren von Angehörigen der zweiten Psychoanalytikergeneration, zu denen auch Bettelheim gehörte, gemacht wurden (vgl. Kap. 3 in diesem Buch). Fisher zeigt u. a., dass diese Psychoanalytiker, die Projektionsmechanismen und Autoritarismus in Faschismus und Antisemitismus aufdeckten, ihrerseits nicht frei von diesen Strategien des Selbstschutzes und alle in ihr eigenes Judentum zu ambivalent verstrickt waren, um ein vorurteilsfreies Bild von Juden zeichnen zu können.

Wir möchten hierzu, vielleicht in einer gewissen Diskrepanz zu Fisher, anmerken, dass Bettelheim sich zeitlebens unzweifelhaft als – atheistischer – Jude verstanden hat.[49]

Auch wenn gegenüber Suttons Bettelheim-Biographie einzelne Vorbehalte anzumelden sind, so sind ihre Kapitel über Bettelheims Studien zum Nationalsozialismus sowie seinen Besuchen in Israel (Sutton 1996, Kap. 13 und 15) vorzüglich. So bemerkt Sutton u. a.: »...All diese Dinge sind, das läßt sich nicht leugnen, Zeichen dafür, daß Bruno Bettelheim als Jude nicht ohne Ambivalenz war. Man kann sie gleichermaßen als Ausdruck seiner geistigen Freiheit lesen wie als Beweis für eine unausgesprochene Ablehnung seiner jüdischen Identität. Eines ist allerdings gewiß: Zu keinem Zeitpunkt seines Lebens hat Bruno Bettelheim seine Herkunft geleugnet. Er ist als Jude geboren und ist – sehr eindeutig – Jude geblieben bis zum Ende seines Lebens, auch wenn es nicht modern war und selbst als es gefährlich war.« (Sutton 1996, S. 51)

Das dritte, abschließende Oberkapitel seines letzten Buches, »Themen meines Lebens« (1990, S. 209–290) überschrieb Bettelheim mit »Über Juden und die Lager«; in seiner Einleitung zu diesem Kapitel formulierte er: »Den dritten und letzten Teil dieses Buches bildet das Bemühen eines Juden, die Vernichtung des europäischen Judentums unter Hitler zu bewältigen. Gewiß ist dies eine fast unmögliche Aufgabe, insbesondere für einen Menschen wie mich, der ein Jahr in zwei deutschen Konzentrationslagern zubrachte und dann zu den Glücklichen gehörte, die freigelassen wurden.« (S. 11). Und in dem Kapitel »Wichtige Bücher im Leben« des gleichen Buches (1990, S. 109–123) zeichnet er die Bedeutung des Judentums für seine Sozialisation – als Kind einer assimilierten jüdischen Familie Wiens – nach. Bettelheim führt aus: »...Da meine gesamte Familie ein angepaßtes Leben führte, war mir über das Judentum nur das bekannt, was ich und meine engsten Freunde, von denen die meisten ebenfalls Juden waren, zu erleiden hatten: die spöttischen Bemerkungen, die Zurückweisungen und manchmal die offene Aggression unserer christlichen Mitschüler und selbst einiger unserer Lehrer. *Jetzt hatte mein Judentum plötzlich einen positiven Inhalt.* (...) Ich wurde zwar durch die Schriften von Buber und später durch Gershom Scholems Bücher über den jüdischen Mystizismus weder in einen religiösen Juden noch in einen Zionisten verwandelt, doch trugen sie dazu bei, ein Gefühl des Stolzes entstehen zu lassen, weil ich auf diese Weise zum Erben einer ehrwürdigen Tradition geworden war, Erbe eines Stammes, welcher der Welt so viel gegeben hatte.

Dieses neue, positive Selbstbewußtsein als Jude bildete eine weitere Verbindung zwischen mir und Freud; es bedeutete mir viel, daß das letzte große Werk, das er abschließen konnte, ›Moses und Monotheism‹ war. Meine Bejahung jüdischer Identität wurde besonders wichtig und vielleicht sogar lebenserhaltend für mich, als ich in deutschen Konzentrationslagern verhöhnt und mißhandelt wurde, weil ich Jude war.« (Bettelheim 1990, S. 121)

Es ist in diesem Zusammenhang interessant, was uns Fisher über seine eigene jüdische Familiengeschichte und sein Verhältnis dazu mitteilt:

> »My mother's parents came from the region around Kiev, Russia and arrived in America in about 1898. My father's origins were German-Jewish. I was brought up Reform, or Progressive; I was bar mitzvahed, as were my two brothers and I went to Hebrew School until age 17. However, I am a completely secular Jew, with no belief in God, no allegiance to Jewish theology or rituals or belief systems and I am an atheist. In that, I suppose, I am close to Bettelheim. I belong to a tradition from Freud through Bettelheim to the present, the tradition of the non-Jewish Jew, who is proud of his Jewish identity, fiercely against all forms of racism and anti-Semitism, and who thinks of Jewishness as a calling to serve humanity.« Und Fisher fügt hinzu: »I am a Jew and I am proud of it.«[50]

Die Produktivität von Fishers interdisziplinärem Gesamtkonzept einer Kulturgeschichte der Psychoanalyse, das kontrastierende Zugänge umfasst, die sich nicht einfach verschmelzen lassen, zeigt sich daran, dass es Fragen auf der Metaebene stellt und sich von dort aus reflektiert. An die Stelle des Versuchs, umfassende Lösungen für diese Fragen zu bieten, setzt Fisher einen offenen Prozeß des bohrenden Weiterfragens und Forschens, für den kein Ende in Sicht ist. Orientierung verschafft ihm die

Idee der Balance, die es zu erreichen gelte, der Balance zwischen dem Philosophischen und dem Klinischen, zwischen der Eindeutigkeit des Denkens und der Vielseitigkeit der Interpretationen, zwischen dem Streben nach Konsens und der Markierung von Dissens. Der scheinbar harmonisierende Gedanke der Balance schließt den trennenden der Grenzbestimmung ein. In seinen Evaluationen von historischen Gestalten aus der Geschichte der Psychoanalyse geht es ihm darum, jeweils den Punkt auszumachen, wo der Anspruch der einen Seite auf die andere zu weit geht, an dem Grenzen unangemessen überschritten werden, es geht ihm darum, Grenzüberschreitungen nach beiden Seiten hin zurückzuweisen. Diese kritische Arbeit steht mit dem Wandel historischer Konstellationen immer wieder vor einem neuen Anfang.

V. Bruno Bettelheim: »Ein Philosoph der Psychoanalyse«[51]

> »Bettelheim is indeed a charismatic man, but his charisma can go both ways: positively or negatively. Certainly he knows that *Love Is Not Enough*, and he is not afraid of hate. He has strong opinions, and he often invites strong reactions, but neither his book nor his program at the Orthogenic School is empty. They may be besieged by outside critisism and attack, but they are strong fortresses filled with the thoughts and labors of this provocative man.«
>
> Rudolf Ekstein 1969a (in Kaufhold 2001, S. 189)

Fishers Bildungsweg erklärt, warum er sich für Bettelheim außerordentlich interessieren musste, und auch, was an Bettelheim ihn besonders interessierte. Er erklärt auch, warum das Interesse wechselseitig war und in Bettelheims allerletzten beiden Lebensjahren noch eine tiefe freundschaftliche Nähe zwischen beiden entstehen konnte, die nach Bettelheims Wunsch schon hätte früher beginnen können.

Exkurs

Bettelheim suchte das Gespräch zu dem 43 Jahre Jüngeren, weil er Fisher als historisch »brennend«, gleichermaßen gesellschaftspolitisch, kulturkritisch, psychoanalytisch und klinisch interessierten (vgl. Sutton 1996, S. 270) Intellektuellen schätzte. Auch wusste Bettelheim sehr präzise um dessen 1988 zu Ende geführte achtjährige Lehranalyse bei Rudolf Ekstein, seinem engem, ebenfalls von den Nazis aus Wien in die USA vertriebenem Freund und Kollegen (s. Kaufhold 2001, Bettelheim/Ekstein 1994, Ekstein 1994a). Im Sommer 1988, als sich die Beziehung zwischen Bettelheim und Fisher intensivierte, inhaltlich qualifizierte, hatte Bruno Bettelheim sein Lebenswerk weitestgehend abgeschlossen. Der Tod seiner geliebten Ehefrau Trude, die er bereits aus Wien gekannt und die ihm in den USA zur Seite gestanden hatte, mehrere Schlaganfälle sowie private Enttäuschungen hatten ihm in dieser letzten Lebensphase jeglichen Lebensmut genommen. In dem tiefenpsychologisch strukturierten Gespräch mit Fisher kennzeichnet Bettelheim seinen schrittweise vollzogenen Rückzug von der Außenwelt, welcher ihn zum Schritt aus dem Leben hinaus führte:

»Wenn man älter wird, schrumpfen die Interessengebiete, zumindest in meinem Fall ist das so. (...) Es ist ein Verfall des Interesses am Leben. Um sehr persönlich zu werden, habe ich im Grunde genommen zwei Interessen am Leben. Das eine ist meine jüngere Tochter, die schwanger ist, ihr Kind bekommen zu sehen. Und das andere, zu versuchen, ein neues Buch (...) zu beenden. (...) Sie sehen also, wenn man jung ist, wünscht man viele Dinge für die Zukunft. Doch wenn man so alt wird, wie ich es bin, wünscht man nur, ein paar Dinge zu Ende zu bringen.«

Gerade in Phasen des Abschieds scheint Bettelheim den produktiven Kontakt zu Jüngeren gesucht zu haben. Dies waren – neben David James Fisher und Rudolf Ekstein (s. o.) – vor allem der französische Filmemacher Daniel Karlin (s. Karlin 1994) und der amerikanische Kinderanalytiker Alvin A. Rosenfeld.

Mit Rosenfeld hat Bettelheim in seinen letzten Lebensjahren eng zusammengearbeitet und regelmäßig – weitgehend kostenlose – Supervisionen an dessen Kinderklinik angeboten. Hieraus erwuchs das posthum erschienene Buch von Bettelheim/Rosenfeld (1993). Auch Rosenfeld, 42 Jahre jünger als Bettelheim, hatte einen jüdischen familiären Hintergrund

und war, wie Fisher, Karlin, Ekstein und Ernst Federn[52]*, politisch progressiv engagiert und seinerzeit strikter Gegner des Vietnamkrieges. Bettelheim hatte diesen Krieg hingegen unterstützt und sich sogar zu einer Pathologisierung der studentischen Protestbewegung verleiten lassen (s. Kaufhold 2001, S. 153f.) – dies hinderte ihn in keiner Weise an einer sehr engen, freundschaftlichen Zusammenarbeit. Im Frühjahr 1991 publizierte das Los Angeles Psychoanalytic Bulletin posthum unter dem Titel »A Sad Lesson: Curse God And Live« (S. 35–37) eine Einleitung Bettelheims zu Rosenfelds Roman »A Dissenter in the House of God«. Hierin bemerkt Bettelheim, unmittelbar vor seinem tragischen Freitod, über das Buch seines Freundes: »No survivor of the German extermination camps escaped the most severe traumatization. If in addition to their horrible experiences there they lost those who were closest and dearest to them (as was true for most extermination camp survivors), they will never be able to fully recuperate from experiences which had shattered their lives. (...) No reader will remain untouched by the deep concern Dr. Rosenfeld has with those who lost everything in the Holocaust. How can a person learn to ›accept‹ the terrible way he was robbed of all he had dear? Losing a beloved wife and son in gas chambers fellow men have built can hardly be viewed as the way of all flesh.« (S. 35f.)*

15 Jahre vor dem Gespräch mit Fisher, 1973/74, hatte Bettelheim bereits einen vergleichbaren äußerst schmerzhaften Trennungsprozess – einen Tod im Leben – durchlebt, welchen er dadurch zu bewältigen suchte, dass er die wissenschaftlich-publizistische Produktivität verstärkte: Seinen Abschied von der Sonia Shankman Orthogenic School, einer milieutherapeutischen Institution in Chicago, die er in knapp 30jährigen Tätigkeit zu einer weltweit beachteten Modelleinrichtung aufgebaut hatte. Bettelheim hatte hierbei – ohne dies in seinen Büchern immer explizit auszuführen – auf sein »Wiener Erbe« zurückgegriffen: das Wirken und die Schriften der Psychoanalytischen Pädagogen August Aichhorn, Anna Freud, Siegfried Bernfeld, Editha Sterba und Edith Buxbaum, um nur die Bekanntesten zu nennen (s. Aichhorn 2003, Kaufhold 2003, Bettelheim 1988).

In seiner ihn zutiefst verunsichernden Abschiedsphase von der Orthogenic School – seinem Lebenswerk, welches seinem Leben »nach Dachau und Buchenwald» einen existentiellen Sinn verliehen und zugleich das Phantasma seiner Überlebensschuld gemildert hatte (s. Kaufhold 2001,

S. 251f.) – hatte Bettelheim, im Gegensatz zu seinen früheren Prinzipien, einem Fernsehteam des französischen Journalisten Daniel Karlin eine Dreherlaubnis für Aufnahmen in der Orthogenic School erteilt. Bettelheim verließ sich bei seinem Entschluss, wie so häufig, auf seinen unbewussten Eindruck: »Das ist nicht nötig, you're a good one...« (Bettelheim/Karlin 1993, S. 9), entgegnete er Karlin, als dieser ihm Belege für seine fachliche Qualifikation beibringen wollte.

Karlins vier Filme wurden seinerzeit im französischen Fernsehen zur besten Sendezeit ausgestrahlt und erregten in der französischen Öffentlichkeit großes Aufsehen (s. Stork 1994, S. 225, Bettelheim/Karlin 1983, S. 31). Zwei Jahre später, 1975, erschienen die verschriftlichten Gespräche zwischen Bettelheim, Karlin sowie einigen Patienten der Orthogenic School als Buch.

Bettelheims Entschluss, die Dreharbeiten zuzulassen, erlaubt einen tiefen, generalisierbaren Einblick in seine durch seine tragische Biographie geprägte Arbeitsweise und Beziehungsgestaltung[53]: Karlin, ein junger, langhaariger, talentierter Intellektueller, gehörte seinerzeit der Kommunistischen Partei Frankreichs an; er war Jude und das Enkelkind eines Deportierten. Als dieser 1973 bei ihm um die Dreherlaubnis anfragte lehrte Bettelheim, dem der Ruf eines antikommunistischen Zionisten vorausging, in Jerusalem. Bettelheim sagte – in scharfem Widerspruch zu seinen bisherigen therapeutischen Prinzipien – spontan zu. In seinem Nachwort zu ihrem Buch stellt er seinen schwierigen Entscheidungsprozess dar: »Fast ein Leben lang, fast dreissig Jahre lang, war die Schule der Mittelpunkt meines Daseins gewesen. Emotional fiel es mir schwer, sie zu verlassen. Als ich mit Daniel Karlin am Telefon sprach, kam mir plötzlich der Gedanke, daß eine Aufzeichnung meines Lebenswerkes, wie er sie vorhatte, diesem eine gewisse Kontinuität geben würde, und das erschien mir damals sehr verlockend. Ich stimmte rasch zu, weil ich wußte, wenn ich länger darüber nachdenken würde, würde ich nein sagen, wie ich es bisher immer getan hatte. Dass ich gegen meine gewohnten Überzeugungen verstieß, hängt auch damit zusammen, dass das Leben in Israel in mir wieder die Erinnerung an den Holocaust wachgerufen hatte, daran, wie er mein ›erstes‹ Leben ausgelöscht hatte, ohne die geringste Spur zu hinterlassen. Eine Wiederholung dieser Vernichtung dadurch zu unterbinden, daß ich eine visuelle Aufzeichnung meiner Arbeit durch einen Menschen erlaubte, der mir in seiner Haltung so aufrichtig zu sein schien, wie es nur möglich ist, schien mir auf einmal ein sehr verlockendes Ziel zu sein« (Bettelheim/Karlin 1983, S. 241, s. Karlin 1994, Raines 2003, S. 382–384, Sutton 1996, S. 516–520).

***

Kommen wir zur Beziehung zwischen Bruno Bettelheim und David James Fisher zurück. Aufschlussreich ist es, wie sie zustande kam: Fisher sandte eine eigene Abhandlung an Bettelheim, die sich mit dessen gerade erschienener Schrift über Freuds Sprache[54] befasste. Bettelheim antwortete sofort – er sah sich offensichtlich von Fisher in seiner Auffassung von Psychoanalyse verstanden.

Es ist der psychoanalytische Kultur- und Literaturkritiker Bettelheim, auf den Fishers erstes und entscheidendes Augenmerk fällt; es fällt auf dessen Idee von Psychoanalyse als Teil einer hermeneutischen Tradition, als subversiver Wissenschaft des Geistes, die interpretativ arbeitet, forschend bemüht ist, in die latenten, vielseitigen Bedeutungsschichten menschlicher Lebensäußerungen vorzudringen, den Subtext kultureller und historischer Prozesse zu lesen, die menschliche Seele in ihnen zu entdecken. Ihre vornehmste Aufgabe ist die Erinnerung im Medium der Sprache, der sprachlich vermittelte Dialog. Gemeint ist nicht die Theoriesprache ebenso wenig wie der rein theoretische Diskurs, denn er verfehlt den Gegenstand. Sehr wohl aber die Nähe zum philosophischen Gedanken, der sich nicht an einen einzigen Weg der Wahrheit klammert, sondern Fragen stellt.

Dieser primär erkenntnistheoretische Zugang Fishers öffnet den Blick auf Bettelheims Gestalt im Ganzen, auf sein Gesamtwerk, von dem aus die einzelne Wirksamkeit zu interpretieren ist. Es geht nicht in erster Linie um Bettelheim als Kinderpsychologen, als Autismusforscher und Spezialisten für Milieutherapie. Im Zugriff eines derart eingegrenzten Interesses wird Bettelheims eigentliche Lebensleistung übersehen.

Ins Zentrum von Fishers Annäherung tritt Bettelheim als Kulturhistoriker der Moderne, dem es um ein Verständnis der zeitgenössischen Geschichte und der modernen Zivilisation geht und um die Frage, was die Psychoanalyse zu diesem Verständnis beitragen könne und was nicht. Der Lichtstrahl fällt damit zugleich auf den engagierten, unabhängigen Intellektuellen, der sich in den öffentlichen Diskurs einmischt und konventionelle Lebensmuster, die Abwehrstrukturen der Massengesellschaft angreift; auf den universell gebildeten Gelehrten, der Disziplingrenzen überschreitet, der Psychoanalyse mit Kulturgeschichte, Philosophie, Literatur, Kunst, Mythologie verbindet, so wie es Freud für den Laienanalytiker vorschwebte, der aber ein Gelehrtentum vertritt, das stets in Fühlung bleibt mit dem erfahrenen Leben, mit der eigenen Biografie. Das hieß für Bettelheim mit der Biographie des Juden, des Überlebenden, den die eigene Lebenserfahrung an die Schrecken der modernen Zivilisation bindet. Und von dort aus wird der radikale Humanist Bettelheim sichtbar, der die Grenzen des psychoanalytischen Diskurses überschreitet und sich letzten moralischen Dilemmata der menschlichen Existenz schonungslos stellt; der desillusioniert genug ist, um an der Illusion des Humanen festhalten zu wollen.

Fishers nun erstmals gesammelt auf Deutsch vorliegende Essays bieten vor allem Porträts von Bettelheim, die das Gesamtwerk in seiner Vielseitigkeit und in seiner historischen Gewordenheit umfassen. Die meisten von ihnen entstanden im Kontext der persönlichen Begegnungen. Und so handeln sie nicht bloß von dem Gelehrten und Wissenschaftler sondern auch von der Person, dem Charakter, dem Menschen, den Fisher in einer bestimmten Lebenssituation traf. »In unseren Gesprächen berührte er oft, während er sprach, seinen Kopf, massierte ihn fast; dies war ein Mensch mit einer deutlichen narzisstischen Besetzung des Geistes und wenn er nicht länger neue und originelle Gedanken hervorbringen konnte, wollte er nicht länger leben«.[55]

Dass die Begegnung aufgrund gemeinsamer Interessen zustande kam und sich zu später Freundschaft entwickeln konnte, bedeutet nicht, dass es nicht auch Unterschiede zwischen den Gesprächspartnern gab. Sie gehörten beide sehr verschiedenen Generationen an, hatten ihre formativen Bildungsjahre in verschiedenen nationalen Kulturen verbracht und so trennten sie »verschiedene Sensibilitäten und politische und kulturelle Ausrichtungen«.[56] Auch verliefen die Treffen überwiegend asymmetrisch. Bettelheim erzählte, Fisher hörte zu. Diese Rollenverteilung war nicht unproduktiv: der Ältere nahm die Rolle des Zeitzeugen ein, der Vergessenes ans Licht hob; der Jüngere die des historischen Forschers, der Fragen stellte und das Erinnerte gebrauchen konnte für seine Kulturgeschichte der Psychoanalyse.

Aber eine symmetrische Kommunikation über die Generationsdifferenzen und divergierenden Auffassungen wurde von Bettelheim blockiert. »Ich lernte schnell, dass es sinnlos war, mit ihm über bestimmte Themen zu diskutieren; mehr als einmal empfand ich ihn als rechthaberisch, autoritär und ziemlich barsch in seinen Urteilen – beispielsweise über die Politik der Anti-Kriegsbewegung in den 60er Jahren, die Kritik an der amerikanischen Außenpolitik, die theoretischen Versuche, Marxismus und Psychoanalyse zu verbinden. Doch auch in vorgerücktem Alter war ein Dialog mit ihm möglich; bei Problemen, von denen er wusste, dass sie existentiell oder psychologisch drängten, konnte er erstaunlich entwaffnend und einfühlsam sein«.[57]

Und so standen Fisher genug Nähe und genug Distanz zur Verfügung, um die Gestalt Bettelheims in ihrer Einmaligkeit, ihrer Größe und ihren Grenzen scharfsinnig erfassen und lebendig vorstellen zu können. Die kritischen Einreden, die er im direkten Gespräch unterdrücken musste, hat er auch in seinen schriftlichen Arbeiten eher zurückgestellt. Von seinem kulturgeschichtlichen Ansatz her kam es ihm vor allem darauf an, eine Generationsgestalt zu charakterisieren, die einer bestimmten historischen Epoche zugehört und insofern in sich stimmig war. Bettelheim war für Fisher ein unabhängiger Intellektueller, der ein tiefes Verständnis der Paradoxien der modernen Existenz erreicht hatte und es mit aller Konsequenz in seinem Leben realisierte. Diese Qualität erschien ihm noch nicht ausgeschöpft, wenn sie überhaupt auszuschöpfen war. Fisher war es wichtiger, darauf hinzuweisen, als sein eigenes Befremden – als Amerikaner einer späteren Generation und Epoche – zu artikulieren.

Die kritischen Optionen erscheinen am klarsten angedeutet in der Arbeit über die Faschismus- und Antisemitismusforschungen aus den 40er Jahren. Darüber hinaus aber hat Fisher die eigene Idee, sich mit dem latenten Subtext der Geschichte der Psychoanalyse zu beschäftigen, an Bettelheim noch kaum realisiert.[58] Und so bleibt die Frage offen, ob Bettelheim, ähnlich wie Freud, einen Anderen in sich unterdrückte. Vielleicht war sein Überleben daran gebunden. Der Brief, mit dem Bettelheim auf die Zusendung von Fishers zweitem Essay über die untergründige Beziehung Freuds zu Rolland im Subtext von das »Unbehagen in der Kultur« antwortet[59], könnte als Hinweis darauf gelesen werden.

Exkurs[60]

Ich möchte kurz die Geschichte meiner Beziehung zu David James Fisher erzählen: 1987, ich hatte gerade meine 1. Staatsexamensarbeit über Bettelheim abgeschlossen, nahm ich in Rottenburg/Tübingen an einer Tagung eines kleinen milieutherapeutischen Heimes für autistisch-psychotische Kinder teil. An dieser Tagung beteiligten sich auch drei ältere Herren, die sich in ihren zahlreichen Redebeiträgen gleichermaßen durch ihre beeindruckende Vitalität, ihr Engagement als auch durch ihr profundes Wissen auszeichneten. Es handelte sich, wie mir rasch klar wurde, um Ernst Federn, Rudolf Ekstein und Hans Keilson, von denen ich – ich war seinerzeit 26 Jahre alt – wohl gehört, aber nur einzelne verstreute Beiträge gelesen hatte. Sie waren weit angereist, um sich gemeinsam über diese doch sehr speziellen und offenkundig wenig erfolgsträchtigen kollektiven Bemühungen auszutauschen: Sie kamen aus Amerika, den Niederlanden und Österreich nach Baden-Württemberg. Alle drei stammten aus jüdischen, antifaschistischen Familien und hatten den deutschen Faschismus nur mit großem Glück überlebt. Sie hatten ihre traumatischen Erfahrungen niemals vergessen, sondern sie – vergleichbar wie Bettelheim – mittels ihrer pädagogisch-therapeutischen Bemühungen zu »bewältigen« versucht. Ihre auf der Konferenz gemeinsam geteilten Erfahrungen prägten, wie von mehreren Teilnehmern im Plenum hervorgehoben wurde, in entscheidender Weise das Treffen.[61] (Übrigens hatte seinerzeit auch Bettelheim – Ekstein hatte ihn hierum gebeten – erwogen, sich an dieser Tagung in Deutschland zu beteiligen, sagte seine Teilnahme letztlich jedoch wegen seines Alters und seiner Krankheit ab.)

Als mir wenige Jahre später die Idee kam, Bettelheims Leben und Werk systematisch aufzuarbeiten, es auf diese Weise lebendig zu halten, wandte ich mich an Ernst Federn und Rudi Ekstein. Deren rasche, freundliche und entgegenkommende Reaktion stellte für mich eine außerordentliche Ermutigung dar. Aus ihr entwickelte sich schnell eine wirkliche Zusammenarbeit, später dann regelmäßige Treffen und Freundschaften. Sie verfassten eigene Beiträge (Federn 1994, Ekstein 1994a) und vertrauten mir ihr privates »Material« an, hierunter ihre langjährige Briefkorrespondenz mit Bettelheim. All diese Forschungsbeiträge vermochte ich in den folgenden Jahren zu publizieren.

Von besonderer Bedeutung für die Entstehung dieses Buches war nun die Reaktion von Rudi Ekstein: Er schickte mir zuerst einen euphorisch-ermutigenden längeren Brief, einschließlich einiger Texte und Manuskripte. Ich rief ihn daraufhin spontan an; er war herzlich, einfühlsam, spontan, wirkte etwas überrascht, erzählte von seiner langen Freundschaft mit Bettelheim, seinem letzten Gespräch mit ihm, ihrem gemeinsamen Briefwechsel. Etwas zögernd fragte er nach, ob ich mich für diese historischen Dokumente wirklich interessieren würde.

Einige Wochen, ich hatte unser Gespräch schon beinahe vergessen, erhielt ich zu meiner großen Überraschung ein riesiges Paket mit Originalbriefen, einer Videocassette mit seinem letzten Gespräch mit Bettelheim, zwei Monate vor dessen Freitod aufgenommen sowie zahlreichen weiteren Materialien. Er fügte nur die handschriftliche Bitte bei, ihm diese privaten Materialien bei Gelegenheit wieder zukommen zu lassen.

Dieses außerordentliche Vertrauen machte mich perplex. Ich empfand es als eine Verpflichtung – und flog wenige Wochen später, in den Osterferien 1992, kurzentschlossen nach Los Angeles, Santa Monica, wohnte fünf Tage in seiner Wohnung, durfte sein riesiges Privatarchiv durchschauen – ein historisches Vermächtnis. Fünf Tage lang sprachen wir, nach seinen Terminen mit Patienten, welche er auch im Alter von 80 Jahren immer noch empfing, über seine Bettelheim-Studien, seinen Briefwechsel mit Bettelheim sowie über das Schicksal der Psychoanalytischen Pädagogik. Bereits am zweiten Tag insistierte er darauf, dass ich einen seiner Kollegen kennenlernen müsse, einen ehemaligen Analysanden, der vorzügliche Studien über Bettelheim publiziert habe. David James Fisher erschien noch am gleichen Tag in Eksteins Wohnung, wir sprachen über unsere Arbeiten und er überreichte mir all seine Publikationen über Bettelheim – hierunter sein kürzlich erschienenes Buch »Cultural Theory and Psychoanalytic Tradition« (Fisher 1991). Seine Widmung vom 8. April 1992 endete mit »hopes for a collaboration.« Drei seiner Bettelheim-Studien vermochte ich in den Jahren 1993 und 1994 auf Deutsch zu publizieren.

Fisher sandte mir in den folgenden Jahren einige seiner Schriften zu; besondere Erwähnung verdienen seine in der sehr progressiv orientierten jüdischen Zeitschrift Tikkun (May/June, 1995, S. 69–72) unter dem Titel »Father's Day« publizierten Erinnerungen an das Sterben seines Vaters – sein Beitrag entspricht in bedrückend-rührender Weise seinem in diesem

Buch in Kap. 7 wiedergegebenem Beitrag »Der Selbstmord eines Überlebenden«. Es freut mich sehr, dass nun Jimmy Fishers gesammelte Bettelheim-Studien, rechtzeitig zu Bettelheims 100. Geburtstag, auf Deutsch als Buch erscheinen.

***

VI. Auf dem Weg zur Integration: jetzt das Angemessene für den Anderen tun

Die beiden letzten Fragen Fishers in »Ein letztes Gespräch mit Bruno Bettelheim« zeigen wieder deutlich den Bezug auf die eigene Person:

»Gibt es überhaupt so etwas wie Heilung oder einen therapeutischen Erfolg, selbst im Fall eines sogenannten normalen Neurotikers?« Fisher wusste, wie Bettelheim antworten würde. Deshalb tut der ihm den Gefallen nicht und gibt die Frage lachend, weil er sich durchschaut sieht, zurück: »Diese Frage werde ich Ihnen überlassen.«

Und weiter:

»Fisher: ›An der Orthogenic School fand niemand ohne Erlaubnis Einlass, und jeder konnte zu jeder Zeit gehen. Manche Leute haben das ein lobenswertes Experiment mit einem utopischen Konzept genannt, nicht im abwertenden, sondern eher deskriptiven Sinn des Wortes. Würden Sie dieser Beschreibung zustimmen?‹

Bettelheim: ›Nein, ich glaube, wir taten das, was die Patienten brauchten. Ich glaube nicht, dass es utopisch ist, das Richtige für die Patienten zu tun. Es scheint das einzig Angemessene zu sein.‹«

So endet das Gespräch.

Beide Fragen Fishers spielen auf das Verhältnis zur Zukunft an. Sie erinnern von fern an das Kernthema in der Freundschaft Freuds mit Rolland. Es sieht so aus, als wolle Bettelheim das Integrationsproblem, das er in seiner Generation, letztlich auch in seiner Biographie nicht hatte lösen können, an die Nachfahren weitergeben.[62] Ob es Integration geben wird, bleibt ungewiss.

Im Jetzt das Angemessene für den Anderen zu tun, erscheint Bettelheim möglich und das einzig Richtige. Es schützt davor, in der Orientierung an einer zukünftig zu erreichenden Utopie das menschliche Gegenüber zu verfehlen und damit die Utopie erst recht Lügen zu strafen.[63]

Fisher hält sich an Bettelheims Grundsatz. Er versteht, dass es an ihm ist, jetzt etwas für den hinfällig gewordenen Bettelheim zu tun; für den, der so viel für andere getan hatte. Fisher verschafft ihm einen geschützten Ort, damit er seine letzten Gedanken und Gefühle äußern kann, und er hört ihm zu. Und ein Jahr später gelingt es ihm noch, mittels einer symbolischen Geste für einen kurzen Moment eine *Brücke*[64] zwischen dem Abgrund zu bauen, der sich bald darauf endgültig zwischen ihnen auftun würde: Es gelingt ihm, die Psychoanalytische Gesellschaft und das Psychoanalytische Institut von Los Angeles dafür zu gewinnen, Bettelheim eine Ehrenmitgliedschaft zu verleihen, eine Ehrung, die ihm viel bedeutete, weil er mit den Gründern des Instituts, Ernst Simmel und Otto Fenichel, früher befreundet war.[65] Am 18. Mai 1989 findet die Aufnahme Bettelheims in das Institut statt: Nach einer Einleitung des früheren Institutsleiters Mark Orfirer erzählt Bettelheim, wie er Psychoanalytiker wurde.[66] Anschließend hält Fisher eine elegische Laudatio. Bettelheim kommentiert sie selbstironisch in gewohnter Lebendigkeit und Präsenz: »eine hübsche Lobpreisung« sei das gewesen.[67]

Anmerkungen

1 Siehe D. J. Fisher: »Ein letztes Gespräch mit Bruno Bettelheim«, Kap. 6 in diesem Buch.

2 a. a. O., s. Fußnote 1.

3 vgl. Ingrid Gilcher-Holtey: Die 68er Bewegung. Deutschland – Westeuropa – USA. München 2001.

4 Zu George L. Mosse (1918–1999) mehr auf den folgenden Seiten.

5 Germaine Brée (1907–2001) lehrte französische Literaturgeschichte. Sie hat vor allem über Proust, Gide, Camus und Sartre geforscht. Publikationen auf deutsch: Aufstand des Geistes: das Phänomen der französischen Literatur von Gide bis Camus. Starnberg 1957; Albert Camus: Gestalt und Werk. Reinbek 1960. Seiner 1999 in dem Sammelband »Cinema and Psychoanalysis, Parallel Histories« (J. Bergstrom (Hg.), University of California Press, S. 126–152) publizierten umfangreiche Studie »Sartre's Freud: Dimensions of Intersubjektivity in *The Freud Scenario*« setzte Fisher die

Widmung voran »Dedicated to my former teachers, *Germaine Brée and George L. Mosse* (S. 126). Nähere Angaben zu Fishers sonstigen Publikationen sind dem im Anhang dieses Buches wiedergegebenem Werkverzeichnis zu entnehmen.

6 Harvey Goldberg (1923–1987) lehrte französische Sozialgeschichte. Er verfasste u. a. eine Biographie über Jean Jaurès, den bedeutenden französischen demokratischen Sozialisten. Dort heißt es über Jaurès: »He had the integrity to be partisan, the courage to be revolutionary, the humanism to be tolerant.«

7 Später veröffentlicht unter dem Titel: Romain Rolland and The Politics of Intellectual Engagement. Berkeley 1988.

8 D. J. Fisher: Sigmund Freud and Romain Rolland: The Terrestrial Animal and His Great Oceanic Friend. In: American Imago, 33, Nr. 1, Spring, 1976, S. 1–59; später in: D. J. Fisher: Cultural Theory and Psychoanalytic Tradition. New Brunswick and London 1991, S. 27–78.

9 In diesem Zusammenhang sei auf eine neue psychoanalytisch orientierte Untersuchung über Biographien der 68er Generation hingewiesen: Christian Schneider u. a.: Identität und Macht. Das Ende der Dissidenz. Gießen 2002.

10 vgl. George L. Mosse: Die Nationalisierung der Massen: politische Symbolik und Massenbewegungen von den Befreiungskriegen bis zum Dritten Reich. Frankfurt 1976; ders.: Rassismus: ein Krankheitssymptom in der europäischen Geschichte des 19. und 20. Jahrhunderts. Königstein 1978; ders.: Der nationalsozialistische Alltag: so lebte man unter Hitler. Königstein 1978; ders.: Ein Volk, ein Reich, ein Führer: die völkischen Ursprünge des Nationalsozialismus. Königstein 1979; ders.: Gefallen für das Vaterland: nationales Heldentum und namenloses Sterben. Stuttgart 1993 ; ders.: Die Geschichte des Rassismus in Europa. Frankfurt 1996.

11 Irene Runge: George L. Mosse: »Ich bleibe Emigrant«: Gespräche mit George L. Mosse/Irene Runge; Uwe Stelbrink. Berlin 1991, S. 62. Eine Autobiographie Mosses (1918–1999) erschien posthum in Madison unter dem Titel: Confronting History: a Memoir. Madison 2000. Fisher verfasste darüber einen Essay.

12 vgl. George L. Mosse: Jüdische Intellektuelle in Deutschland. Zwischen Religion und Nationalismus. Frankfurt/New York 1992; zus. mit Walter Laqueur (Hg.): Die europäischen Linksintellektuellen zwischen den beiden Weltkriegen. München 1967.

13 In einer Besprechung eines Sammelbandes mit dem Titel »The Fascist Revolution. Towards a General Theory of Fascism«, den Mosse kurz vor

seinem Tod 1999 herausgab, stellte Jens Hacke vom Institut für Geschichtswissenschaften an der Humboldtuniversität in Berlin fest, Mosses kultur- und geisteswissenschaftlicher Ansatz habe »Trends vorweggenommen, die erst später die deutsche Historiographie dominierten.« (Rez. Für H-Soz-u-Kult (Humanities. Sozial- und Kulturgeschichte); dies ist ein am Institut für Geschichtswissenschaften der Humboldt-Universität zu Berlin koordiniertes Internet-Forum des H-Net, das seit März 2002 von der Deutschen Forschungsgemeinschaft im Rahmen des Koordinationsprojektes Clio online gefördert wird.)

14 Georges Haupt (1928–1978) forschte vor allem über die 2. Internationale. Georges Haupt: Der Kongreß fand nicht statt: die Sozialistische Internationale 1914. Wien 1967; ders.: Programm und Wirklichkeit: die internationale Sozialdemokratie vor 1914. Neuwied 1970. Haupt hat übrigens auch zusammen mit Fishers Lehrer Harvey Goldberg aus Madison (vgl. oben) publiziert.

15 1978 starb Haupt 50jährig plötzlich während eines Aufenthalts in Italien an einem Herzleiden, das er von den KZ-Aufenthalten zurückbehalten hatte; vgl. Oskar Negt: Georges Haupt in Memoriam; in: New German Critique, Nr. 14/1978.

16 vgl. G. Haupt: Die Kommune von Paris als Symbol und als Beispiel. Trier 1974.

17 vgl. O. Negt: a. a. O.

18 Peter Loewenberg, ein angesehener Analytiker in Los Angeles, hatte Fisher dazu angeregt und darin bestärkt, eine Analyse zu machen. Im Herbst 1990 publizierte Loewenberg im »*Los Angeles Psychoanalytic Bulletin*« den Beitrag »The social psychoanalytic contributions of Bruno Bettelheim« (S. 30–32). Dieses von Fisher zusammengestellte Heft stand unter dem Thema »Special issue in Memoriam to Bruno Bettelheim«. Weiterhin waren in diesem Heft die im vorliegenden Buch publizierten Beiträge »Ein letztes Gespräch mit Bruno Bettelheim«, »Ermutigung zum Spiel« und »Hommage an Bettelheim« von Fisher, der Beitrag »Mein Freund Bruno (1903–190). Wie ich mich an ihn erinnere« von Rudolf Ekstein (auf dt.: Ekstein 1994a) sowie der Beitrag »Bettelheim's Vienna« von John G. Tomlinson, Jr. versammelt.

19 Diese Studie wurde im Sommer 1989 im *Los Angeles Psychoanalytic Bulletin* (S. 17–26) unter dem Titel »National Socialism and public Help« auf Englisch publiziert, zusammen mit einer Einführung des Psychoanalytikers Heiman van Dam (S. 15f.).

20 In den letzten Jahren sind Otto Fenichels umfangreiche Studien wieder – z. T. neu – aufgelegt worden: Aufsätze (2 Bd.); Psychoanalytische Neurosenlehre (3 Bde.); Probleme der Psychoanalytischen Technik, alle publiziert beim Psychosozial-Verlag. Siehe auch die von Reichmayr/Mühlleitner (1998) herausgegebenen »Geheimen Rundbriefe« von Otto Fenichel, auf die Russel Jacoby (1985) in seiner Studie »Die Verdrängung der Psychoanalyse« vielfältig Bezug genommen hat (s. u.).

21 Theron Raines (2002, S. 32ff) gibt in seiner kürzlich in den USA erschienenen Bettelheim-Biographie eine Äußerung von Bettelheim wieder, in welcher dieser seine aus seinem Engagement in der Jugendbewegung erwachsene Beziehung zu einigen fortschrittlich orientierten Analytikern beschreibt. Der ungestüme, außergewöhnlich produktive junge Wilhelm Reich (s. Fallend/Nitzschke 2002) war hierbei – Fisher bestätigt diese Einschätzung in diesem Buch mehrfach – zeitlebens für Bettelheim *die* Identifikationsfigur: »... So through Annie Reich I got to know Willy Reich. (...) I was already friends with Otto Fenichel, and I was also very friendly with Siegfried Bernfeld and a few analysts of the younger generation. But Willy was so delightful and so extraordinary that I suppose I began to accept him as a kind of mentor, at least at first. (...) he was a fascinating person, so very persuasive in his explanations and extremely brilliant. (...) He was a glowing personality, very charming, lively, and open in his manner. Willy was lovable, he had a magnetism that drew people to him. In any event, he was important to me because of our friendship and the wonderful conversations about analysis, which we all took part in. Edith, Annie, and Willy were all analysts – I was the only outsider – and we talked for hours. However, it was somehow Willy who first brought me systematically to analysis. (...) In my opinion, he was a genius, and with a genius you always get a lot of things you don't like – the striking intuitions are there, but you also get very unpleasant aspects of character, flaws of character.«

22 Raines' (2002, S. 21f.) beschreibt die identitätsstiftende Bedeutung des Jung-Wandervogels für Bettelheims spätere berufliche und persönliche Entwicklung folgendermaßen: »›The Wandervogel was a good escape valve‹, Bettelheim said. ›It made us feel freer, and in my case it really changed many of my ideas about society. We have nothing analogous to it in this country, certainly not the protest movements in the sixties. Wandervogel was completely nonviolent, we were against violence altogether. You see, Wandervogel was more of an exploration than a protest. Nobody said,

›Let's smash it all!‹Maybe we thought we were more revolutionary than we were.‹«

23 Siehe hierzu den ursprünglich 1955 verfassten Essay »Ein Besuch in Dachau« (in: Bettelheim 1990, S. 247–260), und hierin insbesondere S. 248: »Jeder Deutsche, der unter dem Naziregime gelebt hatte, ob er es akzeptierte oder bekämpfte, war in einem gewissen Sinn durch ein Konzentrationslager gegangen. Manche, die tatsächlichen Lagerinsassen, waren als gefolterte Sklaven hindurchgegangen, andere, die Mehrheit der Deutschen, sozusagen als Verwalter.«

24 Der Erwähnung wert erscheint der Umstand, dass Fenichel in seiner Rezension *Bruno Bettelheim* mit dem aus Zagreb gebürtigen Psychoanalytiker *Stefan Betlheim* verwechselt. Stefan Betlheim hatte von 1928 bis 1938 der Wiener Psychoanalytischen Vereinigung angehört (s. Mühlleitner 1992, S. 39f.).

25 Einen lebendigen Einblick in die Atmosphäre dieses – sowie des benachbarten Institutes von San Francisco – ermöglichen die in dem Bernfeld-Sammelband (Hg.: Fallend/Reichmayr, 1992) wiedergegebenen Beiträge von Reichmayr/Fallend, Hermanns sowie Daniel Benveniste (S. 264-316). Siehe hierzu auch die kenntnisreiche Besprechung der institutionskritischen Studie von Douglas Kirsner (2000) »Unfree Associations: Inside Psychoanalytic Institutes« durch Fisher (2002) (Lit. siehe Anhang dieses Buches).

26 Ekstein war ihm sowohl von einem befreundeten New Yorker Psychoanalytiker als auch von Peter Loewenberg empfohlen worden.

27 Ekstein hatte – vergeblich – versucht, Bettelheim von seinem Schritt aus dem Leben abzuhalten, ihn dazu zu bewegen, in seinem Haus zu leben. Bettelheim zog dies nicht ernstlich in Betracht. Sein Erinnerungsbeitrag an Bettelheim sowie sein letztes Gespräch mit Bettelheim (Ekstein 1994a, Bettelheim/Ekstein 1994, s. Ekstein 1994, Sutton 1996, S. 581–584, 587, 591) gehören für mich (R. K.) zu den wertvollsten historischen Quellen zum Verständnis von Bettelheims Leben und Werk.

28 Fisher führte dazu später aus: Freud und Rolland vertreten »zwei zentrale Richtungen des modernen europäischen Denkens. Rolland repräsentiert die hartnäckige Anstrengung, an einem Humanismus festzuhalten, der im Idealismus, den Gefühlen und der Intuition des 19. Jahrhunderts begründet ist. Freuds Weltvision bleibt irdisch; d. h. sie zielt auf eine Ernüchterung und Entsakralisierung dieser Welt durch die Entwicklung seines zersetzenden Rationalismus und analytischen Skeptizismus.« D. J. Fisher:

Introduction to: Cultural Theory and Psychoanalytic Tradition, a. a. O. S. XXXV (Übers. d. Verf.).

29 Unsere Deutung stützt sich auf den Tatbestand einer tiefgreifenden geistigen Krisenerfahrung im Bildungsbürgertum an der Wende vom 19. zum 20. Jahrhundert, die nicht nur in Wien, dort aber verstärkt erlebt wurde. Vgl. dazu: Bruno Bettelheim: Das Wien Sigmund Freuds; in: Bettelheim (1990), S. 15–28, insbes. S. 26f.; ferner: Werner Hofmann: Vorwort zu: Experiment Weltuntergang Wien um 1900. München 1981, S. 6f.

30 Siehe hierzu das Kapitel »Begegnungen mit Bruno Bettelheim. Oder: Die psychoanalytisch-pädagogische Arbeit mit autistisch-psychotischen und Grenzfallkindern« in Kaufhold (2001), S. 127–134.

31 R. Kaufhold (1993): Zur Geschichte und Aktualität der Psychoanalytischen Pädagogik: Fragen an Rudolf Ekstein und Ernst Federn. In: R. Kaufhold (Hg.): Pioniere der Psychoanalytischen Pädagogik. psychosozial Heft 53 (1/1993), 16. Jg., S. 17 f.

32 D. J. Fisher: Psychoanalysis and Engagement: Otto Fenichel and the Political Freudians. In: Cultural Theory and Psychoanalytical Tradition. a. a. O. S. 91–104 .

33 Eine andere bilanzierende Formulierung Fishers sei noch angefügt: »Die psychoanalytische Ausbildung im besten Sinn verbindet Herz und Verstand, gelebte Erfahrung und die Fähigkeit, darüber nachzudenken, die Äußerung der affektiv belasteten Erinnerungen und die Fähigkeit, die eigene Lebensgeschichte zusammenhängend erzählen zu können.« D. J. Fisher: Introduction to: Cultural Theory and Psychoanalytic Tradition. a. a. O. S. XXVIII. Die gleiche leitmotivische Formulierung bzgl. einer Synthese von Herz und Verstand hatte Bettelheim in seiner Einleitung zu «Aufstand gegen die Masse« (1964, S. 8) gewählt.

34 Bei dieser zweiten Variante geht es um die Anwendung der psychoanalytischen Methodologie auf die Kulturgeschichte. Fisher nimmt hier die Tradition der Psychohistorie auf, die mit Freuds Essay über Leonardo da Vinci beginnt und über Eriksons Lutherbuch zu den aktuellen Arbeiten eines Peter Gay und eines Peter Loewenberg führt.

35 Genannt seien an dieser Stelle nur: Jacques Lacan, Michel Foucault, der französische Strukturalismus, Carl Gustav Jung, Sabina Spielrein.

36 Vgl. Winfried Marotzki: Bildungsprozesse in lebensgeschichtlichen Horizonten; in: E. M. Hoerning u. a. (Hg.): Biographieforschung und Erwachsenenbildung. Bad Heilbrunn 1991; S. 182–205.

37 Zentrale historisch überdauernde Spannungsfelder der Auseinandersetzung, die sich in der Neuen Linken und dann in der Postmoderne-Diskussion fortsetzten, sind der Erkenntnisbegriff, das Konzept von Geschichte, das Verhältnis von Geist und Ökonomie und von Individuum und Gesellschaft.

38 englische Originalfassung: Russel Jacoby: The Repression of Psychoanalysis; Otto Fenichel and the Political Freudians. New York 1983. Fisher hatte Jacoby bei der Erstellung dieses Buches beratend zur Seite gestanden, wofür ihm dieser in seinem Vorwort ausdrücklich dankte.

39 D. J. Fisher: Psychoanalysis and Engagement. Otto Fenichel and the Political Freudians; in: ders.: Cultural Theory and Psychoanalytic Tradition. a. a. O., S. 91–104.

40 Hier kann allenfalls die Frankfurter Schule vor Habermas gemeint sein. Ob allerdings etwa Adornos Einstellung gegenüber Amerika so einseitig negativ war, ist doch in Frage zu stellen und wäre noch genauer zu untersuchen.

41 H. van Dam: Introduction (zu: E. Simmel: National Socialism and Public Health), Los Angeles Psychoanalytic Bulletin, Sommer 1989, S. 15f.

42 Fisher bemerkt zu Heiman van Dam: »He is a Dutch Jew, medically trained, who was and is affiliated with the Los Angeles Psychoanalytic Institute, where he is a training and supervising analyst. He is a specialist on children and adolescence. He tends to be theoretically oriented toward Anna Freud's perspectives. During his internship and residency at Cedars Hospital in Los Angeles in 1945–46 he worked with and knew Otto Fenichel. He has written a book on Anne Frank.« (H. van Dam (2001): Anne Frank's Diaries on the Couch: A Psychological Study of Female Adolescent Development, International Universities Press), pers. Mitteilung von D. J. Fisher an R. K., 5.6.2003.

43 D. Benveniste: Siegfried Bernfeld in San Francisco, in: Fallend/Reichmayrr (1992), S. 307. Siehe auch: Thomas Aichhorn (Hg.): Zur Geschichte der Wiener Psychoanalytischen Vereinigung I 1938–1949, Luzifer-Amor, 16. Jg, Heft 31, 2003.

44 Siehe hierzu vertiefend das Gespräch zwischen Ernst Federn und Rudolf Ekstein zur Geschichte der Psychoanalytischen Pädagogik (Kaufhold 1993a).

45 Bettelheims Selbsteinschätzung trifft sich mit Thomas Aichhorns (2003a) psychoanalytischer Interpretation bzgl. Bettelheims Produktivität und der sie prägenden traumatischen Lebenserfahrungen, wenn er am Ende seines Bettelheim-Beitrag (Aichhorn 2003) formuliert: »Ich meine, dass es die Zerstörung seiner bürgerlichen Existenz durch die Nationalsozialisten

war und die Erfahrungen, die er in Dachau und Buchenwald gemacht hat – und das was er daraus gemacht hat! –, die ihn zu *dem* Bettelheim gemacht haben, der er dann in den USA geworden ist.« In seinem Beitrag formuliert Aichhorn einige kritische Vorbehalte gegenüber einzelnen Ausführungen in Suttons Biographie (Stichwort: Bettelheims frühe Wiener Erfahrungen, Bettelheims Ausbildung in Wien), welchen wir uns vorbehaltlos anzuschließen vermögen.

46 Bei Fisher finden sich in diesem Zusammenhang Hinweise auf Jürgen Habermas, Paul Ricoeur und den französischen Strukturalismus.

47 Pikanterweise geschieht dies mit einem Lehranalytiker jener zweiten Psychoanalytikergeneration, der selbst sozialistisch identifiziert war und sich von Erwartungen auf umfassende Gesellschaftsveränderungen hatte verabschieden müssen (vgl. oben).

48 D. J. Fisher: Reading Freud's Civilization and its Discontents; in: ders.: Cultural Theory and Psychoanalytic Tradition, a. a. O. S. 107–137.

49 Bettelheim hat eine Vielzahl von psychoanalytischen Studien zur Vorurteilsforschung sowie zum Antisemitismus publiziert; einen Großteil dieser Studien publizierte er bereits in den ersten Jahren nach seiner Ankunft in den USA; häufig in jüdisch orientierten Zeitschriften. Exemplarisch hierfür: Bettelheim (1945a): The Helpless and the Guilty. In: Common Sense, 14, July, S. 25–28; (1945b): War Trials and German Reeducation. In: Politics, 2, December, S. 368–369; (1945c) A Scientific Approach to the Problems of Prejudice, Public Relations Workshop Summary. In: American Council on Race Relations, September, S. 32–38; (1947): The Dynamism of Anti-Semitism in Gentile and Jew. In: Journal of Abnormal and Social Psychology, 42 (2), S. 153–168; (1949a): Review of: Mitscherlich, A.: Doctors of Infamy – The Story of the Nazi Medical Crimes, New York 1949. In: The American Journal of Sociology, 55, S. 214f.; zus. mit M. Janowitz (1949b): Reactions to Facist Propaganda. In: American Psychologist, 4 , S. 259 (abstract); (1951): How Arm Our Children Against Anti-Semitism? A Psychologist's Advice to Jewish Parents. In: Commentary, 12, September, S. 209–218.

50 Persönliche Mitteilung an die Verf., 1. Juni 2003.

51 siehe »Hommage an Bruno Bettelheim«, Kap. 8 in diesem Buch.

52 Zu Ernst Federn siehe Federn 1999, 1999a, Kaufhold 1993a, 1999, 1999a, 2001).

53 In vergleichbarer Weise könnte man an dieser Stelle Bettelheims Beziehungen zu einigen weiteren seiner Freunde anführen – nennen möchte ich exemplarisch *Ernst Federn* sowie die Französin *Geneviève Jurgensen*. Ich

erinnere an Bettelheims fördernde Beziehung zu seinem Freund und ehemaligen Mithäftling Ernst Federn, die sich etwa in seinem Angebot zeigte, dessen ersten Versuche einer Psychologie des Terrors in einer amerikanischen marxistischen bzw. trotzkistischen Zeitschrift zu publizieren, wie auch seiner Förderung der jungen Pädagogin *Geneviève Jurgensen* und seiner spontanen, intuitiven Reaktion auf deren schweren Schicksalsschlag viele Jahre später (s. Kaufhold 1999a, Kaufhold 2001, S. 13, S. 263, S. 72–75, 253–262, Federn 1999, 1999a, S. 26–30).

54 Bruno Bettelheim: Freud and Man's Soul. New York 1983; dt.: Freud und die Seele des Menschen. Düsseldorf 1984.

55 Siehe »Hommage an Bruno Bettelheim«, Kap. 8 in diesem Buch.

56 Siehe »Der Selbstmord eines Überlebenden«, Kap. 7 in diesem Buch.

57 Siehe »Hommage an Bruno Bettelheim«, Kap. 8 in diesem Buch.

58 Allein eine solche Form der immanenten Kritik, nicht eine Kritik, die von außen, moralisierend, eingreift, könnte für Fisher in Frage kommen.

59 Siehe die im Anhang dokumentierten Briefe Bettelheims an Fisher.

60 Dieser Exkurs wurde von Roland Kaufhold allein verfasst.

61 Diese Tagung wurde in den von Leber/Nedelmann sowie Becker/Nedelmann herausgegebenen Themenschwerpunktheften Nr. 37 und 39 von *psychosozial* dokumentiert.

62 »Dann machte er eine Pause und sagte mit dem Schock einer schmerzhaften Erkenntnis: ›Sie wissen, *meine* Kinder sind Kinder eines Überlebenden des Holocaust.‹ Das ist der Bettelheim, an den ich mich erinnere: hilfsbereit, scharfsinnig, fürsorglich, doch immer persönlich, den emotionalen und lebensgeschichtlichen Anteilen zwischenmenschlicher Begegnungen gefühlvoll zugewandt.«, s. »Hommage an Bettelheim«, Kap. 8 in diesem Buch.

63 Hier zeigt sich die Nähe Bettelheims zu Janusz Korczak, den er hoch schätzte und der sich gegen die zukunftslastige Pädagogik der ersten Moderne mit dem »Recht des Kindes auf den heutigen Tag« gewehrt hatte. Vgl. Bruno Bettelheim: Janusz Korczak: In: Bettelheim 1990, S. 209–224.

64 In einem Vortrag in Frankfurt am Main, zu dem ihn 1972 der »Wiederbegründer« der Psychoanalytischen Pädagogik im deutschsprachigen Raum, Aloys Leber, eingeladen hatte, veranschaulicht Bettelheim seine Sicht der scheinbar ausweglosen Lebenssituation eines autistisch-psychotischen Menschen mittels der Metapher einer Brücke: »Stellen wir uns vor, der gestörte Mensch sei ein Gefangener im Verließ, überzeugt, dass die Fühl-

losigkeit der Welt ihn für immer hoffnungslos macht. Es hilft nichts, ihm die Tür ins Freie zu öffnen. Eine Einladung ins Freie ist völlig falsch, denn der Gefangene ist ja überzeugt, dass draußen nur Feinde sind. Wir müssen bereit sein, mit ihm im Kerker zu leben« (zit. n. Kaufhold 2001, S. 171). In diesem Zusammenhang konfrontiert uns die Art seines Selbstmords – er hatte sich eine Plastiktüte über den Kopf gezogen, welches einen Zustand der völligen Einsamkeit und Verzweiflung symbolisierte, aus dem Bettelheim autistisch-psychotische Kinder zu befreien versucht hatte – mit einem besonderen, uns existentiell erschütternden Schrecken (s. Ignatieff 1994, Karlin 1994, Fremon 1994, S. Becker 1994, Kaufhold 2001, S. 229–251, 262). Insofern stimmen wir Fisher zu, wenn er in diesem Zusammenhang bzgl. der posthumen Kontroversen um Bettelheim ausführt: »Ich bin überzeugt – dies geht über das eigentliche Thema hinaus –, dass die Angriffe auf Bettelheims klinische und intellektuelle Reputation seit seinem Suizid zumindest teilweise aus dem Zorn und der Wut resultieren, die von den Gefühlen des Verlustes ausgelöst wurden, und zwar von seiten seiner Verleumder wie seiner Verteidiger, mich selbst eingeschlossen.« (s. Kap. 7 »Der Selbstmord eines Überlebenden« in diesem Buch.).

65 Diese symbolische Anerkennung seiner Verdienste um die Psychoanalyse durch eine offizielle amerikanische psychoanalytische Institution dürfte zugleich Bettelheims Enttäuschung gemildert haben, von dieser »offiziellen« Seite zeitlebens nahezu keinerlei Unterstützung und Wertschätzung erfahren zu haben (s. Raines 2002, S. 238). So dürfte es kein Zufall sein, dass er in seinem Vortrag mit tiefer Wehmut die Institutionalisierung und Hierarchisierung der Psychoanalyse beklagte – wie dies hierzulande in den letzten Jahren vor allem *Horst-Eberhard Richter* (s. Richter 2003) sowie der kürzlich verstorbene *Johannes Cremerius* (2002) in vergleichbarer Weise vielfältig getan haben. Bettelheim hob hervor: »Wer heute Psychoanalytiker werden will, muß dazu ein kompliziertes und genau festgelegtes Studium vorweisen, und von dem, was einst an ihr so persönlich aufregend war, hat die Psychoanalyse kaum noch etwas; sie ist zu einer institutionalisierten Wissensdisziplin geworden.« (Bettelheim 1990, S. 39) Bettelheim fügt hinzu: »Diesen Unterschied und seine Auswirkungen sowohl auf die therapeutische Praxis wie auch auf die theoretische Weiterentwicklung der Psychoanalyse aufzuzeigen ist der Grund, weshalb ich dieses kurze Kapitel meiner Lebensgeschichte geschrieben habe.« (a. a. O.)

66 Dieser stark autobiographisch getönte Vortrag wurde ein Jahr später in sein

Buch »Themen meines Lebens« (1990) aufgenommen mit dem Titel: »Wie ich zur Psychoanalyse kam« (S. 35–49).

67 Fisher in: »Der Selbstmord eines Überlebenden«, Kap. 7 in diesem Buch.

I. Über Leben und Werk Bruno Bettelheims

3. Psychoanalytische Kulturkritik und die Seele

> »Ich möchte die Analyse einem Stand übergeben, der noch nicht existiert, einem Stand von weltlichen Seelsorgern, die Ärzte nicht zu sein brauchen und Priester nicht sein dürfen.«
>
> Freud an Oskar Pfister, 25. November 1928

Bruno Bettelheims Werk gehört zur besten Tradition europäischer und psychoanalytischer Kulturkritik. Ob er die Gruppendynamik unter jüdischen Gefangenen in Konzentrationslagern erklärt[1], die sentimentale populäre Bewunderung für Anne Franks Tagebuch demaskiert[2], Philip Roths Parodie auf die Psychoanalyse in »Portnoy's Complaint« satirisch unterläuft[3], zwischen Überleben und Widerstand in der Beschäftigung mit Literatur und Filmen über den Holocaust unterscheidet[4] oder die unbewussten Wurzeln der Märchen entschlüsselt, stets bewegte sich Bettelheim in den vergangenen vierzig Jahren an der entscheidenden Kante des kritischen Diskurses. Seine Werke stimulieren und irritieren. Selbst seine Ausbrüche reißen uns aus unserer Selbstzufriedenheit heraus. Einen Konsensstandpunkt nimmt er nicht ein. Seine Kreativität verlangt, dass er der Außenseiter ist, der wohldurchdachte Angriffe auf diverse Establishments vollführt und den konformistischen Standpunkt stört. Seine Schriften fordern unablässig die adaptierten Ideen des Lesers heraus. Das Publikum wird provoziert zu antworten, zornig zu werden, in Dialog mit ihm zu treten, zu prüfen, ob seine Autorität auf Substanz beruht oder bloß Ausdruck einer autoritären Persönlichkeit ist.

Bettelheim lebte ein langes und ereignisreiches Leben, schuf ein gehaltvolles und anregendes Gesamtwerk, sechzehn Bücher insgesamt, abgesehen von den vielen Artikeln, Vorworten, Buchbesprechungen und Journalistischem. Über vierzig Jahre lehrte er an der Universität von Chicago, leitete die Orthogenic School für emotional gestörte Kinder, supervidierte Fachleute für seelische Gesundheit und unterhielt eine psychoanalytische Praxis[5]. Nach seinem teilweisen Rückzug aus dem

Berufsleben 1973 schrieb Bettelheim weitere sechs Bücher, von denen einige zu seinen besten gehören, fuhr er fort zu lehren, Vorträge zu halten und Supervisionen durchzuführen.

In meinen Augen hat Bettelheim das nüchterne Argument aus Freuds »Die Frage der Laienanalyse« von 1926 zu seiner Lebensmission gemacht. Weil er eine privilegierte Position unter den zeitgenössischen Laienanalytikern einnimmt und weil sein Name praktisch synonym für Laienanalyse steht, will ich ein paar Gedanken aus Freuds Text aufgreifen, um deutlich zu machen, was er unter psychoanalytischer Kulturkritik verstand.

Als er die Merkmale vorstellte, die für die Praxis der Psychoanalyse am bezeichnendsten seien, bestand Freud darauf, dass »Ärzte keinen historischen Anspruch auf alleinigen Besitz der Analyse hätten.« In besonderer Opposition zur amerikanischen Szene und deren zunehmender Neigung zur Medizinalisierung der Psychoanalyse sagte Freud klar: »Wir halten es nämlich gar nicht für wünschenswert, daß die Psychoanalyse von der Medizin verschluckt werde.« Stattdessen sollten Rekrutierung und Ausbildung der Analytiker sich auf die innere Glaubhaftigkeit des Individuums richten, auf seine Fähigkeit, Wissen und Verständnis vom inneren Leben anderer menschlicher Wesen zu erwerben und auf die Bereitschaft des Individuums, wertvolle Erfahrungen in der Tiefenpsychologie durch eine persönliche Lehranalyse, durch ein supervidiertes Studium an einem psychoanalytischen Institut und durch verstärkte Anstrengungen zur Introspektion zu gewinnen. Praktizierende Laienanalytiker seien »keine beliebigen, hergelaufenen Individuen«, sondern Personen von akademischer Bildung, Doktoren der Philosophie, Pädagogen. Damit die Psychoanalyse ihre eigenen inneren Möglichkeiten entwickeln könne, forderte Freud, dass die psychoanalytische Ausbildung für nichtmedizinische Laien offen bleiben müsse. Er betonte den Erwerb von Erfahrung auf den Gebieten der Kulturgeschichte, der Mythologie, der Psychologie der Religion und der Literaturwissenschaft. Immer interessiert an der wechselseitigen Befruchtung der Disziplinen verlangte Freud, dass die Anwendung der Tiefenpsychologie auf Geschichte, Philologie, Erziehung und Literatur methodisch so gründlich sein müsse, dass sie fundamentale Probleme dieser Bereiche lösen könne. Er antizipierte auch die kreativen Möglichkeiten der Laienanalyse für das Verstehen der normalen und der emotional gestörten Kinder,

der Erziehung der Erzieher und bei der Beratung der Eltern über das Aufziehen von Kindern[6].

Bettelheims Wirksamkeit fällt genau in die Bereiche, die Freud nennt. Er leistete entscheidende Beiträge zum Verständnis der zeitgenössischen Geschichte, entwarf eine einzigartige und originelle Sicht auf den Nazi-Holocaust. Er widmete sein Leben dem Projekt der Integration seiner pädagogischen und therapeutischen Ansätze, wandte sich dem Verstehen und der Behandlung von Kindern zu, was alles von seinem Eintreten für das hilflose Kind herrührt. Er schrieb ein erste Anstöße gebendes, inspirierendes Buch über Märchen und entwickelte eine nuancierte Würdigung der Sprache und ihres Ge- und Missbrauchs in jeglicher Art von interpretativer Arbeit.

Bettelheims Werk zeugt von einer erstaunlich breiten Streuung der Interessen, wobei er eine Vielzahl von Gesichtspunkten zur Geltung brachte, die Disziplingrenzen überschritten. Wenn er unterschiedliche Diskurswelten betrat, so tat er es vorbereitet und brachte eine ausgeprägt europäische Sensibilität sowie ein hohes Niveau an Kultiviertheit und Gelehrsamkeit mit. Gleichzeitig hat er auch die Fähigkeit besessen, sowohl für Fachleute als auch für ein breiteres Lesepublikum zu schreiben. Seine Prosa ist klar und zugänglich, niemals kompliziert oder schwerfällig. Wenn möglich vermeidet er technische oder jargongeprägte Terminologie. Auf der Höhe seines Schreibens ist er gleichzeitig scharfsinnig, treffsicher, bissig und witzig. Er ist einer der wenigen klassisch gebildeten Laienanalytiker, die es zum öffentlichen Intellektuellen in Amerika brachten; das heißt: zum Sozial- und Kulturkritiker, der ein breites Publikum beeinflußte und sich Aufmerksamkeit für die Kraft und Originalität seiner Ideen verschaffte[7].

Bettelheims Bücher verkaufen sich gut, manchmal gewinnen sie Preise. »Kinder brauchen Märchen« (»The Uses of Enchantment«) zum Beispiel gewann sowohl den National Book Award als auch den National Book Critics Circle Award 1977. Von »Ein Leben für Kinder« (»A Good Enough Parents«) wurden 100 000 Exemplare allein in französischer Übersetzung verkauft und Bettelheim erschien viermal hintereinander in der Hauptsendezeit im französischen Fernsehen – ein Kunststück für einen Ausländer. Sein Name, sein Gesicht und sein Akzent wurden repräsentativ für die Psychoanalyse. Bestätigt wurde das vielleicht durch die Rolle in Woody Allens Film »Zelig«, in der Bettelheim sich selbst als

Wortführer der Psychoanalyse spielte. Als er mir von der Woody-Allen-Eskapade erzählte, erwähnte er mit einem Zwinkern in den Augen, dass er die Szene in nur einem Durchgang machte.

Bettelheim gehört der Geschichte der Psychoanalyse als Außenseiter an. Für seine Kreativität brauchte er Unabhängigkeit. Konsequent entschied er sich dafür, sich keiner bestimmten Schule zu verschreiben. Der Autorität Freuds steht er als kritischer Denker loyal gegenüber. Er ist ein Freudianer, der eine respektlose, forschende, selbstanalytische Position behauptet und sich für die Erweiterung und Revision der psychoanalytischen Konzepte und Praxis einsetzt. Wie das Freuds ist Bettelheims Gesamtwerk in sich stimmig. Nie hat er die methodologischen und humanistischen Grundlagen von Freuds Werk verlassen. Als Wiener, der die Entstehung und den hegemonialen Sieg der Ich-Psychologie miterlebte, ließ sich Bettelheim doch nicht von den führenden österreichischen und amerikanischen Theoretikern und Praktikern der Ich-Psychologie vereinnahmen, von denen viele seine Lehrer, Verbündete und Freunde waren.

Er war ein beispielhafter Vertreter des Psychoanalytikers als Universitätsprofessor, der in einem Milieu, das den psychoanalytischen Formen des Denkens und Forschens feindlich und widerstrebend gegenüberstand, Erfolg hatte. Er verbrachte viele seiner besten Jahre an einer großen Universität, wo er sich mit hervorragenden Studenten austauschte, Zugang hatte zu einer erstklassigen Bibliothek, und nahm am kulturellen Leben einer ausgeprägt amerikanischen Stadt teil. Die professoralen Verpflichtungen ermöglichten ihm, ein Gehalt zu beziehen, von dem seine Familie leben konnte. Schließlich erwarb er eine feste Anstellung, die ihn von den ökonomischen und praktischen Zwängen des privatisierenden psychoanalytischen Klinikers befreite. Er hatte keine nennenswerte Angst im Hinblick auf Referenzen, auf den Verdienst des Lebensunterhalts, auf Kontakte, auf Empfehlungen seitens des örtlichen Instituts oder auch in Bezug auf die Anerkennung und Zulassung bei der Amerikanischen Psychoanalytischen Gesellschaft. Statt Wissenschaft von Therapie und Professionalisierung überwältigen zu lassen, konzentrierte er sich auf Forschen, Denken, Fragenstellen und engagierte sich leidenschaftlich in einigen der drückendsten Aufgaben des Tages. Bettelheim widerstand der Versuchung, hochtechnische Arbeiten zu veröffentlichen, die sich an eine relativ schmale Gruppe von Spezialisten wandten. Er hat seine Forschung oder auch seine Art, sich dem Publikum zuzuwenden, nicht akademisiert. Seine Kulturkritik ist absichtlich kommunikativ und dialogisch[8].

Bettelheim hat seine Schriften ausdrücklich so gestaltet, dass sie Resonanz erzeugten in den Herzen und den tiefsten Belangen seines gebildeten Publikums. Seine Zeitungsartikel sind in The New Yorker, Harpers Magazine, The New York Times und The Times Literary Supplement in London erschienen[9]. Er ist nicht auf Nummer sicher gegangen und hat auch Kontroversen nicht gemieden. Vielmehr war er ein freimütiger, gebieterischer und hartnäckiger Mensch, häufig streitbar und scharf im Stil. Wie Freud, dem er sich als Meisterdenker verbunden sah, konnte er polemisch sein, wenn es um einen kritischen Punkt ging, auf den es ihm ankam. Bettelheim scheute sich nicht, etablierten Institutionen zu opponieren oder sie zu kritisieren, einschließlich des konservativen psychoanalytischen Mainstreams. Der Außenseiterstatus stellt zeit seines Lebens das kontinuierlichste Muster seines kritischen Denkens dar. Er repräsentierte eine alte, im Schwinden begriffene europäische Tradition des Psychoanalytikers als eines nonkonformen und frei denkenden Intellektuellen. Es sei auch erwähnt, dass er vom Mainstream in tendenziösen Artikeln ad hominem und oft höhnisch beschimpft wurde, in Artikeln, die häufig psychologisierten, seinen Charakter verunglimpften und verletzten statt sich mit dem Inhalt seiner Ideen auseinanderzusetzen[10]. Der alte Bettelheim ist nicht milder geworden oder »kalifornisiert« worden[11]; er blieb genauso streitbar und genauso scharfsinnig. Auch wurde er nicht geduldiger gegenüber oberflächlichen, dunkel-obskuren und phrasenhaften Formen des Denkens.

Bettelheims Schriften über den Holocaust und die Nazi-Konzentrationslager gingen direkt aus den eigenen Erfahrungen in Dachau und Buchenwald hervor, wo er im Jahr 1938 auf 39 festgehalten wurde. T. W. Adorno meinte einmal, dass nach Auschwitz kein Gedicht mehr geschrieben werden könne. Bettelheim näherte sich diesem Ungeheueren, um zu zeigen, dass es Erinnerung und Wiedergutmachung selbst nach Auschwitz geben konnte. Er setzte sich mit den genoziden Tendenzen der modernen Zivilisation auseinander, indem er der historischen und existenziellen Erfahrung des Überlebens Bedeutung verlieh. Seine Analyse des größten Verbrechens des Jahrhunderts ermöglicht es den Individuen, nicht hilflos ausgeliefert, nicht zum Verstummen gebracht, nicht überwältigt worden zu sein von dem, was er »den unglaublichen Schrekken des Massentods« nannte. Ohne das historische und psychologische Verständnis, das er erarbeitete, gäbe es weniger Mittel, um zukünftigen Formen von Barbarei zu widerstehen.

Die Psychoanalyse der Post-Holocaust-Welt verdankt Bettelheim viel. Mutig argumentierte er gegen die Banalisierung dieser Geschichte, gegen die Verbilligung des Holocaust, dadurch dass er zur Sensation gemacht, sentimentalisiert, durch Vergleiche herabgemindert wird. Er widersetzte sich seiner ideologischen oder propagandistischen Verwendung. Ebenso überzeugend sprach er von den Gefahren des Vergessens, wobei er die kreativen und therapeutischen Potentiale des Erinnerns betonte. Seine Schriften über die Nazis entspringen einer moralischen Vision, der tiefen Überzeugung, dass Überlebensschuld und Zorn eher eine Quelle der ethischen und historischen Einsicht werden können als ein Trauma, das zu nicht endender Resignation und Viktimisierung führt.

Sein Aufsatz von 1943 »Individuelles und Massenverhalten in Extremsituationen« (»Individual and Mass Behavior in Extreme Situations«) ist der berühmteste und umstrittenste Bericht über Konzentrationslager der bisherigen Literatur. Indem er die Struktur der Lager beobachtete und beschrieb, hat Bettelheim die Mittel und Ziele der Gestapo klar angezeigt und ihre Aktionen in Beziehung zur vorherrschenden Nazi-Ideologie gesetzt. Die Konzentrationslager waren ausdrücklich eingerichtet, um die Moral der Insassen zu zerstören, Terror zu verbreiten, der Gestapo ein Übungsfeld zu verschaffen, zu foltern, zu quälen und den Körper und den Geist der Gefangenen zu brechen[12]. Obwohl dieser Bericht klassisch ist, wurde Bettelheims Aufsatz von den prominenten psychoanalytischen und psychiatrischen Ostküsten-Zeitschriften ohne weitere Unstände zurückgewiesen. Sie wandten ein, der Verfasser lasse es an Objektivität beim Schreiben über diese Fragen fehlen, sein Standpunkt sei unfair gegenüber den Deutschen und der Autor, selbst Jude, Psychoanalytiker und Sozialdemokrat leide unter paranoiden Täuschungen. Veröffentlicht wurde der Aufsatz im »Journal of Abnormal and Social Psychiatry«, einer Zeitschrift, die überwiegend von Lehrern und Forschern der Sozialpsychologie gelesen wurde. Nur kurze Zeit darauf hat ein scharfsinniger Kritiker vom linken Flügel, Dwight MacDonald, seine Bedeutung als konzeptionellen Durchbruch gewürdigt und ihn in seiner Zeitschrift »Politics« erneut publiziert. Dies öffnete Bettelheims Arbeit den Zugang zu einem Publikum von Nicht-Professionellen und leitete seine Karriere als Kulturkritiker ein[13].

Bettelheim entdeckte, dass die Konzentrationslager etwas ganz Neues für die Opfer und die Gequälten waren. Wie andere Angehörige seiner Generation, wie Hannah Arendt, Franz Neumann, Arthur Koestler und George Orwell, verband Bettelheim den Holocaust mit einer Kritik am Totalitarismus. Er betonte die psychologischen Dimensionen der in Angst und Schrecken versetzenden Beziehung von Herr und Sklave. Die weitreichendste Lehre aus den Konzentrationslagern war, zu erkennen, wie die moderne Massengesellschaft mit ihren technischen und wissenschaftlichen Ressourcen den Sinn für Individualität auslöschen, die Gefühle eines Individuums für das Selbst zerstören konnte. Das Ausmaß von psychischem Trauma und Regression, dem der Gefangene in den Lagern ausgesetzt war, legte die furchtbare Verletzlichkeit des Selbst in Extremsituationen bloß. Für den Gefangenen bestand das Hauptdrama in der äußersten Anstrengung, das Selbst unversehrt zu bewahren, persönliche Desintegration abzuwehren, das moralische Empfinden und das Gefühl für Würde zu erhalten. Überdies gilt, dass die Erfahrung der Konzentrationslager nicht einzigartig war. Bettelheim machte warnend darauf aufmerksam, dass genozidale Potentiale in allen technologischen Gesellschaften vorhanden waren und den zeitgenössischen Menschen nicht nur mit massiver Entfremdung und Beherrschung, sondern auch mit dem Verlust seiner Autonomie bedrohen[14].

Wenn Bettelheims Schriften über den Holocaust die Fähigkeit des Psychoanalytikers demonstrieren, sich öffentlich zu Wort zu melden und das Element des Widerstands gegen die passive Teilnahme am Massentod einzuführen, so bezeugen seine Arbeiten über Kinder sein unablässiges Engagement, sich mitfühlend auf die gelebten Erfahrungen und die inneren und äußeren Kämpfe der Jungen einzulassen. Bettelheims klinische Philosophie besteht darauf, dass der Therapeut warmherzig und spontan sei und emotionale Nähe zum Kind herzustellen habe. Sein Interesse an Kindern und am kindlichen Autismus begann in Wien vor der Erfahrung des Faschismus, der Konzentrationslager und bevor das Exil alles abbrach. Nach seiner Emigration in die Vereinigten Staaten erwachte es wieder und blieb bis in die Gegenwart lebendig. Viele seiner Schlussfolgerungen über Elternschaft sind in seinem Buch »Ein Leben für Kinder« (»A Good Enough Parent«[15]) von 1987 zusammengefasst.

Nach dem Überleben der Konzentrationslager war Bettelheim von Zorn über die beschämende und erschütternde Vergeudung des Lebens und des Geistes von emotional gestörten Kindern erfüllt. Sie existierten in einem verwirrten und verängstigten Zustand abgrundtiefen Elends. Wie ein Gefangener in den Lagern verbleibt ein emotional gestörtes Kind auf Gedeih und Verderb angewiesen auf die Gnade von anderen, die glauben, sie wüssten, wie es leben soll. Bettelheims therapeutischer Ansatz wies diese Auffassung zurück. Die Orientierung der Orthogenic School war auf ein tiefes empathisches Verstehen des Kindes gerichtet, bestimmt als die stellvertretende Erfahrung des Therapeuten, sich einzufühlen in Seele und Körper des Anderen. Indem er die Behandlung von anscheinend unbehandelbaren und hoffnungslosen Fällen – einschließlich schizophrener, anorexischer, antisozialer und autistischer Heranwachsender, übernahm, setzte sich Bettelheim für die dauerhafte persönliche Anteilnahme des Therapeuten an Spiel, Lernen und innerer Welt des Kindes ein[16].

Seine Leitung der Orthogenic School nahm das psychoanalytische Verständnis für das optimale therapeutische Milieu um Jahrzehnte vorweg. Er unterstrich die Notwendigkeit, auf die Bedürfnisse des Kindes nach verlängerter Sicherheit und Behaglichkeit einzugehen, forderte, für menschenwürdige Räume und Lebensbedingungen Sorge zu tragen, und vom Therapeuten, sich für eine sichere, stabile Wohnumgebung einzusetzen. Nach seinen Vorstellungen sollte die Ausbildung des Personals gleichermaßen kooperativ und therapeutisch sein, aber infantilen und grandiosen Fluchtfantasien der Mitarbeiter keinen Raum gewähren[17]. Bettelheims Fallstudien bezogen auch die Inhalte der Gegenübertragungen des Therapeuten ein, besonders weil sie Empathie beförderten und die Beziehung zum Anderen vertieften. Diese kühnen Vorschläge waren bahnbrechend hinsichtlich der Beachtung solchen Materials in der klinischen Literatur, das vorher als ungeeignet betrachtet wurde[18].

Ganz gewiß war Bettelheim die dunkle Seite des Menschen nicht fremd: seine Aggressivität, seine Selbstsucht, seine Gier und seine Todesangst, sein Vermögen, böse Dinge zu tun und zu denken. Vollauf beschäftigt mit der Ermittlung unbewusster Konflikte erkannte er auch, dass das Unbewusste mannigfaltig, vielschichtig, chaotisch, mehrdeutig und unbestimmt ist.

Erlebte er da das Grauen unmittelbar und versetzte sich klinisch in die schrecklichen Lebensgeschichten der schwer Gestörten hinein, so fließt der Märchentext über vom Gefühl des Verfassers für Entzücken und Staunen über die poetische und imaginative Welt des Kindes. In der Sicht des Kindes unterhalten die Märchen, erwecken Neugier, regen das Vorstellungsvermögen an, klären auf, ordnen die Gefühle und geben Resonanz auf ihre Ängste, depressiven Zustände und widersprüchlichen Wünsche. Sie leisten etwas, das realistische oder Geschichten mit didaktischer Absicht verfehlen: dass sie nämlich das Drama und die Ungeheuerlichkeit des psychologischen und des Entwicklungsdramas des Kindes ernst nehmen. Sie werten das Ringen des Kindes um Sinn in seinem Leben nicht ab. Bettelheim lädt Eltern und Erzieher ein, sich vom Kind leiten, das Kind bestimmen zu lassen, welches Märchen für es in einer bestimmten Phase des Lebens am wichtigsten ist. Die Aufgabe des Erwachsenen ist es, sich vom subjektiven Erleben der Welt des Kindes nicht zu entfremden. Seit die Sicherheit der Großfamilie zu Ende ging, ist der Druck auf die Kernfamilie gewachsen, und nachdem die gut integrierte Gemeinschaft zu funktionieren aufhörte, stellte sich eine historische Situation ein, die die Trennungs- und die Vernichtungsangst des zeitgenössischen Kindes erhöht. Die Ängste verlangen von den Eltern eine entsprechende Sensibilität. Sie müssen ihre eigene Selbstbezogenheit aufgeben, um die legitimen Bedürfnissen des Kindes zu befriedigen und sein Gefühl zu bestätigen, dass seine Erfahrungen, Wünsche und Fantasien gerechtfertigt sind aus seiner psychologischen Situation. Lautes Vorlesen von Märchen bekräftigt nicht nur die liebevolle Zuneigung der Eltern zum Kind sondern setzt eine flexible, subjektiv reiche interpersonale Beziehung in Gang. Die enge, gefühlsgeladene Interaktion zwischen Eltern und Kindern erleichtert das weitere seelische Wachstum des Kindes und fördert psychologische Unabhängigkeit und moralische Reife[19].

»Freud und die Seele des Menschen« (1983), sein dreizehntes Buch, widmet sich einem vitalen Forschungsbereich der gegenwärtigen Human- und Sozialwissenschaften: der Sprache. Genauer: Bettelheim macht das schwer zu fassende Problem von Freuds Sprache zum Thema, Inhalt und Geist, Oberflächenstruktur und bedeutsame latente Gehalte seiner Texte.

In diesem Juwel eines Essays restauriert Bettelheim das Konzept der Seele als Teil des psychoanalytischen Ganzen. Wenn er die Seele vom geistigen Apparat absondert, bezieht er sich nicht auf ein religiöses, übernatürliches, metaphysisches oder mystisches Konzept. Die Seele ist das Lebensprinzip im Menschen. Sie repräsentiert den Teil der menschlichen Natur, der geistig und emotional der wertvollste Besitz des menschlichen Seins ist. Als psychologisches Konzept symbolisiert die Seele einen tief verborgenen Sitz des Geistes und der Leidenschaften, der der Forschung kaum zugänglich ist. Es lohnt sich, die Forschung hier weiter zu treiben im Kontext eines kollaborativen psychoanalytischen Dialogs, denn alles, was kostbar, wertvoll und menschlich im Menschen ist, wird von der Seele beeinflusst[20].

Bettelheim gibt in diesem Text eine Reihe von Erklärungen zur psychoanalytischen Theorie und Praxis. Zuvörderst was Psychoanalyse nicht sei. Sie sei nicht dazu da, das Leben zu erleichtern. Sie sei nicht dazu da, isolierte Symptome zu verbessern; nicht dazu da, an den bestehenden status quo anzupassen. Sie sei kein System von intellektuellen Konstruktionen oder Abstraktionen; sie sei nicht ein alleiniges Vorrecht des Arztes oder der medizinischen und biologischen Disziplinen. Sie sei keine Religion. Sie sei nicht dazu da, um einen esoterischen oder offenbarten Wahrheitsgehalt zu liefern; sie sei keine positivistische oder pragmatistische Wissensform, deren Ergebnisse wiederholt, vorhergesagt oder statistisch gemessen werden können[21].

Für Bettelheim ist Psychoanalyse zuallererst und vordringlich eine Wissenschaft des Geistes, Teil einer hermeneutischen Tradition, das heißt eine introspektive Form des Selbstverständnisses, die auf die Erforschung unbewusster und symbolischer Bedeutungen angewiesen ist. Als ideografische Wissenschaft gehört die Psychoanalyse zu den Humanwissenschaften, deren Methode historisch, archeologisch und vor allem interpretativ ist. Psychoanalytische Einsicht bedroht unser narzisstisches Selbstbild. Sie deckt auf, dass das Ich nicht Herr im seinem eigenen Haus ist und verletzt somit unsere Selbstliebe und unsere Selbstachtung. Tiefe Selbsterkenntnis setzt die Erforschung der beschämendsten, inzestuösen und destruktivsten inneren Kräfte in Bewegung. Vor allem steht Bettelheim dafür ein, dass die Psychoanalyse Teil eines endlosen Prozesses ist, in dem ein Individuum einen gehemmten Entwicklungsprozeß wieder aufnimmt, um psychologische Reife zu erreichen oder sich ihr anzunähern. Seine Einsichten fördern das Vermögen eines Individuums, eine moralische Erziehung zu erwerben und zu lernen, ethisch zu handeln und sich zu verhalten. Bei dem Bemühen, unserer Existenz etwas Sinn abzuringen, akzeptiert die Psychoanalyse die problematische und tragische Natur des Lebens, ohne sich besiegen zu lassen und dem Eskapismus nachzugeben[22].

Von Freuds Schriften, so argumentiert Bettelheim, haben die Übersetzer in der Standard Edition ein falsches Bild vermittelt. Warum stellt er solche Behauptungen über eine entstellende Übersetzung auf? Die Kulturkritik darf diese Ungenauigkeiten nicht übersehen, weil Freuds Ideen die Wahrnehmung der Menschlichkeit im 20. Jahrhundert radikal verändert haben. Freudsche Terminologie ist in die Alltagssprache eingedrungen. Freuds Worte haben sich zu einem Universum eigener Art entfaltet; seine Sprache hat unsere Auffassung der Subjektivität entscheidend geformt trotz ihrem ungewissen Schicksal. Sprache ist zentral für das Verständnis von Freuds theoretischer Orientierung; die Auswirkungen von Freuds Worten auf diejenigen, die in therapeutischen Bemühungen und humanistischen Vorhaben engagiert sind, sind beträchtlich. Wie Freud übersetzt wird, kann demnach erheblichen Einfluß darauf haben, wie er gelesen wird und wie seine Ideen verwendet werden. Die Strategie von Bettelheims Buch besteht darin, selektiv auf entscheidende Fehlübersetzungen von Freuds Werk aus dem Deutschen ins Englische aufmerksam zu machen. Für diese Aufgabe ist er einzigartig qualifiziert. In Freuds Wien wurde er in den 20er und 30er Jahren erwachsen. Sein kultureller, erzieherischer, ethnischer und linguistischer Hintergrund entspricht dem Freuds (der wichtigste Unterschied zwischen ihnen wäre das Fehlen einer medizinischen und neurophysiologischen Ausbildung bei Bettelheim).

Bettelheim warnt uns vor ausgemachten Irrtümern, Esoterismus und plumpem technischem Jargon in der Standard Edition. Der Prozeß, in dem Freuds Worte dem Leser zugänglich zu machen wären, werde dadurch gestört. Die Übersetzer versäumten es, ein Gefühl für die Implikationen der psychoanalytischen Konzepte zu vermitteln. Bettelheim betont, dass Freud, ein ingeniöser und erfinderischer Schriftsteller, sich kaum auf lateinischen oder griechischen Sprachgebrauch stützte, sondern dass die Hauptquellen seiner Schriften aus dem gewöhnlich gesprochenen Deutsch stammten, sowie aus der vorfindlichen psychologischen und psychopathologischen Literatur seiner Zeit.

Bettelheim bleut uns für mehrere sich überschneidende Themen ein, dass Freud auf englisch abstrakter, szientistischer, leidenschaftsloser, mechanistischer klinge als auf deutsch; dass der Rekurs auf spezialisiertes Vokabular in der englischen Version unpräzises, oftmals weiches

Denken zudecke und den Leser von emotionalen Assoziationen ablenke; dass Freud sich häufig für das schlichteste Wort im Deutschen entschieden habe, ohne immer nach konsistenter und systematischer Bedeutung zu streben, wenn er einen gegebenen Terminus verwandte; dass Freuds Sprache ausdrücklich gewählt würde, um eine vertraute Klangfarbe zu erhalten, das heißt, dass er Theorie geschaffen habe, um die private Sprachebene seines Publikums zu berühren. Kurz, Freud Lesen sollte einen Prozeß der Intimität in Gang setzen, verwandt den spontanen, empathischen Gefühlen, die wir erleben, wenn wir dem begegnen, was menschlich in uns ist. Freud Lesen sollte nicht aus großer Distanz geschehen, nicht mit Gefühlen von Fremdheit und Abstand erlebt werden. Freuds sublime Gaben als Schriftsteller erlauben seiner Leserschaft, zu sich selbst zurückzukehren emotional und intellektuell. Das Ganze seines Werks lädt zum Erforschen der eigenen inneren Tiefen ein. Es ermutigt ein tieferes Verständnis des eigenen Unbewussten und der unbewussten Modalitäten der Anderen.

Obwohl er seine Vorläufer nicht zitiert, ist Bettelheims Kritik an den unzulänglichen Übersetzungen der Standard Edition nicht neu. Lacan, der zu den scharfsinnigsten Kritikern gehört, schimpfte seit Jahren über irrtümliche Schlussfolgerungen, die auf falscher Übersetzung beruhten[23]. In der Einführung zu der glänzenden Schrift »The Language of Psychoanalysis« (1967) forderte Daniel Lagache eine »glaubwürdigere Übersetzung« von Freuds Werk[24]. Der englische Übersetzer James Strachey wies auf die Defizite und die unverbesserlichen Fehler seiner Anstrengungen im »Allgemeinen Vorwort« zur Standard Edition hin. Strachey war sich der unübersetzbaren Stellen in Freuds Schriften bewusst, besonders in den autobiografischen Werken, wie der »Traumdeutung« und der »Psychopathologie des Alltagslebens«. Er wies darauf hin, dass die deutschen Ausgaben Freuds oft unzuverlässig waren[25]. Darüber hinaus warnt uns Ernest Jones vor Freuds Kavaliersattituden bezüglich der fremdsprachlichen Ausgaben seiner Schriften; Jones hat trotz alldem vorausgesagt, dass die englische Übersetzung genauer sein würde als alle früheren Editionen[26].

Auf den ersten Blick erscheint Bettelheim hart in seiner Kritik an dem herkulanischen Unternehmen, Freuds komplettes Werk auf englisch zugänglich zu machen. Das Höchste, was ein einzelner leisten könnte, wäre vielleicht eine durchgehaltene Struktur mit einer verallgemeinerten

Thematik. Das scheint mir hat Strachey geschafft. Bettelheim würde heftig widersprechen. Eine heilige Kuh greift er an, wenn er die Standard Edition infrage stellt, die Studierende und das allgemeine Publikum seit ihrer Herausgabe zwischen 1953 und 1974 dankbar benutzt haben.

Die ausführlichen Anmerkungen, Erläuterungen, Querverweise und die offizielle Anerkennung durch die Familie Freuds und das psychoanalytische Establishment haben aus ihr eine Hauptbegegnungsquelle für diejenigen gemacht, die ernsthaft bestrebt waren, Freuds Werk zu studieren. Respektlos deckt Bettelheim Lücken auf in der Übersetzung, auffällige Tatsachenfehler und unhaltbare Fehlinterpretationen von Freuds Haupttexten, einschließlich der Titel seiner Werke.

Nach Bettelheim erweist die Standard Edition Freud einen schlechten Dienst, weil sie den Leser von seinen eigenen unbewussten Konflikten entferne, indem sie den Zugang zu seinen eigenen tiefsten Wünschen versperre. Freud modernisierte das Gebot, sich selbst zu erkennen, indem er seine Leser einlud, sich mit dem zu konfrontieren, was am dunkelsten, hässlichsten, unbezähmbarsten, ungeordnetsten in ihnen ist. Freuds Einsichten, behauptet Bettelheim, verletzen das narzisstische Bild, das die modernen Menschen sich von sich machen, zivilisiert, rational, vervollkommnungsfähig, liebend, fortschrittlich, pflichtbewusst und harmonisch zu sein. Irreführende und ungenaue Übersetzungen untergrüben Freuds humanistische Intentionen. Folglich seien seine Übersetzer verantwortlich für eine »Abkehr vom Original«, was wiederum bedeute, dass der Übersetzer ein »Verräter am Autor« sei[27].

Bettelheim bietet Erklärung für den Verrat an Freud durch seine zugestandenermaßen selbst gewählten Übersetzer. Als die Psychoanalyse dem englischen und amerikanischen Publikum präsentiert wurde, habe man der analytischen Seite gegenüber der psychischen eine privilegierte Position eingeräumt. Psyche, daran erinnert uns Bettelheim, meint Seele, Gefühl und das Menschliche in einem nicht-szientifischen Sinn verstanden. Um die Psyche zu erfassen, hielt es Freud für notwendig, ihre unbewussten Strebungen, unbewussten Fantasien und symbolischen Vorstellungen zu kennen und mitzuerleben. Diese Wissensform erforderte Interpretation, die ununterbrochene Anstrengung, unter die Oberfläche der Dinge zu gelangen, die Psyche bis in ihre latenten Bedeutungsschichten zu rekonstruieren. Die Standard Edition verzerre die geistige Seite der Psychoanalyse, indem sie die Analyse überbetone, die szientifische

Anstrengung, den Geist auseinanderzunehmen und zu sezieren. Wissenschaftler neigen dazu, sich dem geistigen Apparat von außen, von einem scheinbar objektiven oder kühlen Standpunkt aus zu nähern, wobei sie die Nuancen, die metaphorischen Qualitäten, die poetischen und imaginativen Inhalte der Seele übersehen. Für Bettelheim gehört die Psychoanalyse fraglos zu den humanistischen Disziplinen, nicht zu den Naturwissenschaften. Dies eben war Freuds Absicht.

Der bestimmende Einfluß von Goethe auf Freuds intellektuelle Entwicklung und Methodologie lasse sich, behauptet Bettelheim, an den Synthesen der späten, kulturbezogenen Texte erkennen. Unglücklicherweise haben die Übersetzer Freuds den emotionalen Einschlag dessen, was Freud mitteilte, abgeschwächt, um die wissenschaftliche Komponente seines Diskurses dem »positivistisch-pragmatischen« Zweig der wissenschaftlichen Forschung, der in England und Amerika, besonders in psychiatrischen Milieus, so dominant ist, schmackhaft zu machen. Die Klarheit und Bestimmtheit von Freuds Schriften in der englischer Ausgabe verdekken die Widersprüche und Doppeldeutigkeiten des deutschen Originals. Die Standard Edition verunklare den Geist ebenso wie den Inhalt von Freuds Ideen, indem sie das, was wesentlich Humanwissenschaft (ein Wissenszweig, der dem hermeneutisch-geistigen Denken viel näher steht) sei, in etwas verwandle, das sich der Naturwissenschaft annähere.

Zwei Motive entdeckt Bettelheim, die den Fehlübersetzungen zugrunde lägen: das Bedürfnis, Psychoanalyse für die medizinische und psychiatrische Gemeinschaft in England und Amerika akzeptabel zu machen, und den unbewussten Wunsch der Übersetzer, von der emotionalen Wirkung des Unbewussten unberührt zu bleiben. Aktuellen Bemühungen, Freud dadurch abzuwerten, dass man ihn als einen unoriginellen, anachronistischen Vertreter der Wissenschaft des 19. Jahrhunderts charakterisiert, hält Bettelheim entgegen, dass Freud sich vom Biologen zum Theoretiker der Seele entwickelt habe. Dem entspricht seine Beobachtung, dass Freud kaum wissenschaftliche oder medizinische Literatur zitiere, sich aber oft auf literarische, künstlerische und philosophische Werke beziehe oder sie paraphrasiere. Freud wünschte sich, dass der psychoanalytische Beruf von »weltlichen Seelsorgern«[28], das ist etwas zwischen Arzt und weltlichem Priester, ausgeübt würde. Ohne Zweifel belieh Freud die Psychologie, so wie er ihr gab, aber einer Form von Psychologie, die weit entfernt war von den Banalitäten des angelsächsischen Behaviorismus oder der plumpen Durchsichtigkeit der akademischen Psychologie. An voraussagender oder nur replizierender empirischer Wissenschaft war er nicht interessiert. Eher stand Freuds Psychologie dem hermeneutischen Zweig der Philosophie nah, – hingegeben an die Aufgabe, die Bedeutungen der tieferen, verborgenen, fragmentierten und vielschichtigen Natur der psychischen Realität zu enträtseln.

Bettelheims aufschlussreichste Illustration von Fehlübersetzung ist seine Exegese des Konzepts der Seele (englisch: soul). Freud habe klar und ausdrücklich Seele (soul) und nicht Verstand (mind) oder geistiger Apparat (wie es die Standard Edition wiedergibt) gemeint. Bettelheim hat das Konzept der Seele für die psychoanalytische Profession rehabilitiert, wobei er einer betont kämpferisch säkularen und humanistischen Version dieser Metapher zusprach. Er tut es, ohne Freuds lebenslangen Atheismus und sein unerschütterliches Misstrauen gegenüber wunschhaftem oder täuschendem Denken abzuschwächen. Die Seele sollte nicht ausschließlich dem Diskursuniversum religiöser Denker, der Jungianer und Mystiker zugehören.

Mit Seele meinte Bettelheim die den Menschen gemeinsame Humanität, ihr Wesen, ihre wertvollsten Züge, ihren geistigen Kern. Seele kann nicht genau erfasst werden, ohne dass ihre emotionalen und vitalen Töne einbezogen würden. Seele kann weder definiert noch festgehalten werden. Die Seele ist eines von den Grenzkonzepten, die sich zwischen Psyche und Sprache bewegen, eine Metapher, die Freud selbstbewusst als solche eingesetzt hat. Sie ruft beides, eine intellektuelle und eine emotionale Reaktion hervor. Sie hat nichts – wie auch immer – mit dem Übernatürlichen, mit einer religiösen Gottheit, mit Erlösung oder mit Unsterblichkeit zu tun. Als weltliche Disziplin kann die Psychoanalyse an spirituellen Bestrebungen legitim interessiert sein. Der gute psychoanalytische Forscher untersucht die Unterwelt der Seele. Wenn er die Seele als des menschlichen Wesens hochgeschätzten Besitz behandelt, weiß er auch, dass die Seele Fürsorge und Respekt verlangt – Liebe –, nicht zu verwechseln mit der medizinischen Orientierung der Therapie und der körperlichen Kur für den Körper. Bettelheim betont, dass Freud niemals wünschte, dass die Psychoanalyse ein Spezialgebiet der medizinischen Profession würde. Der Text, den er am häufigsten zitiert, ist die vielfach übersehene Schrift »Die Frage der Laienanalyse«[29].

Bettelheim bietet weitere Beispiele für inkorrekte englische Konstruktionen von Freuds fruchtbaren Konzepten. Er zeigt als Anhänger des Strukturmodells, dass die englische Fassung von Es, Ich und Überich Freuds originaldeutsche gänzlich verfälscht. Sie verwandelt diese lebendigen Seiten der Seele in kalte, verdinglichte, zweckhafte und reduktionistische Agenturen des Geistes und schwächt damit die affektive Wirkung auf den Leser weitgehend ab. Um diese Konzepte zu benennen, wählte Freud Personalpronomen. Bettelheim stellt für Es (»it« statt »id«), Ich oder Selbst (»I« oder »me« statt »ego«) und Überich (»above-I« statt »superego«) die ursprüngliche Form wieder her. Damit regt er an, die Personalpronomen direkt auf die Erfahrungen des Individuums zu beziehen, so dass sie seine Assoziationen, Erinnerungen, Fantasien und Wünsche wachrufen können. Die Personalpronomen erlauben es dem Leser, in den psychoanalytischen Prozeß selbst hinein zu gelangen; sie gestatten seinem Ich oder Selbst, das Es zu beleihen, mit ihm zu koexistieren, rationale Kontrolle über es zu erhalten. Die berühmte Zeile (»Where id was, there ego shall be«) aus Freuds einunddreißigster Vorlesung aus den »Vorlesungen zur Einführung in die Psychoanalyse« (1933) rückübersetzt er in: »Where it was, there should become I.« Kurz, das Ich (»I«) entthront das Es (»it«) nicht, tyrannisiert es nicht und löscht es nicht aus, sondern bemüht sich vielmehr, sich in bedeutsamer Weise zu verändern, um Kultur zu schaffen oder zu bewahren[30].

Es gibt weitere semantische Berichtigungen in Bettelheims Buch. Die »freie Assoziation« (»free association«) sei überhaupt nicht frei, und Bettelheim drängt uns, sie als Idee oder Vorstellung zu übersetzen, die den Geist spontan ankomme. Er übersetzt abwehren (»fending off«) oder parieren (»parrying«) statt Verteidigung (»defense«), Besetzung (»occupation«) statt Festhalten (»cathesis«) und Versprechen (»lapse«) statt Ausrutscher der Zunge (»slips of the tongue«). Einen doppelten Irrtum deckt er im Titel des Essays von 1915 »Die Instinkte und ihre Schwankungen« (»Instincts and Their Vicissitudes«) auf und ersetzt ihn durch »Die Triebe und ihre Wandelbarkeit« (»Drives and Their Mutability«). Dem »Die Zivilisation und ihre Beschwerden« (Civilization and its Discontents«), einem nach meinem Urteil sehr inspirierenden Titel, zieht er einen wortgetreueren vor: »Das Unbehagen in der Kultur« (»The Uneasiness inherent in Culture«) – einen Titel, der mit der zugrunde liegenden Absicht des Textes sicher übereinstimmt, aber unverbunden bleibt mit den künstlerischen Verstärkungen und der imaginativen Struktur des Essays.

Wie auch immer, ich fand es zweifelhaft, sogar ein bisschen unlogisch, dass die Übersetzer der Standard Edition, James Strachey und Anna Freud, für die positivistische, empiristische und medizinisch-biologische Ausrichtung dieser vierundzwanzig Bände verantwortlich gemacht werden. Historisch gesehen waren beide Laienanalytiker, beide von Freud analysiert und beiden wurde von Freud und Mitgliedern seines Standes tief vertraut.

Schließlich ist die Anklage gegenüber den Übersetzern der Standard Edition auch übertrieben. Vielleicht absichtlich. Aus der Perspektive ihrer eigenen veröffentlichten Schriften ist klar, dass Strachey und Anna Freud bestrebt waren, die Psychoanalyse in einem biologischen Rahmen zu verankern, der auf Freuds frühem Triebmodell basieren sollte. Es waren nicht Unaufrichtigkeit oder unbewusste Motive, die sie veranlassten, Bettelheims Version von Psychoanalyse als einer interpretativen Wissenschaft mit eigenen Gesetzen und Techniken, eigenem primär hermeneutischem Verständnis von Exaktheit und Forschungsstrategien zu verwerfen. Das heißt, Bettelheims Freud ist subjektiv verschieden von dem Freuds Stracheys und Anna Freuds, verschieden insofern seine Konzeption von Psychoanalyse literarischer, historischer und archeologischer in der Methodologie ist, stärker damit beschäftigt, der Psychoanalyse einen Ehrenplatz in der Kulturgeschichte zu sichern, als ihre Verifizierbarkeit und experimentelle oder klinische Validität nachzuweisen. Aufregend ist die Psychoanalyse für Bettelheim vor allem als allgemeine Kulturtheorie, weniger (wie für Anna Freud und Strachey) als verfeinertes Instrument der Therapie. Bettelheim würdigt die Komplexität von Freuds Gedanken, indem er dessen Gaben als Schriftsteller erläutert: seine Fähigkeit auf vielen Ebenen gleichzeitig zu operieren, seinen geschickten Umgang mit Anspielungen und Bezügen, sein Vermögen, seine Leser affektiv und intellektuell anzurühren.

Jede Übersetzung ist ein Wiederverfassen und eine Reinterpretation. Gewiß gibt es kritisch zu sehende Ungenauigkeiten, Anmaßungen und linguistische Probleme in der Standard Edition; oft sind die Vielfalt der Bedeutung, die Inkonsistenzen, die Sinnlichkeit, der Witz, der jüdische Humor und die Poesie von Freuds Schriften nicht genügend ausgekostet.

Wenn Bettelheim in seiner Begeisterung Irrtümer begeht, so kompensiert er das durch seinen aufrichtigen und unnachgiebigen Humanismus.

Er lamentiert nicht langweilig über die gegenwärtige Krise oder den Verfall der Menschlichkeit. Stattdessen legt er seine Gründe für einen psychoanalytischen Humanismus dar. Dabei schreibt er Freud eine Schlüsselposition in der modernen humanistischen Tradition zu, freilich eine hermeneutisch-geistige. Bettelheims Humanismus ist auf die Dynamik der Selbstentdeckung gerichtet, darauf aus, die verborgenen und narzisstisch kränkenden Wahrheiten über die eigene innere Welt zu integrieren. Er vertritt einen entmystifizierenden und kritischen Humanismus, der die psychosexuellen und aggressiven Wurzeln der Psyche und des Verhaltens des Menschen bloßzulegen versucht. Diese Form des Humanismus ist weder sentimental noch dem Glauben an den Weihnachtsmann verwandt. Bettelheim fasst die bestimmende Rolle des unbewussten Konflikts fest ins Auge bei der Symbolbildung, bei den inneren und äußeren Vorstellungen von der Realität und bei den vielfältigen Formen, in denen Individuen sich selbst betrügen. Er betreibt eine polemische Form von psychoanalytischer Kulturkritik, deckt die Irrtümer, die Sophisterei, den Schwachsinn, die Gefahren, den Opportunismus und die Torheit (oftmals alles davon) in den Ansichten seiner Gegner auf. Er schreibt von einer starken Position aus und ist bereit, dafür zu streiten. Dabei ist er darauf eingestellt zu generalisieren, Risiken auf sich zu nehmen, zu kränken mit der Absicht, sein Publikum aufzurütteln.

Trotz ihrer Negationen lese ich seine Schrift »Freud und die Seele des Menschen« im Wesentlichen als eine affirmative Arbeit. Sie ist zur Verteidigung der Kultur geschrieben, genauer: sie beschreibt, wie der Konflikt dabei wirkt, kulturelle Werke zu erzeugen, und dem Individuum erlaubt, sie zu verstehen. Bettelheim sieht kein Ende für die antagonistische Beziehung des Individuums zu seiner Umwelt, kein Ende für den intrapsychischen Konflikt. Er akzeptiert diese Kämpfe als Teil des Existenzfluchs der Humanität. Statt weggewünscht sollte der Kampf angenommen werden. Es ist kein Zufall, dass der streitbare Bettelheim diesen Essay zuerst im »The New Yorker« veröffentlichte, der Wochenzeitschrift, die von Analysanden gelesen wird. Es sieht so aus, als habe er sich taktisch dafür entschieden, auf die psychoanalytische Gemeinschaft dadurch einzuwirken, dass er seine Gedanken durch die Hintertür äußerte; Analytiker würden seine respektlose Botschaft auf dem Weg über die Worte der Analysanden von der Couch aus vernehmen. Es findet sich kontrollierter Zorn in seinen Schriften, ein gewisses Vergnügen daran, abseits zu stehen, eine Genugtuung dabei, die Schwächen und die Seichtigkeit der amerikanischen, einschließlich ihrer psychoanalytischen, Kultur aufzuzeigen. Bettelheims Neigung, sich zu wiederholen, ein bezeichnender Makel in allen seinen Schriften, läßt eine Enttäuschung darüber vermuten, dass ihm nie zugehört wurde, eine Erbitterung darüber, nie verstanden zu werden – die immer wiederkehrende Klage aller polemischen Schriftsteller.

Trotz seiner Schwächen, seiner Selbstgerechtigkeit und seines schroffen Tones hat Bettelheim einen inspirierten Essay geschrieben, der postuliert, dass die Selbsterkenntnis und die Suche nach der Wahrheit das Zentrum des psychoanalytischen Projekts seien. Er schrieb von einer unabhängigen und freidenkerischen Position aus, die seine Schuld Freud gegenüber und seine Identifikation mit ihm, besonders mit dem späten Freud, ebenso anzeigt wie seine Abneigung gegenüber dem psychoanalytischen Establishment in Amerika. Psychoanalyse war niemals dazu bestimmt, betont er, sich in die Richtung sozialer Bequemlichkeit oder Anpassung an die vorherrschenden Meinungen, Werte oder Ängste einer Kultur zu bewegen. Im deutlichen Bezug zur gegenwärtigen Malaise der Psychoanalyse legt der Essay ein beredtes Zeugnis ab für den Bedarf an Menschlichkeit, Wahrheitsliebe, Mitgefühl und Mut auf Seiten des psychoanalytischen Forschers und des Praktikers, wenn sie sich mit den verborgenen Bedeutungen des inneren Lebens der Humanität beschäftigen. Bettelheim fordert uns letztlich mit dem gleichen tragischen Skeptizismus, der den späten Freud kennzeichnet, dazu auf, zu der seelenvollen buchstäblichen Bedeutung und dem Geist von Freuds Schriften zurükkzukehren. Eine solche Reise in das Reich der Seele der Humanität ist sicher unabschließbar, aber Bettelheim läßt sich mit seiner dialektischen Liebe zum Prozeß dadurch nicht abschrecken. Er würde uns in Übereinstimmung mit T. S. Eliot dazu ermutigen, die Reise anzutreten und auszuhalten:

> We shall not cease from exploration,
> And the end of all our exploring
> Will be to arrive where we started
> And know the place for the first time[31].
>
> T. S. Eliot

Übersetzung: Michael Löffelholz

Anmerkungen

1 Bruno Bettelheim: Individual and Mass Behavior in Extreme Situations (1943); in: B.B.: Surviving and Other Essays. New York 1979, S. 48–83; dt.: Individuelles und Massenverhalten in Extremsituationen; in: Bettelheim: Erziehung zum Überleben. München 1982, S. 58–95.

2 Bruno Bettelheim: The Ignored Lesson of Anne Frank (1966), in: Surviving. S. 246–257; dt. Anne Frank – eine verpaßte Lektion; in: Bettelheim: Erziehung zum Überleben. a .a. O. S. 252–265.

3 Bruno Bettelheim: Portnoy Psychoanalyzed (1969), in: Surviving...pp. 387–398.

4 Bruno Bettelheim: Surviving (1976), in: Surviving...S. 274–314; Überleben; in: Bettelheim: Erziehung zum Überleben. a . a. O. S. 285–330.

5 Zur biografischen Information vgl. Morris Janowitz: Bettelheim, Bruno, in: Biographical Supplement to International Encyclopedia of the Social Sciences. New York 1979; Lewis A. Coser: Refugee Scholars in America. New Haven 1984, S. 63–68; Anthony Heilbut: Exiled in Paradise: German Refugee Artists and Intellectuals in America from the 1930's to the Present. New York 1983, S. 203, 209–210, 295.
Für autobigrafische Informationen vgl.: Bruno Bettelheim: Freud's Vienna und Other Essays. New York 1990, S. 24–38, 98–111; dt. Themen meines Lebens. Stuttgart 1990, S. 35–49, 109–123.

6 Sigmund Freud: The Question of Lay Analysis (1926), in: The Standard Edition of the Complete Psychological Works of Sigmund Freud, Band 20. London 1959, Hrsg. Von James Strachey; dt. Die Frage der Laienanalyse; in: Gesammelte Werke, XIV. Bd., Frankfurt 1999, S. 207–296.

7 Ich übernehme das Konzept aus Russell Jacoby's The Last Intellectuals: American Culture in The Age of Academe. New York 1987 – auch wenn Bettelheim in diesem Text nicht erwähnt wird.

8 Vgl. Mikhail M. Bakhtin: The Dialogical Imagination. Austin 1981: Tzvetan Todorov: Mikhail Bakhtin – The Dialogical Principle. Minneapolis 1984.

9 Eine umfassende Bibliografie findet sich in: David J. Fisher: Bruno Bettelheim's Achievement. Free Associations. Spring 1991; siehe Kaufhold 2001, S. 291–295.

10 Vgl. Terence Des Pres: The Survivor – An Anatomy of Life in The Death Camps. New York 1976, S. 61–63, 88–94, 182–187, 189–194. Für die reprä-

sentativen psychoanalytischen Abweisungen vgl. Stanley J. Coen: How to Read Freud: A Critique of Recent Freud Scholarship, in: Journal of the American Psychoanalytic Association, vol. 36, no. 2, 1988, S. 487, 489 – 491; Darius G. Ornston: Review of Freud and Man's Soul, in: Journal of the American Psychoanalytic Association, vol 33, supplement 1985, S. 189–200.

11 Gemeint ist die Anpassung an den in Kalifornien neuerdings verbreiteten informelleren Lebensstil (der Übersetzer M. L.).

12 Bruno Bettelheim: Individual and Mass Behavior in Extreme Situations, in: B. B.: Surviving a. a. O. S 48–83; dt.: Individuelles und Massenverhalten in Extremsituationen; in: Bettelheim: Erziehung zum Überleben. München 1982, S. 58–95.

13 Bruno Bettelheim: Behavior in Extreme Situations, in: Politics, August 1944, vol. 1, no. 7, S. 199–209.

14 Bruno Bettelheim: The Informed Heart: Autonomy in a Mass Age. New York 1960; dt.: Aufstand gegen die Masse. Die Chance des Individuums in der modernen Gesellschaft. München 1980.

15 Bruno Bettelheim: A Good Enough Parent: A Book on Child-rearing. New York 1987; dt.: Ein Leben für Kinder. Erziehung in unserer Zeit. Stuttgart 1987.

16 Bruno Bettelheim: Truants from Life: The Rehabilitation of Emotionally Disturbed Children. New York; 1955; dt.: So können sie nicht leben. Die Rehabilitation emotional gestörter Kinder. Stuttgart 1973;
Ders.: The empty Fortress: Infantile Autism and the Birth of the Self. New York 1967; dt.: Die Geburt des Selbst. Erfolgreiche Therapie autistischer Kinder. München 1977.

17 Bruno Bettelheim: A Home for the Heart. Chicago 1974; dt. Der Weg aus dem Labyrinth. Leben lernen als Therapie. Stuttgart 1975.

18 Bruno Bettelheim: On Writing Case Histories, in: B.B.: Truants From Life a. a. O. S. 473–478.

19 Bruno Bettelheim: The Uses of Enchantment: The Meaning and Importance of Fairy Tales. New York 1975; dt.: Kinder brauchen Märchen. Stuttgart 1977; vgl. auch einer ausbalancierten Kritik wegen: Ruth B. Shapiro and Constance L. Katz: Fairy Tales, Splitting, and Ego Development, in: Contemporary Psychoanalysis, vol. 14, no. 4, October, 1978, S. 591–602.

20 Bruno Bettelheim: Freud and Man's Soul. New York 1983; dt. Freud und die Seele des Menschen. Düsseldorf 1984.

21 a. a. O., S. 6–7, 16, 40–41, 43, 53, 107; dt. ebenda, S. 14–15, 23, 49–50, 59, 91

22 a. a. O., S. 33, 35, 43, 57, 76–77, 102–103, 109–110; dt. a. a. O. S. 40, 53, 58, 76, 120–121.

23 Jacques Lacan: The Freudian Thing, or the Meaning of the Return to Freud in Psychoanalysis (1956), in: J. Lacan: Ecrits. New York 1977, S. 114–145; ders.: The Four Fundamental Concepts of Psycho-Analysis (1973), New York 1978, S. 44–46.

24 Daniel Lagache: Introduction (1967), in: J. Laplanche and J.-B. Pontalis: The Language of Psychoanalysis. New York 1973, S. VIII.

25 James Strachey: General Preface (1966), in: The Standard Edition of the Complete Psychological Works of Sigmund Freud, vol. 1, London 1966, S. XIII – XXII. Strachey betitelte seine Übersetzung als eine verschwommene Widerspiegelung von Freuds Gedanken und Worten und nannte sich selbst einen Erfinder, a. a. O.

26 Ernest Jones: The Life and Work of Sigmund Freud: The Last Phase 1919–1939. New York 1957, S. 9–10; dt.: Das Leben und Werk von Sigmund Freud. Bern 1960, vgl. auch ders.: Free Associations. New York 1959, S. 169.

27 Bruno Bettelheim: Freud and Man's Soul. a.a.O., S. 101; dt. Freud und die Seele des Menschen, a. a. O. S. 113.

28 a. a. O., S. 35; dt. a. a. O., S. 47

29 a. a. O., S. 33–34, 35, 36, 37, 60–61, 71; dt. a. a. O., S. 45–46, 47, 49, 60, 72, 83.

30 a. a. O., S 61–64; dt. a. a. O., S. 73–76.

31 T. S. Eliot: Little Gidding, Four Quartets, in: T. S. Eliot: The Complete Poems and Plays 1909–1950. New York 1952, p. 145.

Bruno Bettelheim Ende der 60er Jahre in der Orthogenic School

II. Texte über den Holocaust und über Erziehung

4. Zum psychoanalytischen Verständnis von Faschismus und Antisemitismus

Wahrnehmungen aus den 40er Jahren: Otto Fenichel, Ernst Simmel, Erik Homburger Erikson, Rudolf Loewenstein und Bruno Bettelheim

In Erinnerung an Bruno Bettelheim

Der britische Historiker E. H. Carr behauptete, dass alle Geschichte zeitgenössische Geschichte sei. Kein Historiker könne seiner eigenen Gegenwart entkommen; jeder sehe die Vergangenheit unvermeidbar aus dieser Perspektive, das heißt mit den Ängsten und Wünschen der Gegenwart. Historiker dokumentieren und bewerten die Vergangenheit gebrochen durch die Zwänge ihrer aktuellen Lebenslagen. Ziel des Historikers sei es, eine dynamische Interaktion zwischen seinem Material und sich selbst in Gang zu setzen, einen ehrlichen und respektvollen Dialog zwischen den Fakten der Geschichte und den Interpretationen zu erzeugen, eine Konversation zwischen Vergangenheit und Gegenwart mit offenem Ende (Carr 1963).

An der 100-jährigen Geschichte der Psychoanalyse zeigen sich genau die von Carr erwähnten Probleme. Was ausgewählt oder ausgelassen, betont oder vernachlässigt, gestützt oder widerlegt wird, all dies fordert die aktuellen Interessen des Historikers heraus und wie er die Gegenwart bewusst oder unbewusst wahrnimmt. Auch kann die ideologische Zugehörigkeit des Historikers, vielleicht am besten als theoretische und methodologische Loyalitäten verstanden, nicht ausgeklammert werden, wenn es um die Art seines Zugangs zur Vergangenheit geht.

Freud hinterließ eine Reihe gehaltvoller Bemerkungen über den Antisemitismus und den deutschen Faschismus. Als er von den Bücherverbrennungen der Nazis im Mai 1933 erfuhr, einschließlich der Vernichtung seiner eigenen Texte, bemerkte er: »Was wir für Fortschritte machen! Im Mittelalter hätten sie mich verbrannt, heutzutage begnügen sie sich damit, meine Bücher zu verbrennen« (Jones 1960, S. 218). Im Juni 1938, nach dem

Einmarsch der Nationalsozialisten in Österreich, wurde der 82-jährige Freud genötigt, um ein Ausreisevisum zu erhalten, ein Dokument zu unterschreiben; er bat darum, einen Satz zu dem Affidavit hinzufügen zu dürfen: »Ich kann die Gestapo jedermann aufs beste empfehlen« (a. a. O. S. 268).

Freud nahm an, dass Antisemitismus und Kastrationsangst im unbewussten Gedankenprozess ganz eng miteinander verbunden seien: »Der Kastrationskomplex ist die tiefste unbewusste Wurzel des Antisemitismus; denn selbst Kindergarten-Buben hören, dass ein Jude etwas von seinem Penis abgeschnitten wurde – ein Stück seines Penis, denken sie – und das gibt ihnen das Recht, Juden zu verachten« (Freud 1909 (1999), S. 271).

Freud vermittelt uns einen energischen, aber ironischen Anti-Nazissmus. Er sah die Nazis als barbarisch an, verurteilte ihre politischen Maßnahmen und Ansichten als Ausdruck von Regression zu überholten mittelalterlichen Vorstellungen, die ein Wiederaufleben der alten Pogrommentalität bedeuteten. Es gibt allerdings keine durchgehaltene theoretische oder klinische Analyse des Antisemitismus bei Freud, lediglich unvollständige und abstrakte Vermutungen. Nie hat er ein systematisches Verständnis der modernen Potentiale zur Massenvernichtung in den deutschen und rassistischen Versionen des Antisemitismus ausgearbeitet. Er hat seine eigenen Theorien über kollektive Pathologie, die destruktiven Möglichkeiten der modernen Massenmobilisierung und das Führerprinzip, das er in »Massenpsychologie und Ich- Analyse« (1921) erklärt hatte, nicht angewandt. Auch blieb er im antisemitischen, faschistischen Wien, so lange er konnte in den mittleren und späten 30er Jahren. Letztlich hat Freud ein frühes oder durchdringendes Verständnis der Gefahren nicht erarbeitet, die der Faschismus für die westliche Zivilisation, für die demokratischen Formen der Regierung, für die humanistischen Werte und für die Zukunft der psychoanalytischen Bewegung selbst bedeutete.

Wir müssen uns der nächsten Generation von Psychoanalytikern zuwenden, einer jüngeren Gruppe, die fester in den Realitäten des 20. Jahrhunderts verankert war als Freud, die überwiegend, aber nicht ausschließlich, stärker politisiert und links orientiert war als er, und mehr Verständnis hatte für die kulturellen und sozio-ökonomischen Wurzeln sozialer Bewegungen und nationalistischer Strömungen, um die ersten psychoanalytischen Erkenntnisse des Faschismus und der Greueltaten des Antisemitismus gewinnen zu können.

Mein Aufsatz untersucht psychoanalytische Schriften zwischen 1940 und 1950, insbesondere Artikel und Bücher, die vor, während und unmittelbar nach dem zweiten Weltkrieg geschrieben wurden. Ich werde mich auf fünf europäische Analytiker konzentrieren, deren Leben und Orientierungen sich entscheidend durch ihre eigene Erfahrung des deutschen Faschismus veränderten. Bei der Untersuchung der Schriften von Otto Fenichel, Ernst Simmel, Erik H. Erikson, Rudolf Loewenstein und Bruno Bettelheim geht meine Studie davon aus, dass jeder von ihnen persönliches Elend, Trauma und Verfolgung erlitt, weil sie jüdische Psychoanalytiker und Intellektuelle waren, dass der faschistische Antisemitismus sie veranlasste, ihr Leben in Europa abzubrechen, und sie zwang, in die USA zu emigrieren. Bei der Betrachtung ihrer frühesten Einschätzung des faschistischen Rassismus und der Vorurteilsdynamik werde ich meine Anmerkungen in fünf Kategorien gliedern:

1. Wahrnehmung der Umweltfaktoren
2. Daten, auf die sich ihre Interpretationen stützen
3. Dynamische Formulierungen über den Antisemitismus
4. Ihre Ambivalenzen gegenüber ihrem eigenen Judentum und
5. Schlussfolgerungen.

Meine Vorgehensweise wird vergleichend und thematisch bezogen sein. Die diskutierten Schlüsseltexte umfassen drei Essays von Otto Fenichel (Fenichel 1940; 1946 (1993)), zwei Aufsätze von Ernst Simmel, dabei einen erstmals im *The Socialist Physician* veröffentlichten Aufsatz von 1932 (Simmel 1932), und einen anderen längeren Aufsatz über »Anti-Semitism and Mass Psychopathology« (Simmel 1946 (1993)) aus dem von Simmel herausgegebenen Band *Antisemitism: A Social Disease*; einige Aufsätze von Erik Homburger Erikson, alle vor der Veröffentlichung von *Childhood and Society* (1950) erschienen, einschließlich »Hitler's Imagery and German Youth« (Erikson 1942) und vier kürzlich veröffentlichte Artikel über »Kriegserinnerungen« geschrieben zwischen 1940 und 1945 aus dem Band *A Way of Looking At Things* (Erikson 1940 (1987); 1942; 1945a; 1945b; vgl. auch Roazen 1976); Rudolph M. Loewensteins *Christians and Jews: A Psychoanalytic Study* (Loewenstein 1951 (1968)); und schließlich den imposanten Klassiker von Bruno Bettelheim über die Konzentrationslager *Individual and Mass Behavior in Extreme Situations* (Bettelheim 1943 (1979));

1968 (1979), geschrieben zwischen 1940 und 1942, und dank der Intervention des Herausgebers Gordon Allport erstmals 1943 veröffentlicht in *The Journal of Abnormal and Social Psychology*.

Allport, ehemaliger Präsident der Amerikanischen Psychologischen Vereinigung und Harvard-Professor für Psychologie spielte eine bedeutsame, unterstützende Rolle in dieser Geschichte in den 40er Jahren. Obgleich ein »nicht-analytischer« Psychologe, schrieb er das Vorwort zu Simmels Band über Antisemitismus. Erikson berichtet, dass er als Mitglied des Komitees für »National Morale« gemeinsam mit bekannten Persönlichkeiten wie Gregory Bateson, Kurt Lewin und Margret Mead daran wirkte, Informationen über den deutschen Faschismus zu koordinieren und zu interpretieren.

Trotz der anfänglichen Zurückweisungen durch psychiatrische und psychoanalytische Zeitschriften hatte Bettelheims Essay den größten Einfluss, hauptsächlich weil er dem in den USA weit verbreiteten Unglauben, dass es deutsche Konzentrationslager gebe, und dem generellen Unwillen auf Seiten der amerikanischen Regierung und Bevölkerung, die Realität der Nazi-Verbrechen anzuerkennen, entgegentrat. Sein Essay wurde anschließend in Dwight McDonalds Journal *Politics* 1944 wiederabgedruckt, und am Ende des Krieges machte ihn General Dwight Eisenhower zur Pflichtlektüre für die in Deutschland stationierten US-Militärregierungsoffiziere.

Um die Atmosphäre dieser frühesten psychoanalytischen Untersuchungen einzufangen, werde ich gelegentlich auf Erich Fromms klassischen Text *Escape from Freedom* (Fromm 1941 (1980)) zurückgreifen.

I. Wahrnehmung von Umweltfaktoren

Keiner dieser psychoanalytischen Texte argumentiert ausschließlich psychologisch. Ausnahmslos versuchen die Autoren, Umweltfaktoren zu integrieren.

Fenichel betonte die Wichtigkeit gewisser geschichtlicher Zusammenhänge, vor allem den politischen und wirtschaftlichen Kontext Deutschlands, um, zusätzlich zu den psychologischen Faktoren, den deutschen Faschismus zu erklären. Unter Anwendung der Schlüsselkonzepte marxistischer Soziologie, wie es während der 20er und 30er Jahre in linkspolitischen europäischen Kreisen weithin üblich war, argumentierte Fenichel, dass der faschistische Antisemitismus ein überdeterminiertes geschichtliches Phänomen sei mit dem Autoritarismus und der Verschleierung von Klassenkonflikten als Hauptkomponenten. Antisemitismus lenke die revolutionären Tendenzen der Massen von der sozialen Rebellion ab, er entschärfe alle Anstrengungen zu radikalen Reformen, indem er sie in Feindseligkeit gegenüber Juden verwandele. Gleichzeitig behielten Antisemiten einen unkritischen Respekt vor Autoritäten, Gesetz und Ordnung. Antisemitismus sei als Teil des internationalen Klassenkampfes zu verstehen, der durch die Weltwirtschaftsdepression freigesetzt wurde. Er sei »eine Waffe im Klassenkampf, die die gegenwärtige Zeit dominiere.« Fenichels zweiter Essay über Antisemitismus, nach Emigration und Ankunft in den USA geschrieben, enthält sich der marxistischen Sprache des ersten, vermeidet die Betonung der sozialen und wirtschaftlichen Determinanten und gibt den psychologischen und intrapsychischen Prozessen mehr interpretierendes Gewicht.

Ernst Simmel war ein medizinisch gebildeter Psychoanalytiker, der 1920 das Berliner Psychoanalytische Institut mitgegründet hatte. Von 1927 bis 1931 leitete er Schloss Tegel, eine psychologische Klinik außerhalb Berlins, die sich die Aufgabe stellte, psychoanalytische Prinzipien bei der Behandlung von schweren mentalen Krankheiten, einschließlich Perversion, Suchtabhängigkeiten, Psychosen und psychosomatischen Störungen, anzuwenden. Nach der Machtübernahme der Nazis verließ Simmel Deutschland und kam 1934 nach Los Angeles, um dort ein internationales Zentrum für psychoanalytische Ausbildungskandidaten aufzubauen.

In Deutschland war Simmel ein aktiver überzeugter Sozialist, Präsident der Vereinigung sozialistischer Ärzte. Er verwendete die Zwischenkriegssprache der deutschen Sozialdemokratie, was direkte Bezüge auf den Klassenkampf, auf Aufrufe zur Sozialisierung des medizinischen Systems und der Heilkünste, sowie die explizite Unterstützung der Einführung allgemeiner Krankenversicherungen einschloß. Kein Blatt nahm er vor den Mund, um die Gefahren des Nationalsozialismus für das Gesundheitswesen zu demaskieren; er widersprach der brutalen Politik Hitlers und wies auf deren kriegstreibende, anti-soziale und atavistische Tendenzen hin. Mittels Massensuggestion denunziere Hitler seine Feinde, als existierten sie außerhalb der Gemeinschaft. Klar erkannte Simmel, dass diese ausgrenzende faschistische Politik im Mord enden könnte. »Diesmal ist es der Jude, der Marxist und der Dissident im Allgemeinen; er ist die Zielscheibe, in Wirklichkeit das Phantom, um Dampf von den aggressiven kannibalischen Trieben abzulassen.«

Es überrascht nicht, dass Erikson, der sich in seinen vor-psychoanalytischen Ursprüngen als Künstler und Erzieher betätigt hatte, kulturelle Determinanten in seiner Analyse des deutschen Nationalcharakters betonte. Der liberale Loewenstein gründete seine Argumentation zum Antisemitismus auf die Behauptung einer dialektischen Beziehung zwischen Juden und Deutschen und auf den Nachweis der historischen Wurzeln der antijüdischen Stimmung im Christentum. Seine Analyse fokussierte das xenophobische, ökonomische, religiöse und kulturelle Fundament des Antisemitismus. Bettelheim gab seiner Argumentation dadurch Gestalt, dass er die unterschiedlichen Reaktionen auf die extrem traumatischen Konzentrationslagererlebnisse in Begriffen sozialer Schichtung herausarbeitete. Fromm als Freudo-Marxist verlieh seiner Diskussion der »Psychologie des Nazismus« Kontur, indem er darauf bestand, dass der Nazismus hauptsächlich ein wirtschaftliches und politisches Problem sei, und indem er die emotionale Anziehung der Nazi-Ideologie mit ihren sozio-ökonomischen Wurzeln in Zusammenhang brachte.

II. Daten

Fenichel stützte sich in seiner psychoanalytischen Faschismustheorie auf eine allgemein gehaltene Zusammenfassung antisemitischer Literatur. Seine primären Quellen gab er nicht an und zitierte Freud und Theodor Reik anhand von Sekundärliteratur. Simmels Daten entstammten hauptsächlich der Geschichte des Antisemitismus, insbesondere den Anklagen und Denunziationen gegen Juden, er bezog sich auf LeBon und Freud und die Literatur über Gruppenpsychologie, vermied allerdings auffälligerweise Bezüge auf Wilhelm Reichs Klassiker *The Mass Psychology of Faschism* von 1933.

Erikson unternahm eine Textanalyse von Hitlers *Mein Kampf*, untersuchte einige Reden Hitlers und er hatte darüber hinaus Zugang zu Interviews mit deutschen Kriegsgefangenen. Loewenstein, der anschließend als der Meisterkliniker des Triumvirats der Ich-Psychologen – mit Heinz Hartmann und Ernst Kris –, bekannt wurde, schöpfte aus seiner eigenen klinischen Arbeit mit antisemitischen Patienten, die er in Frankreich analysiert hatte; außerdem offerierte er eine psychoanalytische Interpretation typischer Beispiele antisemitischer Literatur, etwa des russischen Dokuments »Die Protokolle der Weisen von Zion«. Fromms Basisdaten gingen aus einer Auswertung von Hitlers *Mein Kampf* und von Joseph Goebbels' Roman *Michael* hervor.

Der Aufsatz Bettelheims entstand unmittelbar aus eigenen persönlichen Erfahrungen als Überlebender zweier Konzentrationslager, Dachau und Buchenwald, in den Jahren 1938–39. Er versicherte, Gefangenenreaktionen zusammengetragen zu haben aus Gesprächen mit schätzungsweise 600 Insassen in Dachau und 900 in Buchenwald. Seine Wahrnehmungen der Dynamiken von Anpassung und Desintegration wurden durch Dialoge in den Lagern mit zwei anderen Mithäftlingen, Dr. Alfred Fischer und Ernst Federn, zwei professionell ausgebildeten psychiatrischen Praktikern, vertieft (Federn 1988 (dt. 1999)).

III. Dynamische Formulierungen

Fenichels Analyse der antisemitischen Persönlichkeiten unterstrich den Abwehrprozess der Projektion, insbesondere einen Spaltungsmechanismus, bei dem feindselige Impulse verleugnet und externalisiert werden. Er konzentrierte sich auf die versteckte Bedeutung der Vorstellungen vom Juden als »mörderisch, dreckig und verdorben.« Weil es für ihre Anschuldigungen keine rationale oder statistische Rechtfertigung gab, sah er diese Verleumdungen als Produkte der antisemitischen Imagination an. Der Jude sei eine Projektion, ein Verdrängungsersatz für die mörderischen, dreckigen und wollüstigen Tendenzen, die in den Judenhassern verborgen seien. Der Antisemit sehe im Juden das, von dem er nicht wünsche, dass es ihm bewusst würde, insbesondere das, was unliebsam sei, wie seine eigene Aggressivität. Im Unbewussten des Randalierers symbolisiere der Jude seine eigenen unterdrückten Triebe, einschließlich der Bilder von Fremdheit, Boshaftigkeit und Hässlichkeit, die er in sich selbst verachte. Weil man sich über den Juden ärgere und ihn beschuldige, werde er schnell in ein Objekt der Verdammung verwandelt. Dies sei ein relativ einfaches mentales Manöver, weil der Jude Mitglied einer rassischen Minderheit und weil er angeblich entschieden fremd sei. Für Fenichel haben die Wahrnehmungen vom Juden und die unbewussten Triebe ihre Fremdheit gemein.

Simmel vertrat die These, dass Antisemitismus eine Massenpsychose sei, einer paranoiden Form der Schizophrenie verwandt; er charakterisierte ihn als Krankheit, die die Triebe primitiven Hasses und der Zerstörungswut freisetze, letztendlich mit dem Ziel, die Juden zu massakrieren. Juden zu quälen, sei gleichzusetzen mit Juden zu beißen, was psychodynamisch von archaischen Tendenzen des Zerreißens und des oralen Verschlingens stamme. Antisemiten würden von einem Realitätsverlust, einem Ich-Verlust und einer Konversion illusionärer Ideen in Wahnvorstellungen getrieben. Der Antisemitismus werde genährt durch die Kräfte der Projektion und Verleugnung, die alle aus einer besonders häufig im Massengeist auftretenden Ich-Spaltung herrührten. Das Kollektiv betrachte den Juden als die Personifikation des Teufels, als Symbol alles kulturellen Bösen und als die Verkörperung der Degeneration und Dekadenz. In der Massenpsychose durchlaufe das antisemitische Individuum in der Gruppe einen äußerst regressiven Prozess, der durch einen auffälligen Verlust seines Urteilsvermögens und moralischer Werte gekennzeichnet sei. Er re-externalisiere sein Über-Ich in das Bild des Führers. Simmels phänomenologische Beschreibung ähnelt auffällig dem heutigen Verständnis der extremen Borderline-Pathologie; doch 1946 verwandte er diesen Terminus nicht. Der antisemitische Gruppengeist, obwohl er auf Situationen mit einem unreifen, hochgradig desintegrierten Ich reagiere, schütze den einzelnen Antisemiten davor, verrückt zu werden. Antisemiten wüßten nicht, dass sie krank seien und sie suchten nicht nach therapeutischer Behandlung. Der Krankheitsgewinn ergebe sich aus Ichaufblähung, Überlegenheitsgefühl und der Überwindung sozialer Entfremdung durch die Zugehörigkeit zu einer angeblich wahren, geistigen Gemeinschaft, wie Volk, Nation oder Nazi-Partei. Dank der tödlichen Macht seiner Projektionsmechanismen und seiner unersättlichen Oralität könne der moderne Massen-Antisemitismus seine Vorstellungen vom Jüdischen, Fremden oder Teuflischen auf jeden anderen absoluten Feind verlagern. Ein Führer der antisemitischen Massengesinnung könne willkürlich entscheiden, wer Jude sei, und das entwürdigende Bild auf eine ganze Reihe inländischer und internationaler Feinde anwenden. Gleichermaßen sei eine Projektion eine Strategie, um den fürchterlichen Feind im Innern auszustoßen.

Durch die Analyse der Darstellungen von Hitlers Kindheit bot Erikson eine psychoanalytische Entwicklungsperspektive, die von Aichhorns Studie *Wayward Youth* (dt.: *Verwahrloste Jugend*, 1925) beeinflusst war. Hitlers Persönlichkeit und Weltvision rührten von einer gehemmten, genauer delinquenten Adoleszenz her. Die Charakterstruktur des Führers verbliebe die eines reue- und kompromisslosen Jugendlichen, eines Menschen, der der Erwachsenenwelt niemals nachgebe. Nachdem er in Kunst, Ausbildung und Beruf versagt hatte, habe Hitler gelernt, sein eigenes Scheitern und das seiner Elterngeneration auszunützen. Erikson sah Hitlers Vision eines Tausendjährigen Reiches als eine jugendliche Größenfantasie an. Als Führer behandle Hitler die deutsche ältere Generation in einer sturen, hinterlistigen und zynischen Art und Weise. Hitlers hysterische Sprachtiraden kämen beim Massenpublikum an, weil sie tiefsitzende Ressentiments und kriminelle Losungen ansprächen. Erikson diagnostizierte Hitler als eine schwer gestörte Persönlichkeit, allerdings eine, die mit hoher Spannkraft und einer Fähigkeit ausgestattet sei, ihre Symptomatik auszunutzen. »Er [Hitler] hat gefährliche Borderlinezüge. Aber er weiß, wie man sich der Grenze annähert; weiß, den Anschein zu geben, als ob er sie überschritte und dann zu seiner atemlosen Zuhörerschaft zurückzukehren.« Die Nazi-Ideologie reflektiere die Projektionen eines jugendlichen Straftäters und gestalte sie aus, daher die Arroganz, Hinterlistigkeit, Wut, Gewalt, die asozialen Ziele und Dominanzgelüste. Hitlers Bilderwelt habe bei einem Großteil der deutschen Gesellschaft wegen der Affinität seiner Familienerfahrungen zu der Erziehung von Millionen anderer demoralisierter Deutscher Anklang gefunden. Erikson schrieb Hitlers große Popularität teilweise der politischen Unreife des deutschen Volkes zu, der deutschen Anfälligkeit für emotionale und theatralische Ansprachen, einem nationalen Masochismus und einem paranoiden Misstrauen gegenüber allen demokratischen Formen des Regierens und Denkens.

Für Erikson blieb Hitler ein fixierter jugendlicher Straftäter, der die Adoleszenzkonflikte um Autoritäten und um widersprüchliche Triebe nie bewältigt hat. Die Nazi-Ideologie sei eine unausgegorene und irrationale Mischung sozialer Ideen, grandioser Ideale und von Suggestivmacht über die deutschen Volksmassen. Sie erzeuge einen hypnotischen

Effekt, der morbid und unheimlich sei. Erikson zufolge schufen die deutschen Antisemiten eine vereinfachende Schwarz-Weiß-Dichotomie, die phobische Vermeidung alles Schwarzen offenbare und den Wunsch, es zu vernichten. Die Deutschen seien empfänglich gewesen für Darstellungen der Juden als ein Bazillus oder Fremdkörper, der die Nation vergifte, infiziere und entmanne. Durch die Beschreibung des Juden als klein, schwarz und behaart, sei das positive Gegenbild des Ariers entstanden: groß, aufrecht, hell, soldatisch sauber. Für Erikson reduzierte sich die deutsch-jüdische Antithese auf die von Über- und Affenmensch. Er spekulierte, dass Hitlers Judenphobie möglicherweise ein persönliches Symptom sei, das sich besonders gut für die scharfsinnige Propaganda ausnutzen ließ. Erikson bemerkte auch das Wirken von Projektion in Hitlers Antisemitismus, insbesondere die Externalisierung deutscher Schwächen.

Im Rahmen seiner Diskussion der Geschichte der christlichen Ambivalenz gegenüber den Juden betonte Loewenstein die ödipale Dynamik, um den anhaltenden Antisemitismus zu erklären. Kurz, der alte Konflikt zwischen Christen und Juden repräsentiere den Kampf zwischen einer jungen und einer alten Religion, einer Religion, die für die Söhne, gegenüber einer Religion, die für das Gesetz und die Dominanz der Väter stehe. Psychodynamisch reflektiere dieser Konflikt den vergangenen Konflikt des Kindes mit seinem Vater und »wird das unbewusste Symbol des Ödipuskomplexes.« Für den Antisemiten werde der Jude zum Sündenbock seiner eigenen unterdrückten sadistischen und masochistischen Vorstellungen. Der Jude, wie die reale Vaterimago des Antisemiten, werde gehasst, geliebt und gefürchtet. Loewenstein zeigte, wie die ungelösten ödipalen Leidenschaften die Zerstörung der akzeptierten Verbote und Grenzen des Über-Ichs bewirken können. Hitler habe versucht, das Über-Ich zu beseitigen, indem er alle moralischen Werte, ausgenommen die der Herrenrasse und des Führers, außer Kraft setzte.

Bettelheim hielt die bestehende psychologische Literatur für konzeptuell unzureichend, um die fragmentierenden Wirkungen der Konzentrationslager auf ihre Opfer zu erfassen. Beginnend mit seinem Transport in das Lager, fragte sich Bettelheim unmittelbar, nachdem er eine Bayonettwunde und einen schweren Schlag auf den Kopf erhalten hatte, die ganze Zeit, »ob ein Mensch so viel ertragen könne, ohne Selbstmord zu begehen oder verrückt zu werden.« Er prägte den Begriff »Extremsituation«, um ein traumatisches Umfeld zu beschreiben, das das Individuum an eine äußerste Grenze treibe. Die Lager dehumanisierten und bedrohten die Persönlichkeit mit Desintegration als Folge der tiefgreifenden und dauerhaften traumatischen Effekte des Alltagslebens an solch brutalen und brutalisierenden Stätten. Er definierte eine Extremsituation als eine Situation strikter Überwachung und Disziplin seitens der Gefängniswächter, gekennzeichnet durch Qual, Terror und Überarbeitung in sinnlosen und monotonen Beschäftigungen. Die Gefangenen seien in unpassende Kleidung gesteckt worden, hätten unter dem Fehlen medizinischer Pflege gelitten und seien vorsätzlich verwirrt worden, weil sie nicht gewusst hätten, warum sie gefangen worden seien oder wie lange die Gefangenschaft dauern würde. Diese massive Angst und das wiederholte Trauma hätten die Gefangenen in eine psychologische und existentielle Position der Überwältigung gebracht, die sie hilflos, passiv und vollständig dem beliebigen Willen der Wächter ergeben gemacht habe. Bettelheim betonte, dass das sadistische Nazisystem Methoden entwikkelt habe, um ehemals freie Bürger in Sklaven zu verwandeln. Das Leben in Konzentrationslagern habe die Selbstachtung, das Selbstgefühl und die Integrität der Insassen nachhaltig verletzt.

Bettelheim entdeckte eine Reihe von Abwehrmechanismen, die die Gefangenen anwandten, um eine totale Auflösung ihrer Persönlichkeit zu verhindern, Versuche des Einzelnen, einen Rest von Autonomie zu sichern und sich vor einer totalen Desintegration seines Verstandes und seiner Wertesysteme zu schützen. Er beschrieb die Skala dieser Abwehrvorgänge, die das Spektrum von neurotisch bis schizophren umfasst habe. Auch beobachtete er eine Distanziertheit bei den Gefangenen, eine defensive Notwendigkeit, ihre Emotionen zu unterdrücken und sich in Subjekte und Objekte zu spalten. Verzweifelt hätten sie versucht, ihr Selbstbild als freie Subjekte aus der Zeit vor dem Lager aufrecht zu erhalten. Viele seien aufgrund von Wirklichkeitsverlust zu der Überzeugung gekommen, dass dieses schreckliche Erleben ihnen als Objekten, als Sachen, nicht als realen Personen widerfahren sei. Viele Gefangenen hätten sich geweigert, ihre Gedanken und Gefühle über die unmenschlichen Erfahrungen in den Lagern mitzuteilen, und hätten stattdessen banale oder verzerrte Emotionen geäußert. Insassen machten ihrem Hass auf die SS in Form von Racheträumen Luft. Tagträume seien ein weitverbreitetes Phänomen gewesen.

Die makaberste Abwehr habe sich aus einer Regression in ein kindliches Stadium ergeben. Weil das Lagererlebnis so viel anhaltenden und vernichtenden Terror erzeugte, weil die Insassen abhängig und verletzlich waren, weil die Gruppendynamik schädlich auf ihre Selbstachtung und ihre Selbstwahrnehmung der Gefangenen wirkte, konnten sie infantilisiert werden und nach und nach ihre früheren normativen Systeme und Ideale als selbstbestimmte Individuen verlieren. Im Zusammenhang der Erforschung der Variante von Abwehr, die als Identifikation mit dem Aggressor bekannt ist, sprach Bettelheim von einer Identifikation mit den Folterern. Das habe sich daran gezeigt, dass die Gefangenen die Einstellungen und Verhaltensweisen der SS nachgeahmt hätten. Es habe auch die jüdischen Gefangenen betroffen, die anderen jüdischen Gefangenen Schmerzen zufügten, die Kleidung der SS und deren Freizeitbeschäftigungen imitierten, was so weit gegangen sei, dass sie die Rassen- und Verschwörungstheorien über die Juden übernommen hätten. Die Identifikation mit den Folterern habe sich abwehrmäßig aus der Einnahme einer kindlichen Haltung bei den Gefangenen gegenüber der SS ergeben, die zu Projektionsobjekten geworden seien, als wären sie Figuren eines allmächtigen Vatersurrogats mit sowohl intensiver positiver wie negativer Übertragung.

IV. Die Ambivalenz gegenüber ihrem eigenen Judentum

Simmels Abhandlung über Antisemitismus überging im wesentlichen eine Diskussion über jüdische Charakterzüge. In seiner »Einleitung« deutete er an, dass »der Frage, ob es unbewusste Tendenzen in der jüdischen Persönlichkeit gibt, die unbewussten Tendenzen in der antisemitischen Persönlichkeit korrespondieren, mehr Beachtung beigemessen werden sollte…«. (Simmel 1946 (1993)) Fenichel betonte die historische Rolle der Juden als Sündenbock in Deutschland, die jüdische Position als verfolgte Minderheit, ihre Schutzlosigkeit in einem oft feindseligen Umfeld, ihre kulturelle und sprachliche Verschiedenheit, ihre Fremdheit und vor allem die Existenz einer »Psychologie der Juden«, die sich von Jahrhunderten der Gettoisierung herleitete.

In diesem Zusammenhang möchte ich auf den mittleren Namen in Erik Homburger Eriksons Namengebung hinweisen, des Autors *von Hitler's Imagery and German Youth*. Die ersten sieben Veröffentlichungen von 1930 bis 1938 waren mit Erik Homburger unterschrieben. Heute kennen wir ihn als Erik H. Erikson.

In einem Abschnitt seines Essays mit der Überschrift »Jude« gab Erikson eine Reihe von Gründen an, warum Juden die logischen und brauchbaren Opfer des deutschen Antisemitismus geworden seien: sie seien für eine unbegrenzte Anzahl von Projektionen der Schlechtigkeit und der Schwärze verfügbar. Als Ergebnis von Jahrhunderten der Wanderschaft und Zerstreuung diskutierte Erikson das Überleben von »zwei jüdischen Typen«: dem Gettojuden, oder in seinen Worten, »dem orthodoxen, einflusslosen, anachronistischen Typ,« unfähig sich an die sich wandelnde Umwelt oder Zeit anzupassen, und dem »erfolgreichen Typ,« der sich ständig den Veränderungen anpasse, indem er Geschick im Warenhandel und Cleverness entwickle oder führende Positionen in Kunst, Wissenschaft, und Kultur erreiche. »Seine Talente und sein Zwang, sowie seine Laster und sein Genius basieren alle auf dem Sinn für die Relativität der Werte.« (Erikson 1942) In dieser Stereotypisierung der Juden in zwei Typen klingt Eriksons abschätzige, hochambivalente Wahrnehmung seiner eigenen jüdischen Identität an.

Erikson behauptete, dass der jüdische Relativismus leicht in »Nihilismus« übergehen könne, dass Einsicht verwendet werden könne, um die absolute Gültigkeit der Mehrheit zu entwerten und die Gastländer, die die Juden nicht durch Macht besiegen könnten. Meine eigene Vermutung ist, dass in diesen Passagen Eriksons Ambivalenz bezüglich seines eigenen Judentums, seine Scham, seine Schuld und sein möglicher Selbsthass als Jude zum Ausdruck kommen, wie auch seine grundlegende Ablehnung des Judentums. Der zukünftige Theoretiker der Identität hatte Schwierigkeiten, seine eigene jüdische Mutter und seinen jüdischen Stiefvater Homburger anzuerkennen und sich mit ihnen zu identifizieren. Zu kosmopolitisch und zu intellektuell, um Gettojude zu werden, konnte Erikson auf der anderen Seite die Unsicherheiten, die in einer Ära psychologischen Wissens und der ethischen Werte aus dem »jüdischen Relativismus« resultierten, nicht akzeptieren. Später wird Erikson für eine auf Religion gegründete Ethik optieren, die sich zum Beispiel in seiner Zuneigung zu Luther und gewissen Idealen des Christentums und dann in seinem Eintreten für die gewaltlose Ideologie Gandhis niederschlägt.

Vielleicht leitet sich Eriksons Bedürfnis, sich von seinen jüdischen kulturellen Wurzeln und Ursprüngen zu distanzieren, aus einer unanalysierten negativen Übertragung zu Anna Freud, seiner Lehranalytikerin, und zu ihrem Kreis von überprotektiven Mutterfiguren in Wien her. Möglicherweise drückt es eine unanalysierte negative Übertragung auf Freud aus, dessen Wertrelativismus und Atheismus in seinem theoretischen und methodologischen Repertoire deutlich verkündet wurden. Ambivalente Passagen über jüdische Genies der Moderne, Marx, Freud und Einstein, lassen sich auch in seinem Buch *Childhood und Society* finden.

Das abschließende Kapitel von Loewensteins Monographie widmet sich »Jüdischen Charakterzügen«. Er identifiziert sich eindeutig mit Freuds Atheismus, seinen wissenschaftlichen Bestrebungen und seinem Säkularismus. Kulturen schritten voran, wenn Religion eine weniger bedeutende Rolle im Leben einer gegebenen Gesellschaft spiele. Religionen beeinflußten Kulturen in überwiegend negativer Weise. Loewenstein wurde veranlasst, diese Studie zu schreiben wegen seiner Ausgrenzung aus dem geliebten Frankreich, weil er Jude war. »Obgleich im russischen Polen vor 1914 geboren, hatte sich [der Autor] für viele Jahre vollkommen mit Frankreich identifiziert, um sich dann plötzlich moralisch von seinem Gastland verstoßen zu sehen, weil er Jude war.« Loewenstein, der in Anspruch nahm, »objektiv und unparteiisch« zu sein, argumentierte, dass er die Frage der jüdischen Charaktertypologie prüfe, weder um die Opfer des Antisemitismus herabzuwürdigen noch um sie anzugreifen, sondern um herauszufinden, ob es etwas in der »jüdischen Persönlichkeit gebe, das Konflikt und das Vorwiegen von Feindseligkeit gegen die Juden provoziere.«

Unfähig seiner Vorgabe gerecht zu werden, ist Loewensteins Kapitel über die Juden verunglimpfend, übergeneralisierend und voreingenommen gegenüber Juden, fast zu dem Grade, dass der Autor eine Vielzahl der antisemitischen Stereotype akzeptiert. Er nimmt die Existenz einer universellen jüdischen Persönlichkeit an und konstruiert ein unvorteilhaftes Porträt von miserablen und verschwenderischen Juden; von überängstlichen jüdischen Müttern; von jüdischem Abscheu vor körperlicher Gewalt; von jüdischem Puritanismus; von Asketismus und sexueller Hemmung; von pathologischer Angstreaktion in vielen Situationen; von jüdischer Unterwürfigkeit und Mangel an Kampfgeist; von jüdischem Verlangen, den übermächtigen Feind zu besänftigen; von jüdischer Zuflucht zur Ironie als Waffe; von jüdischem Überlegenheitsgefühl, das in narzisstischer Überheblichkeit wurzele; von jüdischer Tendenz zu tiefgründigen, unausrottbaren Selbstzweifeln und von jüdischer destruktiver

Kritik und einem Bedürfnis, sich als intelligenter als Andere zu erweisen. Die zionistische Lösung nach der Gründung eines unabhängigen Staates Israel zurückweisend prophezeite Löwenstein die möglichen Gefahren einer israelischen Identifikation mit den Angreifern auf Seiten der Israelis, die sich im extremen Nationalismus und in Feindschaft gegenüber Arabern ausdrücken könnte.

Kurz, Loewenstein präsentiert ein Gruppenbild eines infantilisierten, unreifen und verletzten Volkes, das durch die Jahrhunderte antisemitischer Verfolgung schwer beschädigt worden sei. »Juden sind wie Kinder, die an Mangel an Zuwendung leiden und durch die erfahrenen Ungerechtigkeiten gedemütigt wurden, die ihnen die Außenwelt zugefügt hat.«

Auch Bettelheim hat gemischte Gefühle über sein Judentum geäußert. In seinem Essay »Befreiung vom Getto-Denken«, obgleich angeblich als »Jude für Mitjuden« geschrieben, artikulierte er das säkulare jüdische Erbe der Aufklärung und des liberalen Humanismus des 19. Jahrhunderts, das in der Tradition des Mitgefühls für andere, einem Sinn für moralische Verantwortung, bürgerlichen und sozialen Verpflichtungen, dem Schutz der demokratischen Freiheiten und den Menschenrechten der Individuen begründet war. Seine Bindungen an seine jüdischen Wurzeln bestanden in einem Sinn für Solidarität mit »allen Anderen, die besonders verfolgt wurden.« Bettelheim verurteilte das »Getto-Denken« als fatalen Fehler, es sei anachronistisch, engstirnig, nationalistisch und selbstgerecht, es verewige die Geschichte der jüdischen Passivität, des Unterlassens von Widerstand gegenüber Ungerechtigkeit oder von Revolte gegen Unterdrückung es bewirke eine Unempfindlichkeit gegenüber der Entwürdigung durch den Unterdrücker, es beruhe auf Abwehr durch Vermeidung, Verleugnung, Verschiebung und das Verlangen, sich bei seinen moralischen oder Todfeinden einzuschmeicheln. Getto-Denken reflektiere wesentlich eine innere Resignation gegenüber dem Leben. Weil sie Nicht-Getto-, das heißt weltlich historische und psychologische Perspektiven ausschloß, weil sie abgeschnitten gewesen sei von den Realitäten des 20. Jahrhunderts, wie Massenmord und Genozid, habe die Getto-Mentalität zu Handlungsweisen geführt, die naiv und ignorant gewesen seien.

Bettelheim mahnte sein Post-Holocaust-Publikum, sich bewusst zu sein, dass es keinen wirklichen Seelenfrieden, keinen wirklichen Schutz geben werde, solange sie nicht verstanden hätten, wie sechs Millionen Juden sterben konnten fast ganz ohne Widerstand. Es könne keine

Unschuld geben angesichts dieser Massenschlachtung. Seine feste Überzeugung, dass Juden nicht hätten hilflos oder impotent sein müssen, unterstrich Bettelheim durch Hinweis auf den erfolgreichen Widerstand von Juden während des 2. Weltkrieges und lobte jene »Juden, die das Getto im Innern abgeschüttelt hatten.« Es sei nichts Edles dabei gewesen, sich dem Schwert oder der Gaskammer passiv zu ergeben, nur Erniedrigung, nur Verwandlung eines menschlichen Wesens in ein entwürdigtes Ding.

Bettelheim scheint, wie seine anderen psychoanalytischen Kollegen, in eine eigene Form reduktionistischen Denkens zu geraten, seine eigene Karikatur vom gettoisierten Juden, das er dem Ideal vom emanzipierten Juden gegenüberstellt. Gewiß war er sich der Doppelbindung des jüdischen Überlebenden bewusst und mahnte andere Juden, die Möglichkeiten eines aktiven, demokratischen Widerstands gegen den Nazismus und andere totalitäre Bedrohungen lebendig zu halten durch die Bildung »unabhängiger, reifer und selbständiger Personen«, die fähig seien zu Gruppenwiderstand und Selbstverteidigung gegen das Nazi-System. Gegen Ende seines Lebens jedenfalls blieb Bettelheim ein entfremdeter, heimatloser, aufgeklärter jüdischer Intellektueller, der seine Autonomie zu erhalten versuchte. Er konnte weder eine Verbindung mit den Getto-Juden und deren Nachkommen eingehen noch sich mit den israelischen Juden zusammentun, die die ideologische und praktische Verpflichtung auf sich genommen hatten zurückzuschlagen. Schmerzlicherweise blieb Bettelheim ein Jude, der sich auf dem Mittelweg einfand, »dazwischen, nirgendwo wirklich zuhause. Solche Menschen, wie der Autor, sind innerlich zerrissen« (Bettelheim 1962 (1990)).

V. Zusammenfassung

Die psychoanalytischen Schriften zu Faschismus und Antisemitismus aus den 40er Jahre spiegeln die Stärken und die Grenzen des Forschungsstands dieser Zeit wieder. Freuds Einfluss und das Erbe der europäischen Aufklärung sind deutlich erkennbar. Die theoretischen Kernideen basieren auf der Triebtheorie, Freuds Strukturmodell mit besonderer Betonung der Über-Ich Konflikte, der Ich-Spaltung und der Möglichkeit der Austilgung des Über-Ichs. Einige Denker sahen den deutschen Antisemitismus als einen weiteren Abkömmling der ödipalen Dynamik an und sie verwendeten Techniken der Ich-Psychologie, um ihre Thesen zu veranschaulichen und zu beweisen. Ich habe keinen Beleg für den Einfluss der englischen Objektbeziehungsschule, keinen Hinweis auf narzisstische Dynamiken außer im Sinn von Mißbilligung gefunden. Erikson nahm einiges vom psychoanalytischen Entwicklungsdenken über delinquente Adoleszenz in seine Texte auf. Die Literatur betont überwiegend die pathologischen Aspekte des Antisemitismus, während sie die anpassungsfähige und geschickte Verwendung für Propaganda und Massenpsychologie durch die faschistischen Führer vernachlässigt. Diese psychoanalytischen Denker hoben als Schlüsselmechanismen, die im Antisemitismus wirksam seien, die Ich-Spaltung, paranoide Projektionen, sado-masochistische Triebe und primitive Reste ödipaler Dynamiken, einschließlich der Identifikation mit den Folterern, hervor.

In ihren Texten zeigt sich der Einfluss des Kontexts, insbesondere der europäischen Politik und Kultur der 30er Jahre und des 2. Weltkriegs. Fenichel und Simmel schreiben in Europa deutlich andere Essays über Antisemitismus als später nach der Emigration nach Amerika. Die Letzteren tragen Merkmale der Entpolitisierung und Entradikalisierung, möglicherweise ein Ausdruck des Wunsches, Sicherheit zu erlangen und nicht als subversiv oder bedrohlich vom amerikanischen Publikum wahrgenommen zu werden. Marxistische sozio-ökonomische Analysen machten psychoanalytischen Interpretationen von Vorurteilen Platz. Die Klassenanalyse wurde durch psychodynamische Perspektiven auf die Rasse ersetzt. Wir beobachten einen politischen Wandel vom explizit sozialistischen Internationalismus in Europa zu einem Eintreten für friedliche Reformen und Erziehungsanliegen in Amerika. Anstelle von Marx und den Klassikern des europäischen Marxismus wird nun Franklin D. Roosevelt zitiert. Alle diese Denker, vielleicht mit Ausnahme von Erikson, hielten an einem Pessimismus fest im Hinblick auf das destruktive Potential des Individuums und den entsetzlichen Barbarismus, der der Massenpsychologie inhärent sei. Einige der Schriften arbeiten explizit auf eine Schwächung religiöser Impulse hin, versuchen das Christentum zu humanisieren und drängen die Christen, sich ihrer Geschichte der psychologischen und kulturellen Ambivalenz gegenüber Juden bewusst zu werden. Manche Texte versuchen die irrationale Massengesinnung blindgläubiger Gruppen abzumildern.

All diese Arbeiten wurden verfasst, um Akademiker, Staatsmänner, regierende Eliten und Kliniker zu bilden und zu beeinflussen, sowie auch auf Mütter und die Wege der Kindererziehung einzuwirken. Im Fall Eriksons gibt es solide Belege dafür, dass er direkt auf die amerikanische Regierung bei der Gestaltung einer Anti-Nazi-Propaganda während des Krieges und der Pläne für die »Amerikanisierung« Nachkriegsdeutschlands nach Hitlers Niederlage Einfluss ausübte. Mit Adorno und anderen Denkern der Frankfurter Schule richteten die Psychoanalytiker, nachdem die Drohung des Faschismus abgenommen hatte, ihre Aufmerksamkeit auf die Entzifferung der unterschwelligen Aspekte der Propaganda, auf die Demaskierung des Autoritarismus, auf die Formulierung einer Kritik an der Konsumgesellschaft, einer Gesellschaft des politischen Konsenses und konventioneller Werte (Adorno 1993; 1951 (1978); 1950 (1973); 1944 (1969)).

Das Thema des Judentums dieser analytischen Denker, insbesondere ihre Ambivalenz gegenüber ihrem eigenen Judentum, zieht sich durch die gesamte Literatur als latenter Subtext. Alle unsere Autoren kamen ursprünglich aus assimiliertem, säkularisiertem und kultiviertem Mittel- oder obere-Mittelklassen-Milieu. Manche von ihnen erreichten die Assimilation durch den Erziehungsprozess, manche durch die psychoanalytische Ausbildung. Als Analytiker und psychoanalytische Kulturkritiker waren sie alle den Prinzipien der Gerechtigkeit, des universell Guten und den Ideen der Aufklärung und der Französischen Revolution verpflichtet, all dem, was die Juden emanzipiert hatte. Sie alle opponierten gegen die Gettomentalität und verwarfen sie, weil sie engstirnig und intolerant sei, und ihr psychologisch wie soziologisch die Berührung mit den modernen Realitäten und modernem wissenschaftlichen Fortschritt fehle. Die Einhaltung jüdischer Gebräuche und Rituale spielte keine bedeutsame Rolle in ihrem Leben in Europa vor dem Faschismus, auch nicht im Exil in den Vereinigten Staaten. Doch weil sie Juden waren, wurden sie verfolgt und in gefährliche, potentiell mörderische Situationen gebracht. Keiner optierte für eine Rückkehr ins Getto noch für den Umzug nach Israel oder für eine ideologische Verpflichtung zum Zionismus. Viele fanden sich in einer unlösbaren Doppelbindung, die besonders fühlbar für einen Überlebenden der Lager wurde, wie Bettelheim: sie waren Juden ohne bedeutsame Verbindung zu jüdischen Gemeinschaften oder Traditionen; sie sozialisierten sich mit anderen Juden in ihren psychoanalytischen Gesellschaften an der Universität und ihren klinischen Praxen.

Freilich bedurfte es für sie einer Bewältigung des Antisemitismus, des Holocaust und des Potentials zur Entfesselung einer neuen antisemitischen Kampagne in ihrem neuen Heimatland. Alle blieben innerlich ambivalent gegenüber ihrem Judentum und externalisierten oftmals ihre Negativität und Feindseligkeit gegenüber sich selbst als Juden, indem sie ein eher abwertendes, karikiertes oder wesenhaftes Porträt vom osteuropäischen Getto-Juden zeichneten. Obwohl sie die projektiven Mechanismen bei Antisemiten wahrnahmen, konnten diese Analytiker ihrerseits projizieren und taten es. Obgleich sie kritisch gegenüber den autoritären Tendenzen im Faschismus und in antisemitischen Massenbewegungen waren, konnten sich die meisten dieser zentraleuropäischen Juden in deutlich autoritären Formen verhalten und taten es. In unterschiedlichen Graden und Tönung strahlten sie Arroganz, Überlegenheitsgefühl, Elitarismus und Geringschätzung aus und weigerten sich, demokratische Kooperation und Dialoge mit ihren amerikanischen psychoanalytischen Kollegen zu tolerieren. Viele ihrer Kollegen betrachteten sie verächtlich als schlecht gebildete, osteuropäische gettoisierte Juden ohne ein tieferes Verständnis der Freudschen Psychoanalyse oder der europäischen Kultur.

Inzwischen wissen wir, dass Autoritarismus nicht nur unter Rechten, Faschisten oder antisemitischen Persönlichkeiten zu finden ist, sondern ebenso in Charakterstrukturen auf der Linken und in Institutionen und dem Kern der psychoanalytischen Bewegung selbst. Viele dieser Denker verschoben ihre internationalistischen und kosmopolitischen Ideen vom Sozialismus auf hohe Erwartungen an die psychoanalytischen Sache, die sie als eine internationale Bewegung betrachteten, nicht bloß als ein therapeutisches Verfahren. Sie alle verkörperten eine ausgeprägt moderne jüdische Tradition der Selbstprüfung, der Introspektion, der Rationalität und eine Leidenschaft für universelles Theoretisieren mit variierender Anerkennung der Relativität der Werte. Obgleich sie sich assimiliert und viel von den Formen des jüdischen Glaubens, der Traditionen und Kultur abgelegt hatten, entkam keiner leichthin der Doppelbindung, als Jude wahrgenommen zu werden. Das Thema der Transformation dieser Ambivalenz ihres Judentums in die Struktur und Organisation der lokalen psychoanalytischen Institute und nationalen Vereinigungen bedarf weiterer Forschung und Aufklärung. Sie könnten einen Schlüssel zu den Ursprüngen und der Nachhaltigkeit von Konservativismus, Autoritarismus und Elitarismus liefern, die diese Institutionen weiterhin charakterisieren.

Übersetzung: Ulrich Bach und Michael Löffelholz

Literatur

Adorno, Theodor W.: »Anti-Semitism and Fascist Propaganda«; in: Simmel, Ernst: (ed.), *Anti-Semitism.* A.a.O.; dt.: »Antisemistismus und faschistische Propaganda«; in: Simmel, Ernst: (Hg.): *Antisemitismus.* A. a. O. S. 148–161.

Adorno, Theodor W.: »Freudian Theory and The Pattern of Fascist Propaganda« (1951); in: The Essential Frankfurt School Reader, Eds., Andrew Arato and Eike Gebhardt, New York 1978, S. 118–137.

Adorno, Theodor W., Else Frankel-Brunswick, Daniuel J. Levinson, F. Nevitt Sanford: The Authoritarian Personality. New York 1950; dt. Studien zum autoritären Charakter. Frankfurt a. M. 1973.

Bettelheim: »The Ultimate Limit« (1968) In: Surviving and Other Essays, S. 3–18; dt.: »Die äußerste Grenze«; in: ders.: *Erziehung zum Überleben.* A. a. O. S. 11–27.

Bruno Bettelheim: »Individual and Mass Behavior in Extreme Situations« (1943); in: Bettelheim: Surviving and Other Essays New York 1979, S. 48–83; zuerst in: The Journal of Abnormal and Social Psychology, Vol. 38, October, 1943, S. 417–452; reprinted as »Behavior in Extreme Situations«; in Politics, August, 1944, Vol. 1, No. 7, S. 199–209; dt.: »Individuelles und Massenverhalten in Extremsituationen«; in: Bettelheim*: Erziehung zum Überleben.* München 1982, S. 58–95.

Bruno Bettelheim: »Freedom From Ghetto Thinking« (1962) in Bettelheim, Freud's Vienna and Other Essays (New York 1990) S. 243–271; dt.: Befreiung vom Gettodenken; in: Bettelheim: *Themen meines Lebens.* Stuttgart 1990; S. 261–290.

Carr, Edward Hallett: What is History? New York 1961 , S. 22 and 35; dt. Was ist Geschichte? Stuttgart 1963.

Erikson, Erik Homburger: »Hitler's Imagery and German Youth« (1942); in: Psychiatry, November 5, 1942, S. 475 – 193; später in: ed., C. Kluckhohn and H. Murray, Personality in Nature, Society and Culture, New York 1949, S. 485–510.

Federn, Ernst: »La psychoanalyse a Buchenwald. Conversations Bruno Bettelheim, le Dr. Brief et Ernst Federn«; in: Revue Internationale d'Histoire de la Psychoanalyse, Vol. 1, 1988, S. 109 – 115; dt.: in: ders: *Ein Leben mit der Psychoanalyse*. Gießen 1999, S. 26–30.

Fenichel, Otto: »Psychoanalysis of Anti-Semitismus« (1940); in: American Imago, I, 1940, S. 24–39.

Freud, Sigmund: Analysis of a Phobia in a Five-Year Old Boy (1909) Standard Edition Vol. 10. London 1955 p. 36 n 1; dt. Analyse der Phobie eines fünfjährigen Knaben (1909); in: Gesammelte Werke. Bd. 7. Frankfurt a. M. 1999, S. 241–377.

Freud, Sigmund: »Elements of a Psychoanalytic Theory of Anti-Semitism«; in: ed., Ernst Simmel: Anti-Semitism: A Social Desease. New York 1946, S. 11–32; dt. Elemente einer psychoanalytischen Theorie des Antisemitismus; in. Simmel (Hg.): Antisemitismus. Deutsche Erstausgabe. Frankfurt a. M. 1993, S. 35–57.

Erich Fromm: Escape from Freedom. New York 1961; dt.: Die Furcht vor der Freiheit. Gesamtausgabe, Bd. I. Stuttgart 1980.

Horkheimer, Max and Adorno, Theodor W.: »Elements of Anti-Semitism« (1944); in: Dialectic of Enlightment. New York 1972, S. 168–208; translated by John Cumming; dt.: Elemente des Antisemitismus; in: Dialektik der Aufklärung. Frankfurt a. M. 1969, S. 192–234.

Jones, Ernest: The Life and Work of Sigmund Freud. New York 1957, Vol. 3, S. 182; dt. Das Leben und Werk von Sigmund Freud. Bern 1960, S. 218.

Loewenstein, Rudolph M.: Christians and Jews: A Psychoanalytic Study, New York 1951, Translated by Vera Damman; dt. Psychoanalyse des Antisemitismus. Frankfurt a. M. 1968.

Roazen, Paul: Erik H. Erikson: The Power and Limits of a Vision. New York 1976, S. 94–99.

Simmel, Ernst: »National Socialism and Public Health« (1932); in: Los Angeles Psychoanalytic Bulletin, Summer, 1989, translated by Marion Flaherty, S. 17–26; zuerst veröffentlicht in: Der Sozialistische Arzt, 8, 1932, S. 162–172.

Simmel, Ernst: »Anti-Semitism and Mass-Psychopathology« (1946); in: Simmel, ed., Antisemitism, pp. 33–78; dt. Antisemitismus und Massen-Psychopathologie; in: Simmel, Ernst: (Hg.): Antisemitismus. Deutsche Erstausgabe. Frankfurt 1993, S. 58–100.

Simmel, Ernst: »On Nazi Mentality« (1940); in: A Way of Looking at Things: Selected Papers from 1930 to 1980. New York 1987; ed., Stephen Schein, S. 341–145.

Simmel, Ernst: »Comments of Hitler's Speech of September 30, 1942« (1942); in: A Way of Looking at Things, S. 351–361.

Simmel, Ernst: »Comments on Anti-Nazi Propaganda« (1945a); in: A Way of Looking at Things, S. 362–365.

Simmel, Ernst: »Memorandum to the Joint Committee on Post War Planning« (1945b); in: A Way of Looking at Things, S. 366–374.

Bruno Bettelheim 1984 auf dem Märchenkolloquium in München

5. Ermutigung zum Spiel

Anmerkungen zu Bettelheims »Ein Leben für Kinder« (»A good-enough Parent«)[1]

Bettelheim war einer der letzten herausragenden Überlebenden der zweiten mitteleuropäischen Psychoanalytikergeneration. Von Freud und seinen Lehrern erwarb er eine alles überwölbende Theorie des Bewusstseins, das Verständnis für psychosexuelle Phasen, einen Entwicklungsgesichtspunkt, eine therapeutische Technik, ein nachhaltiges Engagement für Forschung, eine Methode der Datensammlung und der empirischen Beobachtung bei strittigen klinischen Fragen, aber vor allem eine analytische Einstellung. Die psychoanalytische Einstellung dreht sich um Offenheit und Verwunderung in Bezug auf das Konzept des Unbewussten und dessen prägende, wenngleich schwer fassbare Auswirkungen auf Verhalten und geistiges Leben; sie weist einfache und bequeme Erklärungen zurück; sie besteht darauf, dass es für den Forscher keine Alibis gibt hinsichtlich seiner eigenen Mängel, Selbsttäuschungen und seiner kindlichen oder narzisstischen Züge; sie zielt darauf ab, andere Menschen unkritisch, empathisch zu verstehen, also vom subjektiven Standpunkt des Anderen aus.

Es kann kein Zweifel sein, dass Bettelheims Engagement in der Forschung, seine Integrität bei der Arbeit mit Kindern, sein intellektueller Ernst und seine emotionale Sensibilität zusammentrafen, um einen reichhaltigen und, wie ich meine, bleibenden Beitrag zur Kinderpsychologie entstehen zu lassen.

Freud hatte, wie wir wissen, die kritische Bedeutung von Arbeit und Liebe hervorgehoben für das Erreichen von emotionaler und seelischer Balance im Leben.

Bettelheim erweiterte dieses Konzept, indem er die therapeutische Bedeutung des Milieus betonte und indem er die außerordentliche Rolle des Spiels im Leben des Kindes und bei der Entwicklung von Sinn in seinem Leben unterstrich.

Bettelheims spätes Werk – das heißt von der Mitte der 70er Jahre bis zu seinem Tode – war darauf ausgerichtet, das Dilemma von Eltern, die

Ambiguitäten, Belastungen und Anstrengungen der Kindererziehung zu verstehen. Den Bettelheim dieser Jahre zu lesen bedeutet, einem Autor mit subtilem Verständnis für die Dialektik zwischen Kind und Eltern, insbesondere für die Interaktion zwischen Mutter und Kind, zu begegnen. Die Bücher und Aufsätze, die er schrieb, sollten als Brücke zwischen Eltern und Kind dienen, vor allem in Anbetracht der rätselhaften Aspekte der Kindererziehung in einem Zeitalter chronischer Unsicherheit, in einer Epoche, die von fragmentierten oder getrennten Familien geprägt wird, in einer Zeit, in der Gemeinschaft und gemeinsame Werte verbraucht oder völlig negativ erscheinen, in einer Ära, die von zügellosem Narzissmus und Kindesmissbrauch gekennzeichnet ist. Zu seiner Weisheit in Fragen der Erziehung gehörte stets ein ironischer Zug: während er ein zukunftsweisendes Buch über Erziehung schrieb, mahnte er seine Leser, mißtrauisch gegenüber dem Rat von Experten zu sein, und drängte sie so, eigenes Denken zu wagen.

Freud schlug vor, die Deutung von Träumen als den Königsweg zum Unbewussten zu begreifen. Bettelheim vertrat die These, dass den Sinn des Spiels zu verstehen, der Königsweg zur inneren Welt eines Kindes sei.

Zwei Grundeinstellungen geben Bettelheims Blick auf das kindliche Spiel seine Farbe. Erstens, dass der kindlichen Welt des Spiels ihre eigene Würde zugestanden wird. Zweitens, dass Eltern einfühlsam versuchen sollen, die Gefühle und Erfahrungen des Kindes von innen her zu erkennen und zu verstehen. Unzweideutig macht Bettelheim geltend, dass das Spiel eine äußerst ernsthafte Tätigkeit für das Kind darstelle. Hierbei lerne es Verständnis und Verhaltensregeln, entwickle sich verstandesmäßig und wachse psychisch und hier bilde sich seine Selbstachtung in entscheidender Weise. Durch das Spiel lerne das Kind durchzuhalten, selbst wenn es nicht zum Erfolg kommt, weiterzumachen trotz anfänglicher Rückschläge. Da das Spiel oft als Geheimsprache für die Wünsche, Probleme und Ängste des Kindes diene, sei es für die Eltern das Beste, das kindliche Spiel zu bejahen und sich nicht einzumischen. Gewiß könnten Kinder häufig die tatsächlichen Überzeugungen ihrer Eltern durch deren Tonfall, Gesichtsausdruck, Körperhaltung und unbewusste Signale wahrnehmen. Kinder können Zustimmung oder Missbilligung der Eltern von deren nichtverbalen Äußerungen ablesen. Sie erkennen heuchlerische und unauthentische Reaktionen.

Bei der Beschreibung der Funktionen des Spiels in den Mutter-Kind-Interaktionen zeigt Bettelheim, dass das Kind das Spiel dazu benutze, seine Umgebung zu verstehen, Eltern und Lehrer nachzuahmen und Sinn in seiner Welt zu finden. Das Spiel diene auch als eine Form der Selbstheilung. Für das Kind sei das Spiel gleichzeitig vergnüglich und bedeutungsvoll. Wenn einem Kind sein Spiel gut gelinge, schaffe es damit eine Grundlage für alle späteren Gefühle des Wohlbefindens und bilde seine künftige Fähigkeit aus, mit anderen zusammen zu spielen. Die Eltern wiederum sollten sich an den kindlichen Spielaktivitäten erfreuen und sie bestätigen; es sei nicht an ihnen, ihre Ziele den Gedanken oder den Tätigkeiten des Kindes aufzudrängen; sie sollten ihre Teilnahme begrenzen und nur dann Hilfe anbieten, wenn um sie gebeten werde. Vor allem legt Bettelheim Wert auf die innere Überzeugung der Eltern vom Wohlbefinden des Kindes und auf ihre Fähigkeit, ihr Interesse und ihre innere Beteiligung an den Zielen des Kindes zu vermitteln.

Damit das Spiel des Kindes wirklich bedeutungsvoll werde, müsse es breit angelegt und fantasiereich sein. Bettelheim schlägt vor, dem Kind viel Bewegungsfreiheit zu geben, viel Raum, auch Raum für die Ellbogen, einen Raum, wo sich sein Geist und seine Vorstellungen austoben können, wo das Kind mit Bildern und Ideen herumprobieren könne. Bettelheim rät den Eltern, dem Kind die Freiheit der Wahl zu lassen und mit Freude teilzunehmen, wenn das Kind mit Spielzeug hantiere. Das Spiel sei ein Vehikel, das künftige Beschäftigungen des Kindes vorwegnehmen könne und bei dem das Kind seine Fantasien zum Ausdruck bringe. Die Fantasien sollten respektiert werden. Diesen frei flottierenden Fantasien oder Tagträumen irgendwelche Beschränkungen aufzuerlegen, könne gefährlich sein. Das Spiel werde zur entscheidenden Arena für die Selbstentdeckung des Kindes; gerade durch das Spiel denke das Kind seine eigenen Gedanken, Gedanken, die essentiell seien für seine entstehende Kreativität und Autonomie. Damit das Kind sein eigenes reiches Innenleben erweitern könne, müssen ihm Muße und Sicherheit gewährt werden. Da er die kindliche Eigeninitiative fördern möchte, rät Bettelheim den Eltern, die Spielaktivitäten des Kindes nicht starr zu strukturieren, seine Fantasien nicht zu unterdrücken, bevor sie zur vollen Blüte gelangt seien.

Das Spiel habe eine vermittelnde Funktion im Reifungsprozess des Kindes. Durch das Spiel baue das Kind nach und nach Brücken zwischen Fantasie und Realität. Schließlich unterstütze das Spiel die Abschwächung unbewussten Begehrens durch die Wirkung der Grenzen, welche die Realität auferlege. Häufig versorge das Spiel das Kind mit bedeutsamen frühen Erfahrungen von Beherrschung, Können und Kompromiss – dem Kompromiss zwischen mächtigen Wünschen und der Wahrheit von Grenzen, die die Wirklichkeit fordere.

Auch wenn sich das Kind vom Spiel allein hin zu reiferen Formen des Spiels mit anderen entwickele, bleibe das Spiel noch ein vitales Band zwischen Eltern und Kind. Fürsorgliche und einfühlsame Eltern vermitteln einem Kind, dass Menschen vertrauenswürdig sein können und dass Zuneigung sicher und zuverlässig sein kann.

Wenn sie sich ihr eigenes inneres spontanes Gefühl für die Wichtigkeit des kindlichen Spiels erschließen, werden Erwachsene dazu gedrängt, die altersgemäßen unbewussten Bedürfnisse des Kindes zu verstehen. Die beste Methode, dies zu tun, sei, das kindliche Spiel zu genießen, zuzulassen und wertzuschätzen. Im gleichen Sinn rät Bettelheim den Eltern, destruktives Spiel des Kindes nicht zu kritisieren oder zu missbilligen, noch Scham oder Schuldgefühlen bei symbolischen sexuellen Erkundungen und erotischer Neugier des Kindes zu wecken. Wenn Mutter und Vater eine positive und empathische Haltung gegenüber diesen Erkundungen einzunehmen vermögen, werde dies die Fähigkeit des Kindes fördern, ein zusammenhängendes Gefühl vom Selbst aufzubauen und seine Selbstachtung zu regulieren. Gleichzeitig werde sich das Kind verstanden fühlen, und auf diese Weise werden die Bande zwischen Eltern und Kind gestärkt.

Für Bettelheim ist das Spiel des Kindes stets vergnüglich und bedeutsam, auch wenn die genaue Bedeutung des Spiels nicht immer ersichtlich werde. Es helfe dem Kind, einen Sinn für Regelmäßigkeit, Dauerhaftigkeit und Vorhersehbarkeit zu entwickeln; es befähige es zu spüren, dass, wenn Menschen (wie die Mutter oder die Aufsichtspersonen) verschwinden, ihr Verschwinden nicht notwendig für immer, daher nicht notwendig traumatisierend, destruktiv oder selbstzerstörerisch sei. Spiel habe einen erklärenden und innere Sicherheit verleihenden Zweck. Es wirke daran mit, beim Kind das Vermögen, zwischen sich selbst und anderen zu unterscheiden, zu entwickeln. Das Spiel befähige es, sich von seinen Eltern und Geschwistern zu lösen und sich ihnen gegenüber zu individuieren. Es helfe ihm, die Fähigkeit zur Objektkonstanz auszubilden und sich auf eine psychologische und kognitive Meisterung zuzubewegen.

Bettelheims Rat an Eltern ist in der Tendenz vernünftig, ausgeglichen und umsichtig. Er empfiehlt ihnen, mit ihren Kindern maßhaltend, mit

Verständnis und Zurückhaltung zu spielen. Vätern wird empfohlen, das Herumtoben nicht zu übertreiben. Vor allem aber werden Eltern ersucht, die Kinder nicht mit den eigenen Ängsten zu überfluten. Kinder haben sehr wichtige Probleme zu bewältigen was ihre eigenen Gefühle von Schwäche, Kleinheit und Unzulänglichkeit anbetrifft, besonders in Anbetracht ihres Gefühls von Hilflosigkeit und von Abhängigkeit von den Eltern.

Bettelheims Ratschläge an Eltern lassen sich auf einen einzigen großartigen Gedanken reduzieren: *Wendet euch eurem Kind achtsam, nicht kritisch zu.*

So wie das Vorlesen von Märchen Verbundenheit und Nähe zu Kindern fördert, so bietet es Mutter und Vater die Gelegenheit, das Kind und seine altersgemäßen Aufgaben anzuerkennen, zu bewundern, zu lieben und zu bestätigen. Wenn sich Eltern auf die innere Welt des Kindes eingestimmt haben – auf den Druck, der auf ihm lastet, auf das, was es verstehen kann und was nicht – , dann werden Eltern das verletzliche Gefühl der Selbstachtung des Kindes ernst nehmen und ihm mit Verständnis begegnen. Diese beständige Bestätigung durch Menschen, die für das Kind am bedeutsamsten seien, werde seine Selbstbeherrschung steigern und allmählich auch seine Fähigkeit vergrößern, Beziehungen zu Anderen aufzunehmen. Ein positives Selbstwertgefühl befähige das Kind, seine aggressiven Triebe zu kontrollieren und zu beherrschen, und ermögliche ihm schließlich, formalisierte Spielregeln zu erlernen und sie unabhängig vom Inhalt des Spiels zu befolgen.

Letzten Endes habe das Spiel eine zivilisierende Aufgabe: es ermögliche dem asozialen Kind die Akkulturation, sich zu einem verständnisvollen, liebenden, mitfühlenden menschlichen Wesen zu entwickeln – zu einem Wesen, das ein soziales und moralisches Wesen sei. Das Spiel erweitere sich zum Bewusstsein der moralischen Werte, Werte, die in einer optimalen Umgebung vom Kind selbst gewählt und sich auferlegt werden und doch mit der eigenen Gemeinschaft und Gesellschaft in Einklang stehen.

Bettelheim hebt als abschließende Erkenntnis hervor, dass sich das Spiel als außerordentlich fruchtbar für die biologische, intellektuelle, soziale und gefühlsmäßige Entwicklung des Kindes erweise; es statte es mit realistischen Zielen und vernünftiger Kontrolle über seine unbewussten Impulse aus; es erlaube dem Kind, seine chaotischen, zerstörerischen Bestrebungen zu zähmen, zu erziehen und zu sublimieren, indem es diese Triebe in symbolische Taten und Äußerungen überleite.

Alles, was die Selbstachtung des Kindes fördere, erlaube ihm, mehr und mehr zivilisiert zu werden. Natürlich möchte Bettelheim die Eltern nicht mit utopischen oder unrealisierbaren Leitlinien zur Erziehung belasten. Vielmehr verlangt er von ihnen mit Winnicott, nur »*gut genug*« und nicht perfekt oder ideal zu sein. Er bittet Eltern zu versuchen, potentiell mögliches Glück mit ihren Kindern dadurch zu erreichen, dass sie mitfühlend die innere und äußere Welt des Kindes respektieren, statt ihre eigenen Werte, Ängste und narzisstischen Verletzungen und Fantasien auf das Kind zu übertragen.

Lassen sie mich abschließend sagen, dass ich Bettelheim für einen Mann mit paradoxem Charakter halte: er war autoritär und bezaubernd, dogmatisch und intuitiv, entschieden und zögernd, eigensinnig und charmant, seines Wissens sicher und immer zweifelnd. Kurzum, er war menschlich, allzu menschlich. In der Geschichte der Psychoanalyse nimmt er eine einzigartige und besondere Position ein. Er war ein vollkommen unabhängiger Philosoph und Universitätslehrer, der seine eigene Stimme fand – und es war eine klare, unverblümte, autoritative Stimme! Er gehört zur gleichen großen, säkularen Tradition wie der späte Freud und Erik Erikson. Alle drei wollten zu einer Weisheitsliteratur beitragen, deren Funktion es war, zwischen Eltern und Kind zu vermitteln, die Konflikte zwischen innerpsychischen Strukturen verständlich und uns für den Kampf zwischen dem Individuum und seiner Gesellschaft hellhörig zu machen. Ausgehend von seiner Erfahrung mit dem Holocaust und von seiner 50jährigen Arbeit mit Kindern und Eltern ließ Bettelheim seine eigene Stimme vernehmen und verfeinerte sie: er schuf eine Bettelheimsche Sprache.

Auch hat er gelernt, wie er sein Wissen mitteilen, wie er seine Zuhörer bewegen konnte, ohne sie zu herablassend zu behandeln. Als ein Mann der Weisheit, irgendwo zwischen Kunst und Wissenschaft angesiedelt, war Bettelheim auch ein strenger Moralist und forschender Humanist: einer, der grundlegende soziale und ethische Fragen aufwarf. Wie Freud akzeptierte er die psychoanalytische Ethik der Ehrlichkeit: wahrhaftig und offen zu sein unbeirrt von den Kosten. Sein rücksichtsloser Wunsch, ehrlich zu sein, ging mit einem Realismus und einer Schärfe des Ausdrucks einher, für die Bettelheim berühmt war. Doch war er immer streng und realistisch gegenüber sich selbst, wie sich in seinen 16 Büchern zeigt, von denen viele Bestand haben werden.

Mein Lieblingsbild von Bruno Bettelheim bleibt das mit seinem Arm um die Schulter eines Mädchens im Flur der Orthogenic School (...)[2] Es ist an uns – Eltern, Erziehern, psychotherapischen Praktikern, betroffenen Bürgern – sein Werk in derselben lebensbejahenden, energischen und geduldigen Weise fortzuführen und zu erhalten.

Übersetzung: Sabine Oetz und Michael Löffelholz.

Anmerkungen

1 Vortrag Fishers vom 22. April 1990 auf der vom Zentrum für Kindheit durchgeführten Preisverleihung für Bruno Bettelheim in Los Angeles, Kalifornien. Seine Ausführungen widmen sich Bettelheims 1987 erschienenem Buch *A good-enough parent* (dt.: *Ein Leben für Kinder*). Siehe hierzu vergleichend die Studie »Ein Leben für Kinder« in Kaufhold (2001), S. 205–212.

2 Siehe den nachfolgenden Essay »Hommage an Bruno Bettelheim (1903–1990)«, Kapitel 8 in diesem Buch.

Bruno Bettelheim 1984 auf dem Münchner Märchenkolloquium

III. Bettelheims Selbstmord

6. Ein letztes Gespräch mit Bruno Bettelheim

> »Ich habe mich die ganze Zeit über gefragt, ob der Mensch so viel ertragen kann, ohne Selbstmord zu begehen oder verrückt zu werden.«
>
> Bruno Bettelheim, 1943

Bruno Bettelheim beging am 13. März 1990 Selbstmord. Er hinterließ ein herausragendes und einzigartiges Werk, das 16 Bücher und eine Vielzahl anderer Schriften umfasst. Er war einer der bedeutendsten psychoanalytischen Humanisten überhaupt.

Die Niederschrift dieser Unterhaltung mit Bettelheim wurde zwei Gesprächen entnommen, die ich mit ihm führte; das erste am 27. Juli 1988 und das zweite am 28. November 1988. Sie fanden in seiner Wohnung statt, von der aus man die Santa Monica Palisaden und den Pazifischen Ozean überblicken konnte. Er lebte dort allein, versorgt von einer Haushälterin. Bettelheim bat mich, das Interview aufgrund der vertraulichen Natur eines Teils seines Inhaltes, insbesondere des Abschnitts über Selbstmord, nicht vor seinem Tode zu veröffentlichen.

Der Text deckt ein breites Themenfeld ab, wozu seine Gedanken über das Alter, seine Kinder, Los Angeles, über die Konzentrationslager, über Selbstmord, über seine Erlebnisse in den Dreißiger Jahren im Umkreis der Wiener Psychoanalytischen Gesellschaft, seine Überlegungen zur Laienanalyse, zu Freud, seine Erinnerungen an seine Analyse bei Richard Sterba, sowie die Behandlung von schwer gestörten Kindern gehören. Ich habe das Material ausgewählt und veröffentlicht, um es Bettelheim zu ermöglichen, mit seiner eigenen Stimme zu sprechen.

Eindringlichkeit und Schwermut durchziehen den Text; es ist, als habe Bettelheim fortwährend mit dem Gedanken an Selbstmord und an die Möglichkeiten, sich gegen ihn zu wehren, gerungen. Wir hören den späten Bettelheim, wie er die Themen, die ihm am meisten am Herzen lagen, zusammenfasst und über sie nachdenkt.

Altwerden ist ein physischer Verfall

David James Fisher.: Lassen Sie mich mit einer Frage zu Simone de Beauvoirs Buch über das Alter beginnen. Sie sagt, das Alter entlarve das Versagen unserer gesamten Zivilisation, und sie befürwortet eine großzügigere Altenpolitik, zu der höheren Rentenbezüge für alte Menschen, eine anständige Unterbringung, medizinische Versorgung und eine organisierte Freizeit gehören. Erzählen Sie mir Ihre Gedanken über das Alter.

Bruno Bettelheim: Werden Sie nicht alt! Ich denke, was die de Beauvoir vorschlägt, ist vollkommen vernünftig. Obwohl all das nicht den Kern der Sache trifft. Was ich erlebt habe, ist ein Verfall physischer Kraft und Energie, den ich nur sehr schwer ertragen kann. Es ist deprimierend. Ich sehe keinen Ersatz dafür, außer man hat den Wunsch oder das Verlangen, seine Enkel aufwachsen zu sehen – denn ich bin neugierig auf sie. Ich weiß, dass ich zu alt bin, um sie aufwachsen zu sehen, und so werde ich nicht erfahren, was sie einmal tun werden. Natürlich wünsche ich ihnen das Beste. Aber was die Zukunft ihnen bringt, wird für mich nicht mehr von Bedeutung sein. Meine Kinder brauchen mich nicht mehr. Ich glaube, dass ich in meinem Leben das Meine getan habe, und ich bin ganz zufrieden damit. Aber ich verspüre eine Schwäche, die es mir sehr schwer, wenn nicht unmöglich macht, auf die gleiche Art weiterzumachen, wie ich es gewohnt war. Und das ist die große narzisstische Wunde, mit der ich nur sehr schwer fertig werde. Das ist nichts Ungewöhnliches oder Unerwartetes. Das ist nichts, das nicht mit dem Verlauf des Alters zusammenhinge, doch ich mag es nicht. Natürlich habe ich wie jeder in meinem Alter Angst vor dem, was mit einigen meiner Altersgenossen geschieht; sie werden vollkommen hilflos und leben in einem solchen Zustand eine Reihe von Jahren hindurch, bis sie sich schließlich in Pflegeheimen versorgen lassen, wo die meisten anschließend sterben.

D. J .F.: Es hat in der letzten Zeit bedeutsame persönliche Veränderungen in Ihrem Leben gegeben, wozu der Tod Ihrer Ehefrau, die Übersiedlung nach Los Angeles, ein leichter Schlaganfall, Schluckbeschwerden, die Besorgnis über eine Verfallserkrankung und Ängste vor dem Tod gehören.

B. B: Nein, keine Angst vor dem Tod. Nur vor einem schmerzvollen Tod. Angst vor einem verlängerten Tod. Was ich mir wirklich wünsche, ist ein schneller und leichter Tod. Es ist leicht, sich das zu wünschen.

D. J. F.: Sie sind nun Mitte 80, und wenn Sie es erlauben, würde ich gern eine Eriksonsche Frage über Ihre Erfahrungen hinsichtlich des Lebenszyklus stellen. Erfahren Sie den Konflikt zwischen Verzweiflung und Selbstablehnung versus Integrität oder Akzeptanz des eigenen Lebens?

B. B.: Lassen Sie es mich so sagen. Das bezieht sich nur auf Idealtypen. Erikson liefert aber keinen Hinweis hinsichtlich der statistischen Häufigkeit dieses Ideals. Es ist sehr einfach, im eigenen Kopf Idealtypen zu ersinnen, ohne wirklich die Häufigkeit oder Seltenheit des tatsächlichen Vorkommens zu untersuchen. Zum Beispiel beginnt er mit Urvertrauen und Urmisstrauen. Obwohl das sehr gute Kategorien sind, wieviele Kinder erleben wirklich Urvertrauen?

D. J. F: Oder Grade von Urvertrauen?

B. B.: Sehr richtig. Tatsächlich, worüber wir gerade sprechen, das sind allenfalls Gerade. Und Grade sind eher statistische Begriffe.

D. J. F: Lassen Sie uns persönlich werden. Erikson denkt eigentlich an ein Überwinden von Abscheu, Misanthropie, chronischem, verachtungsvollem Verdruss am Leben und an ein Erlangen dessen, was Philosophen oft als Weisheit bezeichnet haben und was Psychoanalytiker Integrität nennen. Stimmt das mit Ihrer eigenen Erfahrung überein?

B. B.: Ich habe heute, bevor Sie kamen, mit zwei prominenten Mitgliedern der Fakultät der University of California zu Mittag gegessen. Beides waren hochintelligente und gebildete Leute, jeder auf seinem Gebiet so bedeutend, wie er nur werden kann. Die Unterhaltung war an vielen Stellen uninteressant, doch vor ein paar Jahren hätte ich sie außerordentlich anregend gefunden. Heute dachte ich, die Unterhaltung hätte anregend gewesen sein können, bloß ich war körperlich einfach zu müde, um Gefallen an ihr zu finden. Nicht, dass ich sie nicht interessant gefunden hätte, doch sie drehte sich um die Frage, wer der nächste Leiter der Psychiatrie werden würde. Offen gesagt, wer auch immer das sein könnte, es interessiert mich nicht mehr, wohingegen es vor zehn Jahren von großem Interesse für mich gewesen wäre. Das liegt daran, dass ich eine realistische Einschätzung dafür habe, wieviel Zeit mir bleibt, und das ist nicht sehr viel.

D. J. F.: Was interessiert Sie?

B.B.: Wenn man älter wird, schrumpfen die Interessengebiete, zumindest in meinem Fall ist das so. Nun ja, es gibt natürlich Leute, denen es gelungen ist, diese Fähigkeit, kreativ zu sein und Interessen aufrechtzuerhalten, zu bewahren. Wenn ich heute mit der Zeit vor vier Jahren – während der Nationalwahlen – vergleiche, war ich damals sehr interessiert daran, einen der Kandidaten gewinnen zu sehen. Heute interessiert mich dieses Ereignis im Grunde nicht.

D. J. F.: Spielen Sie auf ein körperliches Gefühl der Erschöpfung an?

B. B.: Das ist sehr schwer zu sagen. Es ist ein Verfall des Interesses am Leben. Um sehr persönlich zu werden, habe ich im Grunde genommen zwei Interessen am Leben. Das eine ist meine jüngere Tochter, die schwanger ist, ihr Kind bekommen zu sehen. Und das andere, zu versuchen, ein neues Buch über Ethik zu beenden. Ich hoffe, wenigstens die Einleitung zu diesem Buch zu Ende zu bringen. Sie sehen also, wenn man jung ist, wünscht man viele Dinge für die Zukunft. Doch wenn man so alt wird, wie ich es bin, wünscht man nur, ein paar Dinge zu Ende zu bringen.

Beziehung zum Eigentum

D. J. F.: Ich würde gern Ihre allgemeinen Eindrücke und Wahrnehmungen von Los Angeles erfahren.

B. B.: Ich wollte niemals hier leben. Meine andere Tochter lebte früher in Pasadena, und so war ich von Zeit zu Zeit auf Besuch hier. Ich treffe jetzt eine sehr schnelle, voreingenommene Feststellung. Ich habe Veränderungen an meiner eigenen Tochter gesehen, zwischen dem Mädchen, das sie in Chicago war, und der Frau, die sie wurde, nachdem sie sich erst einmal in Los Angeles niedergelassen hatte, die nach meinen Wertbegriffen nicht wünschenswert waren. Nun kann ich die Schuld dafür nicht auf die Stadt schieben. Es könnte an ihr persönlich liegen. Es könnte die Ursache sein, die sie veranlasste, hierher zu ziehen. Ich kann das nicht aufklären. Ich stehe ihr viel zu nahe. Es gibt eine Beziehung zum Eigentum, die ich für äußerlich halte. Aber ich hätte es gern gesehen, dass sie andere Eigenschaften entwickelt, die vielleicht überhaupt nicht zur Geltung gekommen sind. Es gab viele Befürchtungen hinsichtlich Los Angeles, obwohl ich von meinen anderen beiden Kindern vorgewarnt worden war. Ich kam hierher, weil sie mich einlud und weil ich keine anderen Möglichkeiten hatte. Es war keineswegs meine erste Wahl. Ich habe andere Möglichkeiten ausprobiert; jede brachte ihre Probleme mit sich. Hier hatte ich zumindest eine Tochter. Ich war voller Hoffnung auf eine gute Beziehung, doch es entwickelte sich nicht in der Weise, wie ich es mir erhoffte. Und ich vermute, es entwickelte sich auch nicht in der Weise, wie sie es sich erhoffte. Das ist kaum überraschend oder ungewöhnlich. Ich wünsche ihr das Beste. In Chicago, als sie ein Kind war, hatten wir so viele gemeinsame Interessen; sie stimmte in vielen Werteinstellungen mit mir überein, und jetzt war das Gegenteil der Fall. Also, bin ich heute ein Anderer, ist sie heute eine Andere oder liegt es an der Stadt?

D. J. F.: Sie haben mir in früheren Gesprächen gesagt, sie nähmen eine gewisse Oberflächlichkeit in Los Angeles wahr, einen Materialismus, der häufig zur Trivialisierung der Kultur führe, zu einer Art von schlechten Werten, zu Aufgeputztheit und Narzissmus im Alltagsleben hier.

B. B.: Lassen Sie es mich so sagen. Ich weiß um die Konzentration der Unterhaltungswelt. Ihre Bedeutung in der Gesellschaft scheint mir hier anders zu sein als an anderen Orten.

D. J. F.: Welche Eindrücke haben Sie vom Einfluss des Geldes und der Modeströmungen der Hollywood-Industrie auf die psychoanalytische Gemeinschaft in Los Angeles?

B. B.: Ich glaube nicht, dass ich genug über die psychoanalytische Gemeinschaft in Los Angeles weiß, um das zu beurteilen.

D. J. F.: Sie können mir ruhig eine impressionistische Einschätzung geben.

B.B.: Es gibt viele Analytiker in der Gegend von Los Angeles. Einige von ihnen sind sehr achtbar, sie nehmen die Sache sehr ernst. Lassen Sie es mich offen sagen: es gibt andere, die dabei sind des Geldes und des Prestiges wegen. Ich glaube nicht, dass sich das von anderswo unterscheidet. Wir sprechen über Grade, und dafür müssten wir es statistisch untersuchen, was ich nicht getan habe.

D. J. F.: Kann sich ein europäischer Intellektueller wie Sie jemals an die Gesellschaft der Vereinigten Staaten »assimilieren«? Sind Sie mit der Zeit »amerikanisiert« worden?

B. B.: Das kann ich auf eine sehr unkomplizierte Weise beantworten. Als ich die University of Chicago verließ, um in den Ruhestand zu treten, dachten meine Frau und ich sehr ernsthaft daran, unseren Lebensabend in der Schweiz zu verbringen, im Süden der Schweiz. Schließlich entschieden wir uns anders. Wir haben drei Kinder, die in den Vereinigten Staaten leben. Wir wollten nicht sehr weit von unseren Kindern weg sein. Innerhalb weniger Jahre, nachdem wir unsere Entscheidung getroffen hatten, zogen zwei von unseren drei Kindern nach Europa.

D .J. F.: Die amerikanischen Kinder sind europäisiert worden?

B. B.: Ganz sicher eines von ihnen, sie sind im Begriff, sehr anglophil zu werden.

D. J. F.: Sehen Sie sich selbst als einen Amerikaner, oder betrachten Sie sich noch immer in erster Linie als einen Europäer, einen europäischen Intellektuellen, oder als jemanden, der eine Brücke zwischen beiden Kulturen schlägt?

B. B.: Als Analytiker kennen Sie den beeindruckenden Hintergrund, der für so viele von uns in Europa liegt.

Erniedrigende Erfahrungen

D. J. F.: Ich möchte auf Buchenwald und Dachau und das Erlebnis des Konzentrationslagers zu sprechen kommen. Wir sprachen über Primo Levis Gefühl einer drückenden Last auf Seiten der Überlebenden. Er sagt, dass die Erfahrung der Konzentrationslager von denen, die es nicht selbst erlebt haben, in historischer und in psychologischer Hinsicht nicht verstanden werden könne, dass es unmöglich sei, dieses Erlebnis mitzuteilen. Es ergibt sich eine paradoxe Situation für die Überlebenden der KZs, dergestalt, dass sie das Gedenken an dieses nicht nicht zu verstehende Erlebnis bewahren müssen. Können Sie etwas dazu sagen?

B. B: Es ist ein Erlebnis, das so überwältigend ist, tatsächlich so voller Widersprüche, dass es sehr schwer ist, damit fertig zu werden. Ich glaube, dass jeder, der, eine Zeit in einem deutschen Konzentrationslager zugebracht hat – es muss nicht unbedingt ein Vernichtungslager sein – ein Gefühl der Schuld und der Scham niemals los wird. Es ist eine so erniedrigende Erfahrung, dass man sich gezwungen fühlt, sie nicht zuzulassen, sondern die eigene Schuld abzuwehren. In einer lebensbedrohlichen Situation muss man seine normalen Reaktionen unterdrücken. Das Problem ist, dass man fühlt, dass niemand wirklich versteht, was man durchgemacht hat. Manche Leute verdrängen es, manche versuchen, mit dem Leben wie gewohnt fortzufahren, als ob nichts sich je ereignet hätte. Das ist eine sehr unzureichende Art, damit umzugehen.

D. J. F.: Können Sie das etwas spezifischer ausdrücken? Stimmen Sie Primo Levi zu, der sagt, dass die Untergegangenen und die Geretteten eins seien? Er weist auf ein Ausmaß von Wut und Scham unter den Holocaust-Überlebenden hin. Er betont die Notwendigkeit, die Vergangenheit nicht sentimental zu betrachten oder zu idealisieren. Im Gespräch über diese Frage erwähnten Sie jene besonders aufschlußreiche Geschichte von Ihrem Vetter in Dachau. Möchten Sie wieder über ihn sprechen?

B. B.: Er war schon in Dachau, als ich dort ankam. Er gab mir einige gute Ratschläge. Der Ratschlag war: Wann immer Du eine Möglichkeit hast zu schlafen, schlafe; wann immer Du eine Möglichkeit hast zu essen, iss! Ich fand heraus, dass dies ein sehr guter Ratschlag war, denn einige der Gefangenen, besonders jüdische Gefangene, waren sehr verwöhnt; sie konnten den Fraß, den man uns vorsetzte, nicht essen. Wenn man ihn nicht aß, verlor man alle Kraft zum Überleben. Man brauchte auch nur wenig Schlaf, also versuchte man zu schlafen, wann immer man zehn oder fünfzehn Minuten Zeit zum Ausruhen hatte. Das Interessante sind dabei die Träume. Im Konzentrationslager träumte ich selten von Haft oder Gefangenschaft. Ich träumte von glücklichen Anlässen, von ...

D. J. F.: Wunscherfüllende Träume?

B.B.: Ja, und sie waren sehr hilfreich. Andererseits träumte man, als man befreit war, davon, nicht raus zu kommen. Das waren Angstträume. Das Interessante war also, dass man im KZ diese Angstträume nicht hatte, weil man nicht in der Lage gewesen wäre, mit ihnen fertigzuwerden.

D. J. F.: Sie hatten genug Realangst.

B.B.: Das ist wahr.

Man muss sich davon abhalten, das zu tun, was man so sehr versucht ist zu tun

D. J. F.: Erzählen Sie nun die Geschichte – ich weiß, das ist schmerzhaft – wie Sie in einer Reihe antreten mussten und wie Ihr Vetter angegriffen wurde.

B. B.: Was meinen Vetter betrifft, so wurde er nicht angegriffen; er brach einfach zusammen. Er wurde ohnmächtig und fiel zu Boden. Und dann wurde er natürlich von der SS getreten und so weiter, und ich konnte ihm nicht zu Hilfe eilen.

D. J. F.: Niemand hätte ihm zu Hilfe eilen können.

B. B.: Man muss sich davon abhalten, das zu tun, was man so sehr versucht ist zu tun. Das ist eine sehr schwierige Erfahrung. Sehr beschämend. Sie geht mit dem Gefühl einher, dass so viele Leute, die so gut wie man selbst, vielleicht besser, waren, ermordet wurden. Sie läßt tiefe Gefühle der Schuld und der Scham aufkommen.

D. J. F.: Ihm herauszuhelfen würde Ihr eigenes Leben in Gefahr gebracht haben.

B. B.: Sehr sogar. Ohne ihm wirklich zu helfen.

D. J. F.: Und diese besondere Episode taucht in Ihrer Erinnerung als ein Beispiel für die moralische Zwiespältigkeit in den KZs auf?

B. B.: Ja, sehen Sie, um in den KZs zu überleben, musste man ein guter Kamerad sein, denn man brauchte immer jemanden, der einem half. Die Leute halfen einem nicht, wenn man nicht das gleiche für sie getan hatte. Es gibt ein Erlebnis, das mich mehr und mehr belastet – die »Muselmänner«. Sie waren lebende Leichname, unfähig, selbständig zu handeln; sie alle starben sehr schnell. Was ich in einigen Alterspflegeheimen gesehen habe, gleicht den Lagern so sehr, dieselben psychologischen Bedingungen.

Hoffnung nicht verlieren

D. J. F.: Lassen Sie mich nach Ihrer Ansicht über das Kapitel »The Intellectual in Auschwitz« in Primo Levis *The Drowned and the Saved* (dt..: Die Untergegangenen und die Geretteten) fragen. Es dreht sich hauptsächlich um den Philosophen Jean Amery. Levi spricht über die Moral des Zurückschlagens, davon, wie das Erlebnis des Konzentrationslagers einen Einzelnen an die Grenzen des Geistes zwang, in das Reich des Unvorstellbaren. Wir wissen, dass Levi selbst unfähig war, Schläge zurückzugeben, auf Gewalt mit gewaltsamen Formen der Selbstverteidigung zu antworten. Ist das ein besonderes Vermächtnis der Intellektuellen, die die KZs überlebten, oder ist das etwas Allgemeingültiges?

B. B.: Ja, ich würde gern über die Intellektuellen reden. Wichtig war, dass man sich selbst bewies, dass der eigene Verstand noch arbeitete. Das bedeutete eine Menge, es verschaffte einige Selbstsicherheit, und es erlaubte einem, an gewissen Vorstellungen und gewissen Hoffnungen festzuhalten. Die Hauptsache war, die Hoffnung nicht zu verlieren.

D. J. F.: Hatte ein Intellektueller ein anderes Verhältnis zur Frage der Hoffnung als ein Nicht-Intellektueller?

B. B.: Das ist schwer zu sagen. Ich musste mich so verhalten, wenn ich überleben wollte. Obwohl ich wußte, dass alle Wahrscheinlichkeit dagegen sprach. Doch wenn man sich nicht die Hoffnung zu eigen machte, dass man überleben würde, hätte man nicht all die Bestimmungen erduldet. Man konnte sein Leben beenden. Es war sehr einfach – alles, was man zu tun brauchte, war, in den elektrischen Zaun zu rennen.

D .J. F.: War der Gebildete schlechter dran als der Ungebildete? Hatte der Gebildete ein tieferes Empfinden von Demütigung, Not und verlorener Würde?

B. B.: Ich kann nur über meine eigene Erfahrung sprechen. Ich weiß wirklich nicht, wie ein Ungebildeter damit umging. Ich hatte sehr wenig Umgang mit ungebildeten Leuten, denn man versuchte, in seinen Kreisen zu bleiben. Ich kann Ihnen erzählen, was uns die älteren Gefangenen sagten, als wir in Dachau ankamen. Sie sagten, wenn ihr die ersten Monate überlebt, habt ihr eine gute Chance, das erste Jahr zu überleben; wenn ihr das erste Jahr überlebt, habt ihr eine gute Chance, die ganze Zeit zu überleben. Es gab gewisse Einstellungen, die man sich praktisch sofort angewöhnen musste. Eine war, dass wir die Erniedrigung akzeptieren mussten, ohne in einen andauernden Zustand der Wut zu geraten, der einen aller inneren Kraft beraubt hätte. So beobachtete ich Dachau, während ich in Dachau war. Es war, als wären wir – technisch gesprochen – von dem Erlebnis in Dachau abgetrennt gewesen. Manchmal verhielt man sich, als beobachte man eher einen Fremden, als sich selbst.

D. J. F.: Sie mussten eine Art aufgespaltener Existenz leben?

B. B.: Genau. Eine Spaltung im Ich.

Die Stimme der Befreiung

D. J. F.: Primo Levi spricht von der Erinnerung an Verse Dantes, die ihm im KZ kam und die von großem Wert war, die seine Verbindung mit der Vergangenheit wiederherstellte, die ihm die Kultur vor der Vergessenheit bewahrte und seine Identität stärkte. Sie erwähnten eine Erinnerung an *Fidelio*. Wie wichtig waren diese Episoden oder Ereignisse, und wie ermöglichten sie es Ihnen, sich von dem »Muselmann« zu unterscheiden, dem Ausgezehrten mit dem abgestorbenen oder sterbenden Verstand?

B. B.: Man musste an allem festhalten, was dem früheren Leben Bedeutung verliehen hatte, selbst wenn es in der Lagersituation sinnlos war. Man musste daran festhalten um zu überleben. Man bekommt Angst, wenn man aufhört, zu denken und zu empfinden; man wollte sich selbst versichern, dass man nicht aufgegeben hatte.

D. J. F..: Und Ihre Erinnerung an dieses *Fidelio*.

B. B.: Es war an einem Sonntagnachmittag, als einer der Offiziere, ein Lagerkommandant, in einer Ecke Musik spielen ließ. Plötzlich erklang ein Stück aus *Fidelio, eine Ouvertüre*. Ein Trompetenstoß, der die Befreiung verkündet; ich hatte das deutliche Gefühl, dass es die Stimme der Befreiung aus Buchenwald war.

D. J. F.: Nicht die Bedeutung, die die Musik in ihrem Sinne haben sollte, aber gewiss ist das die Kraft, die sie für Sie persönlich ausstrahlte. Ich möchte Ihre Ansichten über die Last und Scham der Überlebenden von Konzentrationslagern erfahren, insbesondere hinsichtlich der Möglichkeit des Selbstmordes. Ich denke dabei nochmals an Primo Lewi und seinen offenbaren Selbstmord. Und ich würde gern etwas über die existentielle und psychologische Nähe zum Tod wissen, die die Überlebenden der KZs wie ein Erbe mit sich tragen.

B. B.: Ich möchte keine theoretischen Betrachtungen anstellen. Die Erlebnisse im KZ verwüsten das Ich, denn das Ich kann einen nicht länger beschützen. Das Ich wird defizitär. Jede empfindsame Person erlitt eine sehr ernste Schwächung des Ich, oder, wir können auch sagen, es wird schwierig, den Todtrieb einzudämmen. Man vertraute nicht länger darauf, dass das Ich fähig sei, zu funktionieren.

Eine destruktive Erfahrung

D. J. F.: Wie kommt es, dass dieses Erlebnis besonders bei den Leuten, die darüber geschrieben haben, die Zeugnis darüber abgelegt haben und die versucht haben, das Gedenken daran zu verewigen, selbst nach dreißig oder vierzig Jahren des Durcharbeitens noch immer solch eine Gewalt behält?

B. B.: Das ist richtig. Im Grunde bedeutet darüber zu schreiben und darüber nachzudenken, sich daran zu erinnern. Man erinnert sich, wie unzulänglich das eigene Ich war; es ist eine schmerzhafte und verwirrende Erfahrung, das zu untersuchen und zu erinnern: Ich mache diese Erfahrung gerade wieder durch, während ich für einen Essay, den ich für das *Times Literary Supplement* vorbereite, über die Phantasien der Freikorps lese. Mein Standpunkt ist der, dass, wenn jemand diese Erfahrungen mit so vielen blutigen Phantasien durchlebte, der Todestrieb so überwältigend feindselig war. Es war eine destruktive Erfahrung.

D. J. F.: Selbst als Opfer?

B. B.: Das stimmt. Auch als Opfer. Das zu untersuchen zwingt einen dazu, aufzudecken und zu sehen, wie überwältigend der Todestrieb und wie schwach die Abwehr gegen ihn ist.

D. J. F.: Zu einem solchen Ausmaß, dass es zu einer Neigung zum Selbstmord führen könnte?

B. B.: Das ist wahr. Das ist wahr.

D. J. F.: Ich möchte, dass Sie über die Last und die Scham der Überlebenden der KZs und insbesondere über die Neigung, Selbstmord zu begehen, nachdenken. Gibt es da einen unvermeidlichen Verlust einer Abwehr gegen den Tod?

B. B.: Das ist immer eine sehr persönliche Sache: die Neigung, an Selbstmord in einem realistischen Sinn zu denken. In der Vergangenheit hatte ich etwas sehr wichtiges, wofür ich gelebt habe. Aber jetzt, im Alter, insbesondere seit dem Verlust meiner Frau, gibt es den Wunsch, oder den Gedanken, an Selbstmord. Ich möchte das nicht öffentlich machen.

D. J. F.: Sie haben über die Grenzen der psychoanalytischen Sichtweise unter außergewöhnlichen Bedingungen geschrieben, Bedingungen des körperlichen, seelischen und materiellen Verlustes. Gleichwohl haben Sie in *The Informed Heart* (dt.: Der Aufstand der Masse) auch von der Stärke der Psychoanalyse als eines Instruments des Verstehens gesprochen, auch in unmöglichen Situationen. Halten Sie daran noch fest?

B. B.: Ja, der Erklärungswert der Psychoanalyse steht außer Frage, in jedem Fall. Andere Aspekte der Psychoanalyse, die Selbstbeobachtung, die Selbstkritik, sind nicht sehr von Nutzen in einer Ausnahmesituation. Der Erklärungswert ist immer vorhanden.

Durch Fenichel zur Psychoanalyse

D. J. F.: Ich möchte jetzt auf Ihre psychoanalytische Ausbildung zu sprechen kommen und Sie fragen, wie Sie anfangs zur Psychoanalyse kamen.

B. B.: (lacht) Nun, es war an einem Sonntag im Wiener Wald. Ich gehörte einer Vereinigung an, dem *Jung Wandervogel.* Sie gründete sich auf die Tradition der alten deutschen Jugendbewegung, aber sie war nicht mehr so nationalistisch, wie die ursprüngliche Jugendbewegung es gewesen war. Sie war sehr kriegsgegnerisch, pazifistisch und linksorientiert. Jedenfalls trafen wir uns am Morgen und gingen in den Wiener Wald, um uns den Tag über zu unterhalten und zu spielen. An diesem besagten Sonntag schloß sich ein junger Mann in Militäruniform, Otto Fenichel, mir und dem Mädchen, das ich für meine Freundin hielt, an. Sie begannen, sich über Träume und Traumdeutung und die sexuelle Bedeutung von Träumen usw. zu unterhalten. Er war vollkommen vertraut mit alldem, denn er besuchte die Wiener Universität, als Freud dort zum letzten Mal las, woraus dann die *Vorlesungen zur Einführung in die Psychoanalyse* von 1917 und 1918 wurden. Als er darüber plauderte, faszinierte das meine Freundin, - nicht, dass ich fasziniert gewesen wäre, - doch ich wollte nicht, dass meine Freundin sich von diesem Mann angezogen fühlen würde. Im Laufe des Tages wurde ich immer wütender; später trennten wir uns und ich verbrachte eine schlaflose Nacht. Ich entschied, dass, wenn dieser Soldat, der auf Urlaub war, um sein Medizinstudium an der Wiener Universität zu beenden, über Psychoanalyse reden konnte, ich es auch könne. Am nächsten Morgen musste ich zur Schule gehen. Sobald die Schule aus war, ging ich zu der einen Buchhandlung in Wien, die psychoanalytische Literatur verkaufte und sie auch herausgab. Das war Deutike. Ich kaufte alle psychoanalytischen Bücher, die ich kaufen konnte. Dazu gehörte *Die Psychopathologie des Alltagslebens* und einige Aufsätze und Zeitschriften, und ich begann zu lesen. Es faszinierte mich mehr und mehr. Doch es begann im Grunde mit meiner Wut auf Otto Fenichel, der meine Freundin so sehr beeindruckt hatte. Am nächsten Sonntag, als wir uns wieder trafen, fing ich an über Psychoanalyse zu plaudern. Da sagte meine Freundin: »Hör' mal, ein Sonntag damit ist genug, laß' uns über etwas anderes reden, laß' uns über uns reden.« Das war eine große Erleichterung für mich, aber so oder so, ich hatte angebissen. Seit damals lese ich psychoanalytische Abhandlungen und habe alles gelesen, was Freud geschrieben hat.

Freundliche und ermutigende Atmosphäre

D. J. F.: Das ist eine reizende Geschichte. Ich möchte Sie nach Ihren frühsten Erinnerungen an die Psychoanalytische Gesellschaft in Wien fragen. Ich weiß, dass sie wie eine zweite Familie für Sie war.

B. B.: Ich habe eigentlich überhaupt keine Erinnerungen an diese Gesellschaft, sondern vielmehr an diejenigen, die zu ihr gehörten. Denn, sehen Sie, ich war noch kein Mitglied. Ich war sehr eng mit Wilhelm Reich befreundet, und ich habe bereits Fenichel erwähnt, der ebenfalls ein guter Freund wurde, ebenso wie andere. Ich wurde darüber unterrichtet, was vor sich ging.

D. J. F.: Lassen Sie mich nach dem Zeitraum fragen, als Sie ein Kandidat waren und nach Ihren Erinnerungen daran, wie die Kandidaten behandelt wurden: Wurden sie infantilisiert, wurden sie erzogen, wurden sie wie loyale Schüler behandelt? Was für ein allgemeines Klima beherrschte damals die Ausbildungsphase?

B. B.: Es war ein sehr freundliches und ermutigendes Erlebnis, denn ich wurde, wie alle Kandidaten zu dieser Zeit, von Anna Freud und (Paul) Federn interviewt. Ich habe vergessen, wer der dritte Gesprächspartner war; es waren drei. Und während der Unterredung mit Anna Freud betrat ihr Vater den Raum und sie stellte mich ihm vor, worauf er erwiderte: »Einen Bettelheim braucht man mir nicht vorzustellen!« Er war als Student häufig im Hause meines Großvaters gewesen, und er freundete sich mit einem Onkel von mir an, der mit ihm zusammen beim Militär war. Er kannte die Familie. Und dann fragte er nach meinem Hintergrund. Ich erzählte ihm, dass ich Kunstgeschichte, Literatur und Philosophie studierte. Freud sagte: » Das ist genau die Personengruppe, die wir in dieser Gesellschaft brauchen, um das Übergewicht der Mediziner auszugleichen, die keine allgemeine Bildung und keine allgemeinen Interessen haben.« Das war also sehr ermutigend für mich; jeder verhielt sich mir gegenüber sehr ermutigend.

Kameradschaft aber auch Skepsis

D. J. F :Erinnern Sie sich daran, ob es in Wien eine Offenheit für kritische Debatten gab, in denen ein Infragestellen der Orthodoxie möglich war, und wurden Forschung und unabhängiges Denken gefördert?

B. B.: Freud war ein sehr skeptischer Mensch, der sehr freundlich sein konnte, der aber auch sehr schneidend sein konnte, denn er ertrug Dummköpfe nicht gut. Ich kann Ihnen einen Vorfall erzählen, der sich zutrug. Er wurde mir von Wilhelm Reich geschildert, der zu dieser Zeit eines der führenden Mitglieder der Wiener Schule war. Während einer Diskussion, die in der Gesellschaft abgehalten wurde, deutete jemand an, dass es zum Wohl für die gesamte Menschheit sein könnte, wenn alle führenden Staatsmänner einer Analyse unterzogen würden. Es entwickelte sich eine lebhafte Debatte. Freud sagte dabei nicht viel; er war krank. Schließlich wandten sie sich an ihn. Er sagte, er sei erfreut, dass seine Schüler eine solch hohe Meinung von der Psychoanalyse hätten. Er hielt einen Moment inne und schaute im Zimmer umher. Dann sagte er: »Wenn ich mich in diesem Zimmer umschaue und daran denke, dass alle von Euch analysiert worden sind, kann ich nicht anders als skeptisch sein.« Das war typisch.

D. J. F.: Es herrschte eine Atmosphäre, die von Freuds Skepsis durchdrungen war. Doch dies stand bestimmten Formen der Forschung und des kritischen Denkens nicht im Wege, so lange man nicht zu weit von Freuds eigenem theoretischen Modell abwich?

B. B.: Ich weiß nicht. Ich hatte immer den Verdacht, dass Freud niemals die Kinderanalyse akzeptiert hätte, wenn sie nicht von seiner Tochter begründet worden wäre. Sie wissen, gerade mit Kindern, man kann sie nicht auf die Couch legen und einfach analysieren. Man muss mit ihnen spielen und aktiv werden, etwas, das in Freuds Augen nicht sehr angemessen für die Analyse war. Es gab persönliche Gründe dafür, dass er Abweichungen vom klassischen Modell zuließ.

D. J. F.: Es würde mich interessieren zu erfahren, was Ihr Eindruck von der Laienanalyse in Wien war. Ihre Geschichte über Freud ist aufschlußreich, doch ich möchte wissen, ob es eine besondere Art von Offenheit dafür gab. Gab es so etwas wie eine Kameradschaft unter den Laienanalytikern?

B. B.: Ja, es gab eine Kameradschaft unter uns allen. Es war eine belagerte Gruppe, die zusammenhalten und einander unterstützen musste. Ich glaube, dass die Frage der Laienanalyse kein ernster Streitpunkt war, denn es gab viele Laienanalytiker, und ich habe Ihnen gerade erzählt, wie Freud auf meine Ausbildung reagierte.

D. J. F.: Gab es eine Hierachie unter den Laienanalytikern? Wurde beispielsweise Ernst Kris immer als jemand von außerordentlichem oder besonderem Status angesehen?

B. B.: Nein, nein. Ich glaube, es war (Theodor) Reik, der Freud sehr nahe stand. Kris war relativ bedeutend, weil er Marianne heiratete, die Tochter von Dr. (Oskar) Rie, der ein Kinderarzt der Familie Freud und ein enger Freund Freuds war. (August) Aichhorn war auch einer der führenden Laienanalytiker, und niemand stellte das in Frage.

D. J. F.: Noch eine Frage über Freuds Rolle in Wien und den Zeitraum, als Sie dort waren. War Freud jemand, der die Rolle eines kraftvollen und entwicklungsfördernden Vaters spielte, oder war er jemand, der die Kreativität beschnitt?

B. B.: Er ermutigte Kreativität, wenn sie seine Theorien nicht in Frage stellte. Er mochte es, wenn einer seiner Schüler oder ein Mitglied der Gesellschaft Dinge vorwegnahm, die er später vertrat; gleichwohl musste er die Dinge immer selbst entdecken.

D. J. F.: Mit anderen Worten, es war gefährlich, ein bisschen zu innovativ oder originell zu sein.

B. B.: Nicht gefährlich, aber man stieß auf Kritik.

Erinnerungen an Richard Sterba

D. J. F.: Sie haben mir persönlich mitgeteilt, dass Richard Sterba Ihr Lehranalytiker war. Haben Sie besondere Erinnerungen an die Analyse? Um mit der zeitlichen Dauer zu beginnen: Wie unterschied sich eine Lehranalyse in jenen Tagen von einer analytischen Behandlung?

B. B.: Während der analytischen Behandlung wurde es nicht erwartet, dass man psychoanalytische Schriften las. Man konnte sie vorher gelesen haben. In der Lehranalyse wurde man ermutigt, zu lesen.

D. J. F.: Entsinnen Sie sich, ob Ihr Lehranalytiker über Sie als einen Kandidaten Bericht erstattete oder nicht? Oder bewahrte man Vertraulichkeit?

B. B.: Ich hatte mit der Lehranalyse gerade begonnen, als die Nazis einmarschierten.

D. J. F.: Also wurde sie eigentlich niemals beendet. Erzählen Sie mir, welche Erinnerungen Sie an die Analyse bei Sterba haben!

B. B.: Da gibt es nur vereinzelte Fetzen, Fragmente der Erinnerung.

D. J. F.: Er lebt noch; er ist jetzt 90.

B. B.: Er ist in schlechter Verfassung. Ich erinnere mich, dass eines Tages ein Fernglas auf seinem Schreibtisch lag, und ich fragte ihn: »Was macht das Fernglas hier?« Er sagte, eine schöne junge Dame lebe auf der anderen Seite der Straße, »und ich beobachte sie gern«. Und dann fügte er hinzu: »Machen Sie so etwas nicht?«

D. J. F.: Und das hat Sie beeindruckt?

B. B.: Ja, dass er die Freiheit besaß, sich zu erlauben, das zu tun, und dass er es freimütig zugab.

D. J. F.: Ich kenne das Beethovenbuch, das Richard Sterba schrieb, aber ich wusste auch, dass er kein Jude war. War das von Bedeutung für Ihre Analyse?

B. B.: Es spielte bei meiner Auswahl eine gewisse Rolle, weil ich mit all den Altersgenossen aufgewachsen war, mit Edith Buxbaum, Wilhelm Reich und Annie Reich; ich war mit ihnen aufgewachsen. Es war schwierig, jemanden zu finden, den ich nicht gut kannte, und jemanden, der unparteilich sein konnte; so kam ich zu Richard.

D. J. F.: Ergab sich ein Problem daraus, zumindest gradweise, dass Ihre Identität, Ihr Ich, Ihr Selbstempfinden sich beengt vorkam, weil Sie ein Wiener Jude waren?

B. B.: Überhaupt nicht. Es war sehr klar, dass Richard mit vielen Juden befreundet war, und es gab bei Richard und Edith, seiner Frau, keine Neigung zum Antisemitismus. Konfessionell waren sie beide nichtjüdisch, Katholiken. Da kam nichts auf.

Reichs Lebendigkeit steckte an

D. J. F.: Sie haben einige Male erwähnt, dass Wilhelm Reich Ihr Freund war; Sie nennen ihn Willi. Sie haben sich oft über seine Originalität und Kreativität, insbesondere im Zeitraum von den Zwanzigern bis in die frühen Dreißiger Jahre - bis ungefähr 1933 - geäußert, der Zeit von *Charakteranalyse* und *Die Massenpsychologie des Faschismus.* Welches waren die Besonderheiten von Reichs psychoanalytischem Denken, die ihn zu einer herausragenden Figur in der Geschichte der Psychoanalyse machte?

B. B.: Was mich am meisten beeindruckte, war seine Vitalität. Er war voller Temperament. Er regte sich über Dinge auf, und er war ein sehr lebendiger Bursche.

D. J. F.: Und die Leute in seiner Umgebung wurden ebenfalls von seiner Lebendigkeit angesteckt?

B. B.: Ja.

D. J. F.: Erzählen Sie von Ihren Ansichten über den Einfluß Anna Freuds auf die Wiener Gruppe in den frühen und mittleren Dreißiger Jahren, nachdem Reich ausgeschlossen wurde. War es bekannt, dass sie von ihrem Vater analysiert worden war?

B. B.: Es war bekannt, aber es wurde geheim gehalten. Obwohl es bekannt war, wurde es sehr geheim gehalten, dass sie von ihrem Vater analysiert worden ist. Aber andererseits wurden in jenen Tagen die Kinder von Analytikern oftmals von ihren Eltern analysiert; das war nicht so außergewöhnlich.

D. J. F.: Und ihr Einfluß? Wuchs sie an Gestalt, als Reich ausgeschlossen wurde? Und als sie begann, sich der Veröffentlichung von *Das Ich und die Abwehrmechanismen* zu nähern?

B. B.: Die Schwierigkeit ist, dass ich nicht glaube, dass *Das Ich und die Abwehrmechanismen* geschrieben worden wäre, wenn Reich nicht zuvor seine *Charakteranalyse* veröffentlicht hätte. Obwohl das niemals eingeräumt worden ist.

D. J. F.: Haben Sie das Gefühl, dass es irgendwie ihre Antwort auf die *Charakteranalyse* ist, ihre gemäßigte Fassung?

B. B.: Nein, es ist keine gemäßigte Fassung, aber die ganze Vorstellung von der Analyse des Widerstandes in ihrem Buch, das waren Gedankengänge, die sich in den Seminaren, in denen Willi Reich sprach und in denen sie als eine Studentin teilnahm, aufgetan hatten.

D. J. F.: Den klinischen Seminaren?

B. B.: Ja.

D. J. F.: Welchen Eindruck haben Sie vom Vergleich und von den Unterschieden, was den Status der Laienanalytiker anbetrifft, erst in Wien, und dann in der Zeit, in der Sie in Chicago lebten?

B. B.: Wie ich Ihnen erzählt habe, wurde meine Ausbildung schon sehr früh zu Beginn durch die Besetzung Österreichs durch Hitler unterbrochen. Als ich nach Chicago kam, sprach ich mit Franz Alexander, der Direktor des Instituts war, über meinen Hintergrund und so weiter. Er sagte, Sie brauchen nur Mitglied unserer Gesellschaft zu werden. Sie wissen mehr als unsere Kandidaten.

D. J. F.: Die Kandidaten oder die Fakultät?

B. B.: Ich weiß. Ich meinte die Fakultät. Er hat dasselbe mit Gerhard Piers gemacht, der seine Analyse in Wien auch nicht zu Ende führen konnte.

D. J. F.: In Wien, wie viele Jahre haben Sie an Seminaren teilgenommen? Hatten Sie auch eine formelle Seminarausbildung außerdem?

B. B.: Nein, ich hatte gerade erst angefangen.

D. J. F.: Sie hatten damit gerade angefangen und es 1938 abgebrochen.

B. B.: Ja, ich hatte meine eigene Analyse 1936 gerade abgeschlossen und wurde gebeten, noch etwas zu warten, bevor ich mich bewarb, um sicher zu gehen, dass es nicht Übertragung war, die hinter meinem Wunsch stand, Analytiker zu werden. Die Aufforderung bestand darin, mehr oder weniger zwei Jahre zu warten.

D. J. F.: Was war mit den Amerikanern, die nach Chicago kamen, ohne europäische Verbindungen zu haben? Wie wurden sie behandelt?

B. B.: Ich meine, es gab sehr wenige Laienanalytiker in Chicago. Klar war, dass Alexander und das Institut medizinische Kandidaten bevorzugten, und ich kann mich an keinen einzigen Laienanalytiker erinnern außer den Europäern. Es gab sehr wenige Laienanalytiker. Aber andererseits habe ich nicht empfunden, dass es irgendwelche Animosität mir gegenüber gegeben hätte. Ich war voll akzeptiert.

D. J. F.: Haben Sie an der Fakultät des Chicagoer Psychoanalytischen Instituts unterrichtet?

B. B.: Ich gab einige Kurse für Lehrer und Aufbaukurse.

D. J. F.: Der Fakultät haben Sie nicht angehört?

B. B.: Nein.

D. J. F.: Zurück nach Wien für einen Moment. In den 30er Jahren bedeutete klassisch freudianisch, nicht Ich-Psychologie. Ich weiß, dass Sie an Hartmann eine gewisse Kritik üben und dass Sie sich selbst als klassischer Freudianer betrachten. Worin besteht der Unterschied?

B. B.: Gut, ich kann nur sagen, was Freud über Heinz Hartmann äußerte. Er sagte, der Heinz muß seine Brille aufsetzen, die alle klinische Erfahrung in adaptive Feststellungen verwandelt. In gewisser Hinsicht war Freud kritisch.

D. J. F.: Hartmann wurde auch von ihm analysiert, nicht wahr.

B. B.: Das stimmt.

D. J. F.: Zusammengefasst, Sie stellen sich gegen die Ich-Psychologie, weil sie zu theoretisch und zu weit von der klinischen Erfahrung entfernt ist?

B. B.: Mir scheint, das trifft zu. Ich möchte gern nah an der klinischen Erfahrung bleiben.

D. J. F.: Gibt es etwas an der Idee der Neutralisierung und Anpassung auszusetzen? Sie haben der Ich-Psychologie nie ganz zugestimmt.

B. B.: Ich habe gegenüber der Ich-Psychologie keine Vorbehalte, nur ist nach meinem Empfinden die Psychoanalyse eine Kunst und keine Wissenschaft. Ich stehe den Anstrengungen kritisch gegenüber, aus ihr eine objektive Wissenschaft zu machen, da sie eine Kunst ist.

D. J. F.: Und das hat Hartmann versucht?

B. B.: Richtig.

D. J. F.: Würden Sie auf der Grundlage Ihrer Erfahrungen sagen, dass die Zukunft der Psychoanalyse nicht allein in den Händen von Klinikern liegen sollte, sondern eher in den Händen von unabhängig gesinnten Forschern und Intellektuellen?

B. B.: Nun ja (lacht), im Grunde müßte ich da gegen mich und meine eigenen Erfahrungen sprechen. Ich habe die Universität als einen besonders wichtigen Ort für die Freiheit des Denkens und die Großzügigkeit in der Anerkennung abweichender Meinungen empfunden, was ein sehr bedeutender Bestandteil in der zukünftigen Entwicklung jeder Wissenschaft ist. Doch die Psychoanalyse als solche eignet sich nicht besonders gut für die akademische Karriere. Andererseits glaube ich, dass die humanistischen Strömungen, die man an einer großen Universität finden kann, sehr vorteilhaft für die Psychoanalyse sind.

D. J. F.: Wenn die Psychoanalyse und die psychoanalytischen Vereinigungen von privat praktizierenden Klinikern dominiert würden, von Leuten, die sich dem Denken nicht verpflichtet sehen oder auch nicht dazu, zur Literatur beizutragen und ernsthafte Forschung zu betreiben, wäre die Disziplin dann in Gefahr?

B. B.: Ich meine, dass die Weierentwicklung der Psychoanalyse auf klinischer Erfahrung aufgebaut sein muss. Ob man Arzt ist oder nicht entscheidet nicht darüber, ob man aus seinen eigenen klinischen Erfahrungen etwas lernt. Ich hatte immer den Eindruck, dass es eine schwierige Aufgabe ist, hauptberuflich Psychoanalyse zu praktizieren, weil man zu sehr von seinen Patienten in Anspruch genommen wird. Man verbringt all seine Zeit mit den Sprechstunden, und es bleibt keine Zeit, um sich seine eigenen Gedanken zu machen. Freud konnte das: den ganzen Tag über Patienten sehen und dann nachts jene Abhandlungen schreiben; doch gibt es nur wenige Freuds unter uns. Der Fortschritt in der Psychoanalyse wird von Leuten kommen, die die Zeit haben, über ihre Erfahrungen nachzudenken.

Arbeit mit autistischen Kindern

D. J. F.: Sie haben Ihre Jahre in Chicago als die glücklichsten und schöpferischsten in Ihrem Leben beschrieben. Gleichwohl war die Aufgabe, die Sie übernahmen, eine der schwersten, wenn nicht gar unmöglich, nämlich das Verstehen der inneren Welt und der psychologischen Vorgänge autistischer Kinder. Was war Ihr innerer Antrieb, mit den am wenigsten zu fassenden Fällen zu arbeiten?

B. B.: (lacht) Das ist eine lange Geschichte. Es begann im Grunde in Wien, wo Anna Freud ein autistisches amerikanisches Kind sah. Ein stummes amerikanisches Kind. Sie dachte, es würde interessant sein, herauszufinden, was die Psychoanalyse für solch ein abnormes Kind tun könne. Doch um eine Wirkung zu erzielen, würde das Kind in einem Haushalt leben müssen, der vollständig psychoanalytisch durchorganisiert ist. Eine Stunde pro Woche, sechs Stunden pro Woche, würden nicht ausreichen; es würde Tag und Nacht sein müssen. Aufgrund eines komplizierten Zusammentreffens von Umständen kam diese Mutter dann zu uns, meiner (ersten) Frau und mir. Wir nahmen dieses Kind in unser Haus auf, als ein Experiment für ein paar Monate; dieses Experiment dauerte sieben Jahre, bis zum »Anschluß«. Es war eine faszinierende Erfahrung, mit diesem Kind zu leben und zu arbeiten. Ich versuchte, ihr dabei zu helfen, mit dem Sprechen zu beginnen und in der Schule zu lernen. Es war eine faszinierende Erfahrung.

D. J. F.: Was war Ihre Motivation? Warum wollten Sie die therapeutische Arbeit mit den Unheilbaren übernehmen?

B. B.: Es war eine Möglichkeit für mich, mit dem Erlebnis des Konzentrationslagers fertig zu werden. Es war das Gegenteil dieser Erfahrung im Konzentrationslager, das die Persönlichkeit vorsätzlich zerstörte, wenn man es lernte, Persönlichkeiten wiederaufzubauen.

D. J. F.: Bei dieser besonderen Gruppe von Patienten, wie bewertet man da, was ein klinischer Erfolg, eine Heilung ist ?

B. B.: Wenn man mit anfangs hoffnungslosen Fällen beginnt, kann man sie niemals heilen; man kann sie nur soweit wiederherstellen, dass sie in der Gesellschaft funktionieren können. Sie behalten gewisse sonderbare Eigenheiten bei. Obwohl einige der Schüler, mit denen ich gearbeitet habe, tatsächlich vollständig geheilt worden sind - doch ich würde sagen, sie sind die Ausnahme.

D. J. F.: Gibt es überhaupt so etwas wie eine Heilung oder einen therapeutischen Erfolg, selbst im Fall eines sogenannten normalen Neurotikers?

B. B.: (lacht) Diese Frage werde ich Ihnen überlassen!

D. J. F.: An der *Orthogenic School* fand niemand ohne Erlaubnis Einlass, und jeder konnte zu jeder Zeit gehen. Manche Leute haben das ein lobenswertes Experiment mit einem utopischen Konzept genannt, nicht im abwertenden, sondern eher im deskriptiven Sinn des Wortes. Würden Sie dieser Beschreibung zustimmen?

B. B.: Nein, ich glaube, wir taten das, was die Patienten brauchten. Ich glaube nicht, dass es utopisch ist, das Richtige für den Patienten zu tun. Es scheint das einzig Angemessene zu sein.

Übersetzung: Stefan Neubert

Bruno Bettelheim, Rudolf Ekstein sowie ein Vertreter der österreichischen Botschaft in den USA, anlässlich des 50. Jahrestages der Besetzung Österreichs, in Los Angeles, 1988

7. Der Selbstmord eines Überlebenden: Einige private Wahrnehmungen zu Bruno Bettelheims Freitod

> Für uns wird das Gespräch mit den Jungen immer schwieriger. Wir fassen es als eine Pflicht auf, aber gleichzeitig auch als ein Risiko: das Risiko nämlich, anachronistisch zu erscheinen und nicht mehr angehört zu werden. Wir müssen aber angehört werden, denn jenseits unserer individuellen Erfahrungen sind wir alle miteinander Zeuge eines grundlegenden und unerwarteten Geschehens gewesen, das eben darum grundlegend war, weil es unerwartet war, von niemandem vorausgesehen. Es hat sich gegen jede Vorhersage ereignet, es hat sich in Europa ereignet. Unfaßlicherweise hat es sich ereignet, dass ein ganzes zivilisiertes Volk, das die schöpferische kulturelle Blüte der Weimarer Zeit gerade hinter sich gelassen hatte, einem Hanswurst folgte, der einen heute nur noch zum Lachen bringt. Und dennoch gehorchte man Adolf Hitler und bejubelte ihn bis zur Katastrophe. Es ist geschehen, und folglich kann es wieder geschehen: darin liegt der Kern dessen, was wir zu sagen haben.
>
> Primo Levi (1990, S. 205)

In seinen letzten Lebensmonaten war Bettelheim eine zerbrechliche, kränkliche Gestalt mit einem vom Tode gezeichneten Erscheinungsbild. Wer ihn betrachtete, sah einen geschwächten und erschöpften Menschen. Er verbrachte seine letzten Lebensjahre unter der Belastung verschiedener physischer und psychischer Erkrankungen. Bevor er nach Südkalifornien umzog hatte er einen leichten Schlaganfall erlitten. Er klagte über Folgen dieses Schlaganfalls einschließlich der Beeinträchtigung seiner körperlichen Aktivität, ein Gefühl, dass sein Körper ihn im Stich ließ; er hinkte leicht und benötigte einen Krückstock als Hilfe; er war nicht mehr fähig, sich mit langen Spaziergängen in Form zu halten; sich auf einen Stuhl zu setzen oder aufzustehen war ihm äußerst beschwerlich und bereitete ihm sogar leichte Orientierungsschwierigkeiten. Der Schlaganfall hatte auch seine Fähigkeit beeinträchtigt, mit der Hand oder der Maschine zu schreiben, was ein ernsthaftes Hindernis für das Schreiben seiner Bücher oder Artikel darstellte (s. Kap. 6). Wie bei vielen Schlaganfallopfern schwankte Bettelheims Gefühlslage zwischen Depression und

Angst, wobei die Stimmungsschwankungen zum Teil daher rührten, dass er seine Aktivitäten einschränken musste.

Meine Beziehung zu Bettelheim begann mit einem wissenschaftlichen Briefwechsel. Ich hatte einen Übersichtsartikel seiner 1982 publizierten Abhandlung *Freud and Man's Soul* (dt.: *Freud und die Seele des Menschen*) veröffentlicht (Fisher 1983). Ich ging das Wagnis ein und schickte ihm diesen nach Nordkalifornien. Nicht die höfliche und geistreiche Antwort überraschte mich, sondern vielmehr, wie schnell sie kam. Die rasche Antwort war ein Indiz dafür, dass ihm ein intellektueller Austausch sehr viel bedeutete. Er ermutigte mich, meine Forschungen zu der Bedeutung von Freuds Sprache zu vertiefen; er schrieb mir als ein Gelehrter mit reicher Erfahrung an einen jüngeren Kollegen und bot mir großzügig weitere bibliographische Quellen und Material an.

Als Briefeschreiber war Bettelheim eigensinnig, charmant, selbstbezogen und er verschwendete keine Worte. Als ich später von seinem Umzug nach Südkalifornien hörte, schrieb ich ihm erneut und fragte an, ob er gerne Besuch hätte. Er rief mich unverzüglich an, und unsere Freundschaft begann. Sie dauerte von April 1988 bis Januar 1990. Eine Freundschaft zu beschreiben ist ein schwieriges Unternehmen, und für diese Freundschaft gilt dies ganz besonders. Wir waren beide akademisch ausgebildete Laienanalytiker, uns trennten zwei Generationen und sehr unterschiedliche Sensibilitäten sowie politische und kulturelle Ausrichtungen. Fast immer besuchte ich ihn in seinem Haus, später in seinem Appartement. Meine Frau und ich luden ihn zweimal zu einem Abendessen in unser Haus ein, einmal waren wir nur zu dritt und einmal mit einer Gruppe von acht Kollegen, die ihn gerne treffen wollten.

Unsere Gespräche hatten ein Grundmuster. Normalerweise hörte ich ihm zu. Gelegentlich stellte ich ihm Fragen. Ich lernte schnell, ihm nicht zu widersprechen oder ein Streitgespräch zu suchen. Bettelheim ließ die Vergangenheit Revue passieren, überflutet von Erinnerungen und Gefühlen, beinahe so, als ob er in frühere Zeiten zurückkehren würde. Als Historiker der Psychoanalyse faszinierten mich seine Wiener Erfahrungen aus der Zeit zwischen den beiden Weltkriegen sowie sein unmittelbares und tragisches Wissen von den nationalsozialistischen Konzentrationslagern. Bettelheim pflegte eine Erzählung oder eine Anekdote zu beenden und dann pessimistisch hinzufügen: »Aber dies sind alte Geschichten.« Dieser Nachsatz implizierte, dass niemand wohl je Interesse für die historische oder klinische Bedeutung seiner Erzählung aufbringen würde. Ich glaube, er mochte mich, weil ich seinen Erzählungen mit Interesse folgte und versuchte, seine Sichtweise und seinen Standpunkt zu verstehen.

Unsere Beziehung ging irgendwann von der privaten in die öffentliche Sphäre über. Ich hatte veranlasst, dass Bettelheim die Ehrenmitgliedschaft in der Psychoanalytischen Gesellschaft sowie dem Psychoanalytischen Institut von Los Angeles verliehen wurde; eine Ehrung, die ihm viel bedeutete, besonders wegen seiner früheren Freundschaft mit Otto Fenichel[1] und Ernst Simmel, den beiden Gründern dieses Instituts. Am 18. Mai 1989 wurde Bettelheim formell in das Institut aufgenommen und am selben Abend hielt er vor der Gesellschaft einen Vortrag mit dem Titel »How I Became a Psychoanalyst« (dt.: »Wie ich zur Psychoanalyse kam«; vgl. Bettelheim, 1990, S. 35–49; vgl. auch Kirschenbaum, 1991). Als formeller »Gegenredner« trug ich einen komprimierten Text vor, der die wesentlichsten Themen seiner Lehrzeit herausstellte (Fisher 1991). Bettelheim kommentierte meine Rede ironisch in der Art von Mark Twain und bedankte sich bei mir für meine »hübsche Lobpreisung«.

Bettelheim war auch von einem Ösophagusdivertikel behindert, einer Gewebsausstülpung an der Speiseröhre, die beim Schlucken störte; dies machte ihm die Aufnahme fester Nahrung zur Qual und bedrückte ihn schwer. Häufig hatte er Hustenanfälle, die manchmal bedrohlich waren, und rang um Luft. Obwohl seine Ärzte ihn warnten, dass eine Operation in seinem Alter riskant und auch nicht unbedingt erfolgreich sei, ließ er sein Divertikel operieren und konnte nach der Genesung wieder essen und schlucken. Unglücklicherweise zog er sich während des Krankenhausaufenthaltes eine Lungenentzündung zu und erlitt einen Rückfall. Doch war er unverwüstlich – und wurde gesund.

In diesen Jahren litt er fast ununterbrochen an milden bis schweren Depressionen. Zumindestens zeitweise nahm er Antidepressiva, die ihm von seinem Arzt verschrieben worden waren. Auf Anraten eines anderen psychoanalytisch ausgebildeten Kollegen sowie meiner selbst begann Bettelheim wegen seiner Depression eine psychoanalytische Psychotherapie; er kommentierte ironisch, er gehe aus seinem »Glauben an die Psychoanalyse« wieder in Therapie. Wir zerbrachen uns den Kopf, an wen wir ihn empfehlen könnten (in seiner Gegenwart witzelten wir: Zu wem können wir Bettelheim in Los Angeles schicken? Zu Freud?) und schlugen schließlich einen reifen, in Europa ausgebildeten Analytiker vor. Dieser Analytiker wäre fähig – so nahmen wir an –, sich in Bettelheims gegenwärtige Lebenssituation und Krise einzufühlen und würde auch seine Muttersprache fließend beherrschen. Er teilte mir im nachhinein mit, er habe von dieser Therapie – die über ein Jahr gedauert haben mag – profitiert.

Bettelheims zentrale Beschäftigung, seine innere Besetzung galt in seinen letzten Lebensjahren dem Selbstmord. Er spielte mit Möglichkeiten, sich das Leben zu nehmen, und verwarf sie wieder. Er phantasierte offen darüber, und es war immer ein Thema unserer Gespräche (vgl. Kap. 6). Sicherlich war er ambivalent. Er verschob sein Vorhaben bis Anfang 1990, weil er die Geburt eines weiteren Enkelkindes, seiner Tochter Naomi, erleben wollte, die in Silver Spring, Maryland, lebte. Er wünschte weiterhin, das Erscheinen seines letzten Buches, *Freud's Vienna and Other Essays* (dt.: *Themen meines Lebens*, Bettelheim 1990), noch mitzuerleben. Ich sah, dass er verschiedene Selbstmordmethoden gründlich in Betracht gezogen und für untauglich befunden hatte; seine Hauptsorge war, es richtig zu machen. Er wollte nicht aufgrund eines misslungenen Versuches überleben, um noch hilfloser zu sein.

Häufig sprach er davon, eine Überdosis Medikamente zu nehmen, und hoffte auf ein schnelles und schmerzloses Ende. Er verwarf diese Möglichkeit, denn er fürchtete, die Tabletten könnten nicht absorbiert werden, er könnte sie erbrechen oder unter schrecklichen Nebenwirkungen leiden, so dass man ihm den Magen auspumpen müsse. Er dachte daran, sich aus dem fünften Stockwerk seines Appartements in Santa Monica zu stürzen, doch er verwarf diese Möglichkeit, weil sie nicht sicher war: Er könnte als Krüppel oder Invalide überleben und seinen derzeitigen Zustand noch verschlimmern, indem er zu bewegungsunfähig werden würde, um sich das Leben nehmen zu können. Zum ersten Mal in seinem Leben bedauerte er, keine medizinische Ausbildung zu haben, so dass ihm medizinische Kenntnisse über den Tod, Medikamente und den menschlichen Körper fehlten.

In der Gegenwart eines Arztes erlebte ich einmal, wie Bettelheim gezielte Fragen über die Effizienz einer Embolie als Selbstmordmethode stellte, d. h. sich Luft in die Venen zu injizieren, um sich selbst zu töten; er verwarf diese Möglichkeit wegen der Blutungsgefahr. Er erkundigte sich auch über die tödliche Dosis Demerol. Die normale Dosis Demerol, ein synthetisches

Morphin, liegt ungefähr bei 50 Milligramm; man sagte ihm, dass 100 bis 200 Milligramm ausreichend sein könnten. Demerol war riskant, da es ebenfalls erbrochen werden konnte. Bettelheim fragte den Arzt, ob er bereit wäre, ihm die Arznei zu verschreiben, doch der lehnte ab.

Bettelheim kannte die Hemlock Society, eine Euthanasie-Vereinigung, die es älteren und unheilbar erkrankten Menschen ermöglicht, in privater Atmosphäre und würdevoll zu sterben. Soweit mir bekannt ist, nahm er niemals Kontakt zu Mitgliedern der Hemlock Society auf. Bettelheim diskutierte mit mir auch den Plan, nach Holland zu reisen, wo er eine tödliche Injektion erhalten und friedlich unter medizinischer Aufsicht sterben würde. Diese Methode scheint in Holland legal zu sein. Sein Sohn Eric wollte ihn auf seiner letzten Reise nach Holland begleiten. Sehr zu Bettelheims Kummer starb der Arzt, der zugestimmt hatte, ihm die tödliche Dosis zu verabreichen, selbst an einem Herzinfarkt, nur wenige Wochen vor seiner Abreise. Bettelheim war furchtbar enttäuscht. Er drängte mich und andere, ihm zu helfen, einen anderen niederländischen Arzt zu finden, der mit dieser Methode einverstanden wäre.

Die *New York Times* meldete, Bettelheim habe am 13. März 1990 Selbstmord begangen. Er erstickte sich selbst, indem er sich eine Plastiktüte über den Kopf zog (Goleman, 1990b). Spätere Meldungen lauteten, er habe vor dem Ersticken Alkohol und Tabletten zu sich genommen. Medizinische Experten widersprechen sich in der Beurteilung dieser Selbstmordmethode: manche sagen, es gehe relativ rasch und schmerzlos; andere vertreten die Ansicht, dass Ersticken eine schrecklich gewaltsame und schwere Todesart ist. In unseren Gesprächen erwähnte Bettelheim nie den Selbstmord mit Hilfe einer Plastiktüte. Er hinterließ offenbar eine Nachricht, deren Inhalt nicht veröffentlicht wurde (Goleman 1990a).

Psychologisch fiel mir Bettelheim wegen seiner ständigen Niedergeschlagenheit auf. In Gesellschaft ging er auf und war lebhaft, konnte aber die gute Stimmung nicht über längere Zeit aufrechterhalten. Es deprimierte ihn, dass er seine körperlichen und geistigen Aktivitäten einschränken musste, und er war zutiefst niedergeschlagen über das Schwinden seiner Kreativität. Er spielte mit dem Gedanken, ein neues Buch zu schreiben, etwa eine psychoanalytische Studie über das Malen, womit er zwei seiner früheren Interessen verband. Als ich ihn dazu bewegen wollte, ein genaueres Thema zu nennen, wurde er in einer für ihn untypischen Weise vage; er erwähnte die Möglichkeit, Träume oder den Traumprozeß zu untersuchen, wie sie in der europäischen Malerei seit der Rennaissance dargestellt werden. Bettelheim stellte traurig fest, dass er die Energie und Disziplin zu beginnen nicht hatte, ganz zu schweigen davon, ein solches Projekt zu vollenden, das Jahre intellektueller Anstrengung beansprucht hätte, Jahre, die er nicht mehr zur Verfügung hatte.

Neben der Erkenntnis, dass er nicht mehr richtig denken und sich konzentrieren konnte, schmerzte Bettelheim die Unfähigkeit, neue Ideen zu entwickeln. Dies bedeutete eine narzisstische Wunde für ihn. Er hatte Schwierigkeiten, aus seinem Bett aufzustehen. Er war sehr einsam und isoliert. Er war müde, reizbar, Menschen oder Dingen leicht überdrüssig. Als jemand, der Toren niemals leicht hatte ertragen können, wurde er zunehmend verächtlicher gegenüber menschlicher Dummheit, die er überall sah. Ebenso verachtete er gewöhnliche menschliche Schwächen. Es ist schwierig abzuschätzen, wieviel an Selbstverachtung in der Verachtung anderer steckte. Seine Selbstanalyse glitt jedoch niemals in Selbstzerfleischung ab. Selbstvorwürfe gehörten nicht zu Bettelheims Art.

Es gelang ihm nicht, sein verlorenes Interesse an der Welt wiederzuerlangen; ich bemerkte, dass er sogar die Sonntagszeitung, die er abonniert hatte, ungeöffnet und ungelesen liegen ließ. Seine früher leidenschaftliche Anteilnahme an der Politik und an gesellschaftlichen Themen war verschwunden. Wie andere gebildete Wiener Intellektuelle der Zwischenkriegszeit war Bettelheim ein Enthusiast und großer Kenner klassischer Musik, von Film und Theater; er besaß eine wunderbare Plattensammlung, die er nicht mehr anhörte. Er wurde zunehmend zum Einsiedler, ging selten zu einer Aufführung oder ins Kino. Ich nahm ihn einmal zu einem zauberhaften Beethoven-Konzert mit, das von einem erstklassigen Ensemble der Universität von Los Angeles, UCLA, gespielt wurde. Er gestand, dass er dieser Musik nur schwer folgen konnte, die ihn einst so inspiriert und belebt hatte. Seine Gedanken drifteten ab, und das Stück überforderte ihn.

Am Ende seines Lebens suchte er Trost beim Lesen. Er schrieb nicht mehr und weigerte sich, seine Gedanken einer Sekretärin zu diktieren. Das Lesen vermochte ihn nicht mehr für das fehlende Vergnügen im Leben zu entschädigen. Er konnte nicht mehr selbst Auto fahren; immer weniger war er imstande, für sich selbst zu sorgen und war von einer Haushälterin abhängig. Er hatte wenige befreundete Kollegen und Altersgenossen in Süd-Kalifornien. Seinen Unterricht und seine Supervisionstätigkeit schränkte er aus gesundheitlichen Gründen zunehmend ein. Er verlor die Kraft, öffentlich zu sprechen.

Die fehlende Öffentlichkeit und das Aufgebenmüssen seiner Lehrtätigkeit beraubten ihn zutiefst wichtiger und bedeutungsvoller beruflicher Aktivitäten, Bereiche hoher Selbstachtung und Leistung. Er empfand sich ständig als Last für andere. Um ihn selbst zu zitieren: er zog seine psychische Energiebesetzung von der Welt und den Menschen ab, zog sich innerlich zurück, um sich besser auf das Ende seines Lebens vorzubereiten.

Als ich ihn das letzte Mal besuchte, brachte ich ihm eine Flasche französischen Champagner mit, um mit ihm auf das kürzliche Erscheinen seines Buches *Freud's Vienna and Other Essays* anzustoßen. Bettelheim bestand höflich darauf, die Flasche nicht zu öffnen, weil er nicht in der Stimmung zum Feiern sei. Er wollte mich überreden, den Champagner mit meiner Frau zu genießen. So etwas war typisch für seine Lebenshaltung in seinen letzten Monaten.

Ich vermag nicht zu beantworten, warum er Selbstmord beging oder warum er diese Selbstmordmethode wählte. Ich empfinde seinen Freitod als eine Beendigung seiner Qual sowie eines Gefühls von Sinnlosigkeit bzgl. seiner Gegenwart und seiner Zukunft. Der Freitod war für Bettelheim die Weigerung, hilflos zu werden, sich mit einem sinnlosen Dahinvegetieren abzufinden. Sich sein Leben zu nehmen ermöglichte es ihm, der Verzweiflung und der inneren Leere zu entkommen, die seinen Alltag bestimmte. Nach seinem Rückzug von der Welt und in einem Gefühl von Entkräftung fehlte es ihm an Zeit, Kraft und Mitteln, seinen Tatendrang und sich selbst zu erneuern.

Wenn sein Freitod vielfältige Ursachen hat, wenn er nicht durch eine einzige Theorie oder Ursache erklärt werden kann, erscheint es als wenig sinnvoll, ihn als symptomatisch für eine Krankheit oder als Ausdruck eines moralischen Aktes zu betrachten. Sicherlich war der vollständige Bruch seiner Beziehung zu seiner Tochter Ruth – einer klinischen Psychologin – ein Faktor, der zur unerträglichen Belastung seiner letzten Jahre beitrug. Bettelheim war fürchterlich verletzt und maßlos enttäuscht von dem abrupten Ende all seiner Beziehungen zu ihr (und bis zu den letzten Wochen seines Lebens), zu ihren Kindern, seinen Enkeln. Um Bettelheims Gefühlszustand vor seinem Selbstmord ein wenig zu verstehen, möchte ich die wesentliche Bedeutung einer Zweierbeziehung unterstreichen, das beschleunigende Element, den der Verlust des bedeutsamen

Anderen, wie es ein Kind für einen Elternteil ist, darstellt. Die verheerende Ironie, dass ein weltberühmter Experte für Kindererziehung die Beziehung zu einem geliebten Kind abgebrochen hatte, war ihm bewusst. Ich fragte ihn einmal, ob er wütend sei, dass seine Tochter ihn verlassen habe. Er antwortete, dass er nicht bewusst über sie verärgert sei. Sie hat nichts unternommen, um ihre Version dieser Ereignisse zu geben.

Als unsere Gespräche unvermeidbar wieder auf den Selbstmord kamen, empfand ich eine Vielfalt starker, oftmals widersprüchlicher Gefühle. Zuerst und vor allem empfand ich Trauer darüber, dass Bettelheim entschlossen war, sein Leben zu beenden; dass dieser willensstarke und klarsichtige Mann sich nicht davon abhalten ließ. Meine Haltung war annehmbar und wohltuend für uns beide: die analytische Grundhaltung. Ich hörte zu, versuchte zu verstehen und empathisch auf ihn eingestellt zu bleiben. Ich gab ihm weder Empfehlungen noch unerbetene Ratschläge. Ich bot ihm Interpretationen, meist in der Hoffnung, ihm Anregungen zu geben und zu sehen, ob es eine Möglichkeit zur Klärung gab. Ich beruhigte ihn weder, noch bestärkte ich seine Selbstmordabsichten. Wegen seiner Schwäche empfand ich es häufig als deprimierend, in seiner Nähe zu sein. Unsere Treffen dauerten selten länger als zwei Stunden. Ich verließ sie psychisch erschöpft. Sie regten mich immer dazu an, die Bedeutung seiner Äußerungen zu reflektieren und abzuwägen.

Bettelheim war weder mein Analytiker noch mein Supervisor, nicht mein Lehrer und auch nicht mein Mentor. Dies erleichterte es uns beiden, freimütig zu sprechen und uns offen auszutauschen. Es gab Elemente von Übertragungsprozessen. Meine Beziehung zu Bettelheim verkomplizierte sich durch das Zusammentreffen mit der Abschluss- und schließlich der Beendigung meiner Lehranalyse bei Dr. Rudolf Ekstein. Dabei überdauerten meine Gespräche mit Bettelheim meine Lehranalyse um einige Jahre. Ein Abschluss ist immer ein Verlust und ein Ende, ein symbolischer Tod. Obwohl wir selten direkt Themen aus meiner eigenen Analyse berührten, half mir meine Freundschaft mit Bettelheim, den Schmerz meiner Trennung von Dr. Ekstein zu lindern; ich betrachte dies nun als einen Teil meines Trauerprozesses.

Obwohl er jünger war als Bettelheim, war Ekstein ein reifer Laienanalytiker; ebenfalls in Wien ausgebildet, war er Bettelheims engster Freund in Los Angeles. Ich wußte, dass mir Bettelheim zutiefst beunruhigende und persönliche Dinge erzählte, die er mit meinem Analytiker nicht besprach.

Dies eröffnete mir einen privilegierten Zugang zu seiner inneren Welt, aber es belastete mich auch in zweifacher Weise: Gefühle von Schuld einerseits und Gefühle eines Triumphes über meinen früheren Analytiker darüber, dass ich Dinge wußte, die er nicht kannte, andererseits. Ich möchte hinzufügen, dass Bettelheim sehr genau wußte, dass ich in Analyse bei Dr. Ekstein war, und dass er niemals etwas Respektloses oder Antitherapeutisches gegen meine analytischen Erfahrungen sagte oder tat.

Meine Freundschaft mit Bettelheim tauchte mich in das existentielle Dilemma und die psychologische Problematik des Alters. Sie gab mir einen Einblick und brachte mir in klarer Sprache nahe, wie es einem empfindsamen Menschen ergeht, der keine Wahl mehr hat und der das Schwinden seiner Schöpferkraft erlebt. Meine Reaktionen auf diese Gespräche mit Bettelheim waren abwechselnd erhellend, ernüchternd und schmerzhaft. Sie machten mir meine eigenen Grenzen bewusst; ich wusste, dass ich Bettelheim nicht retten konnte, dass ich ihn von seiner Wahl, sein Leben zu beenden, nicht abbringen konnte. Das Beste, was ich zu tun vermochte, war zu verstehen, nicht zu urteilen, nicht zu versuchen, mich zu distanzieren oder abzuwenden, mich nicht von meinen eigenen widersprüchlichen Gefühlen zu lösen und meine eigene, gewachsene, psychoanalytische Vorstellung zu Hilfe zu nehmen, um die Schmerzlichkeit seiner Situation zu erfassen. Bettelheim, sollte ich hinzufügen, behandelte mich niemals herablassend. Er bot mir an, mir analytische Patienten zu überweisen. Und er sprach immer ehrlich über seinen Wunsch, sein Leben zu beenden. Der vielleicht seltsamste und überraschendste Aspekt unserer Gespräche über den Freitod war die Nähe, die dadurch zwischen uns entstand. Obwohl ich in diese Offenbarungen eingeweiht war, muss ich hinzufügen, dass ich dennoch einen starken Schock und den Schmerz eines persönlichen Verlustes empfand, als ich schließlich von seinem Freitod erfuhr. Ich war nicht überrascht, aber dennoch niedergeschmettert. Verlassenwerden ist intellektuell leicht zu erfassen, doch emotional stark erschütternd. Ich bin überzeugt – dies geht über das eigentliche Thema hinaus – dass die Angriffe auf Bettelheims klinische und intellektuelle Reputation seit seinem Suizid zumindest teilweise aus dem Zorn und der Wut resultieren, die von den Gefühlen des Verlustes ausgelöst wurden, und zwar von seiten seiner Verleumder wie seiner Verteidiger, mich selbst eingeschlossen (vgl. Kap. 6, 9 und 10; siehe auch Kaufhold 2001).

Bettelheim beging am 13. März Selbstmord – exakt dem Tag des Anschlusses Österreichs durch die Nazis, 52 Jahre nach diesen Ereignissen. Psychoanalytiker verstehen die mächtige Symbolik von Jahrestagen, insbesondere deren Fähigkeit, zerreißende Gefühle des Verlustes und der Trauer wieder heraufzubeschwören. Es ist kein Zufall, dass sich Bettelheim ausgerechnet am Tag des Einmarsches der Nazis in Wien das Leben nahm. Sein Leben wurde durch diese Ereignisse und seine Inhaftierung in den deutschen Konzentrationslagern drastisch verändert. Ein Teil seines depressiven Charakters stammte zumindest teilweise aus dieser lange andauernden traumatischen Erfahrung mit dem Faschismus und den Erinnerungen, Phantasien und Gefühlen, die durch die Konzentrationslager erzeugt wurden, die gesamtgesellschaftlich nicht durchgearbeitet wurden und werden konnten. Bettelheims Schuldgefühl über sein Überleben, vielleicht seine Schuld und seine Scham über sein eigenes Verhalten beim Überleben, heilte niemals aus (vgl. Kap. 6). Vielleicht sind diese Wunden irreparabel, die Opfer sind dazu verdammt, unermessliches Elend und schreckliche Erinnerungen ein Leben lang zu ertragen. Der Freitod wird dann zu einem rationalen Weg aus dieser psychologischen und existentiellen Sackgasse, setzt dem Bewusstsein des Traumas und des endlosen Leidens ein Ende.

Die Überlebensschuld ging in Bettelheims Fall einher mit einer lebenslangen Beschäftigung mit Selbstmord und dem Freudschen Konzept des Todestriebes, sowie mit der psychodynamischen Abwehr gegen Hass, Abhängigkeit, den Verlust von Hoffnung, einschließlich der eigenen. Als ein Überlebender der Konzentrationslager musste Bettelheim mit den schmerzvollen Erinnerungen an diejenigen kämpfen, die gefoltert wurden und starben, denen aber nicht geholfen oder die nicht gerettet werden konnten, einschließlich Verwandte, Bekannte, Freunde (vgl. Kap. 6). Es quälte ihn ebenfalls, wie sich Überlebende des Holocaust unbewusst mit einigen der schlimmsten Züge ihrer Folterer identifizierten, die Annahme autoritärer und dogmatischer Charakterzüge eingeschlossen. Einer der am nachhaltigsten erschreckenden Aspekte des Überlebens der Lager war das Ausmaß, in dem sich die Persönlichkeitsstruktur der Faschisten der Persönlichkeit der Überlebenden aufprägte.

Bettelheim sagte mir häufig, dass die Erfahrung, ein Konzentrationslagerinsasse gewesen zu sein, nicht mitteilbar und auch durch Unterricht nicht vermittelbar sei; für die Überlebenden beinhaltete ihr unvorstellbares Schicksal die Verinnerlichung von so etwas wie einem metallischen Fremdkörper. Sie waren dazu verdammt, ihr Leben zu verbringen – wie es der Historiker Saul Friedländer ausgedrückt hat – als ob sie »stählerne Scherben« in sich trügen, die Wunden hinterließen, die niemals heilen würden (Friedländer 1979). Obwohl sich Bettelheim für unsentimentale Erinnerungen und für politischen und persönlichen Widerstand gegen die Konzentrationslager aussprach, hat er sich niemals vollständig von seiner persönlichen Geschichte erholt. Sein Freitod dokumentiert erneut, wie destruktiv diese Erfahrung war und gibt sogar nach einem halben Jahrhundert Zeugnis von deren vernichtenden Wirkungen.

Die Opfer der Konzentrationslager versinken in Depression, weil sie alles verlieren, was in ihrem früheren Leben wichtig war. Sie sind vor Verzweiflung und Leere gelähmt. Sie wüten gegen ihr Schicksal. Sie stumpfen emotional ab und sind affektiv tot. Sie beginnen, ein »Nicht-Leben« zu leben. Ihr Bewusstsein wird beherrscht von depressiven Gefühlen und dem unerbittlichen Bewusstsein von unwiderruflichem Verlust. Für Bettelheim versprachen das Alter und die Aussicht auf ein Leben im Altersheim keine echte Chance, keine Möglichkeit, sein Leben zu erneuern. Er befürchtete, ein »Muselmann« zu werden, ein Begriff im Lager für »lebende Leichname», vollständig hilflose und abhängige Menschen (Bettelheim 1964). Als ein anonymer, beiseite geschobener und verfallender Körper, beschränkt auf ein Altersheim, weiterzuleben, bedeutete eine Reinszenierung seiner Haftjahre, bedeutete, ein »Muselmann« zu werden. Angesichts zerstörter Hoffnungen, bedrohter Autonomie, mit körperlicher Erkrankung und Behinderung als sicherer Zukunftsperspektive, wählte Bettelheim den Freitod.

Als ich ihn einmal fragte, ob er sich Gedanken machte, wie die Öffentlichkeit seinen zukünftigen Selbstmord aufnehmen könnte und dass es unmöglich werden könnte, sein Werk ohne unvermeidliche Bezugnahme auf seinen Selbstmord zu diskutieren, erwiderte er, dass er sich keine Sorge über seine Nachwelt machen würde. Ihm war es völlig gleichgültig, ob sein Tod seine Reputation beflecken würde.

Vom ersten Augenblick seines Abtransportes ins faschistische Konzentrationslager Dachau im Jahre 1938 an wurde sich Bettelheim scharf der geistig beeinträchtigenden Aspekte dieser Erfahrung für einen Insassen bewusst. Zeit heilt nicht alle Wunden. Selbsterkenntnis reicht gelegentlich nicht aus. Überlebende der Konzentrationslager leiden unter schrecklichen Erinnerungen. Obwohl er müde und geschwächt war, nachdem er von der Gestapo eine Bajonettwunde zusätzlich zu einer schweren Kopfverletzung erhalten hatte, fragte er sich verwundert, »wie Menschen so viel erdulden können, ohne Selbstmord zu begehen oder wahnsinnig zu werden« (Bettelheim, 1943). Seine Lebensgeschichte und Arbeit wurden zu einer introspektiven Ausarbeitung und Reflexion über diesen Akt des Erduldens.

Gegen Ende von *The Informed Heart* (dt.: *Aufstand gegen die Masse*, Bettelheim, 1964) erzählt Bettelheim die tragische Geschichte eines weiblichen Konzentrationslagerhäftlings, der durch die Ermordung eines kommandierenden SS-Offiziers seinen Tod riskierte. Die Gefangene war früher Tänzerin gewesen. Mit einer Gruppe nackter Häftlinge vor der Gaskammer stehend wurde sie von dem befehlshabenden SS-Offizier abkommandiert, für ihn zu tanzen. Sie kehrte das Gefühl der Demütigung um, verweigerte den Status einer Sklavin und begann zu tanzen. Es gelang ihr, dem SS-Mann das Gewehr abzunehmen und ihn zu erschießen. Sie wurde sofort umgebracht.

Bettelheim beschreibt diese Geschichte eines Suizides als einen zugleich aufrührenden und exemplarischen Akt von Widerstandshandlung; er demonstriert die kurzfristige Umwandlung einer extremen Brutalität und Entmenschlichung in eine aktive Wiederherstellung ihres früheren Selbst. Für einen Moment fand sie zu ihrem früheren Selbst zurück, einem Selbst voller Würde und Selbstachtung; und zu der Fähigkeit sich als empfindender Mensch und sinnvoll zu verhalten. Sie entdeckte ihre frühere Persönlichkeit wieder und reagierte auf eine groteske Situation mit einem angemessenen Maß an Revolte und Behauptung ihrer Individualität, auch wenn sie dabei den Tod fand:

> »Indem die Tänzerin sich ihrer letzten Freiheit bediente, die ihr nicht einmal das Konzentrationslager nehmen konnte – nämlich zu entscheiden, was man über seine eigenen Lebensbedingungen zu denken und zu fühlen wünscht –, entledigte sich die Tänzerin ihres wirklichen Gefängnisses. Sie konnte dies tun, weil sie bereit war, das Leben zu riskieren, um noch einmal die Herrschaft über sich selbst zu erlangen. Wenn wir das tun, dann können wir wenigstens als Menschen sterben, selbst wenn wir nicht als solche leben können« (Bettelheim, 1964, S. 285).

Bettelheims Freitod lässt sich ebenfalls verstehen als Entschlossenheit, seine individuelle Autonomie zu behaupten. Nicht bereit, einen langsamen, sinnlosen Tod in einem Altersheim hinzunehmen, unfähig, seine Identität als ein menschliches Wesen in einem bürokratischen System aufrechtzuerhalten, das ihn als ein zu verwaltendes Objekt betrachtete, ihn ohne Fürsorge und Mitgefühl behandelte, wurde der Selbstmord für ihn zu seiner Verweigerung des inneren Gefängnisses, das Gefängnis seiner persönlichen und historischen Erinnerung. Der Freitod wurde sein letzter Tanz, zur letzten Behauptung seiner selbst als ein Mensch.

Übersetzung: Roland Kaufhold

Anmerkungen

1 In seinem auf Deutsch erst posthum erschienenen Buch »*Themen meines Lebens*« hat Bettelheim die private Episode preisgegeben, wie er sich als 14jähriger aus Eifersucht gegenüber dem um einige Jahre älteren Otto Fenichel veranlasst gefühlt hatte, sich erstmals intensiver mit der Psychoanalyse zu beschäftigen – und hiervon nicht mehr loskam (Bettelheim, 1990, S. 35–38; vgl. auch Kaufhold, 1994, S. 72f.).

Bruno Bettelheim in seiner Wohnung in Santa Monica,
Los Angeles, 1989/1990

7. Hommage an Bruno Bettelheim (1903–1990)

Ich lernte Bruno Bettelheim in jenen Jahren kennen, als sich sein Leben dem Ende zuneigte. Vieles trennte und Vieles verband uns. Wenn ich auch nicht seine Muttersprache mit ihm teilte und teilen konnte, ebenso wie seine klassische Erziehung an der Universität in Wien, sein Alter, seine einzigartige geschichtlichen Erfahrungen, den Holocaust, seine Emigration in die USA und seine einzigartige Arbeit mit schwer gestörten Kindern, so teilte ich mit ihm einen tiefempfundenen Antifaschismus, das Bekenntnis zur Laienanalyse, die Begeisterung für psychoanalytische Hermeneutik, die Anteilnahme an zeitgenössischer Geschichte und das Interesse, bohrende Fragen zu stellen.

Ihn umgab eine Stimmung von Ernsthaftigkeit, eine intellektuelle Seriosität und emotionale Tiefe, die größtenteils von der Kraft seiner Persönlichkeit herrührte, aber auch von dem tragischen Gewicht seiner lebensgeschichtlichen Erfahrung – vor allem von seiner Erinnerung an den deutschen Faschismus und die Konzentrationslager. Ich fand ihn immer höflich, formell im europäischen Sinne, ein bisschen unnahbar, doch umgab ihn immer eine bezwingende Ausstrahlung, eine persönliche Würde, ein Funkeln in seinen Augen, ein ironischer Sinn für Humor, eine Intoleranz gegenüber der Verrücktheit und Dummheit der Menschen, die Fähigkeit, ausgesprochen selbstkritisch zu sein. Seine Härte war legendär; er wandte sie auch auf sich selbst an, wie seine bemerkenswerte Arbeitsdisziplin und die fruchtbare Qualität und Quantität seiner Veröffentlichungen bezeugen.

Einmal gestand mir Bettelheim wehmütig, er wünschte, ich hätte ihn zehn Jahre früher kennenlernen können. Doch bis zum Ende seines Lebens erhielt er sich seine intellektuelle Lebendigkeit, indem er den gewaltigen Fundus seines Wissens auf aktuelle Themen konzentrierte, die für seine Leser und Zuhörer von Interesse waren. In unseren Gesprächen berührte er oft während er sprach seinen Kopf, massierte ihn fast; dies war ein Mensch mit einer deutlichen narzisstischen Besetzung des Geistes, und wenn er nicht länger neue und originelle Gedanken hervorbringen konnte, wollte er nicht länger leben.

In den Jahren, in denen ich ihn kannte, war er oft deprimiert bis hin zu Selbstmordgedanken. Er sprach offen, fast klinisch über seine Selbstmordabsichten. Mir war klar, dass er sie erforscht, durchdacht und sich selbst überzeugt hatte, dass dies der einzige couragierte Ausweg war, der einzige würdige Weg für ihn in dieser Phase seines Lebens. Er wusste, dass er sein schöpferisches und wissenschaftliches Werk vollendet hatte. Nach der Krankheit und dem Tod seiner Frau 1984, die ihm über 43 Jahre eine treue Gefährtin war, wurde er immer niedergeschlagener. Er war furchtbar verbittert und resigniert über den Bruch mit seiner Tochter, seine Hoffnungen zerschlugen sich, nachdem er mit ihr in Santa Monica zusammen gelebt hatte. Ein leichter Schlaganfall hatte seine Möglichkeiten so weit eingeschränkt, dass Schreiben und Tippen zu seinen Hauptbeschäftigungen wurden; es war traurig zuzusehen, wie er sich über den handgeschriebenen Manuskripten seiner Bücher abmühte, als ich ihn bat, vor meinen Studenten an der University of California, Los Angeles, einen Vortrag über die kulturtheoretischen Schriften Freuds zu halten. Als ich ihn das letzte Mal im Januar 1990 sah, bemerkte ich, welchen großen, mühevollen Aufwand sein kurz zuvor veröffentlichtes Buch *Freud's Vienna and Other Essays* (1990) (dt.: *Themen meines Lebens* (1990)) erfordert hatte.

Bettelheim war ein Philosoph der Psychoanalyse, der eine flüssige, allgemeinverständliche Sprache sprach, ohne dabei seinem Publikum gegenüber herablassend zu wirken. Diese Sprache fand ihren Widerhall in einem großen, einflussreichen, internationalen Publikum, weil sie die Menschen in ihrem Innersten ansprach; er verfasste seine Schriften so, dass sie das Herz und den Verstand gleichzeitig ansprachen. Wie ein hochgebildeter europäischer Intellektueller wußte er diffizile Fragen über Geschichte, Ethik, Psychoanalyse, Kinder und Elternschaft aufzuwerfen, er wußte, wie man forscht, wie man Texte liest, wie man psychologische und emotionale Nuancen erfassen und verdeutlichen kann, oft erfasste er die Botschaft zwischen den Zeile. Er war entschlossen, nicht in hochtechnischen oder übermäßig spezialisierten Fragen zu versinken und nicht im Fachjargon zu schreiben. Er entwickelte einen klaren, unverwechselbaren Stil, welcher eine echte Verständigung mit anderen Menschen von Seele zu Seele erlaubte und der größtenteils in seiner empathischen Empfindsamkeit gründete. Er schuf einen Fundus von hervorragenden und breitgefächerten Schriften, die eine radikale Unterscheidung fordern zwischen authentischem Gefühl und billiger Sentimentalität, zwischen strenger Analyse und dem Zitieren etablierter Frömmigkeiten, zwischen realistischen Konfrontationen mit schwierigen Wahlmöglichkeiten und dem

Einspruch gegen Positionen, die in Verleugnungen, Vermeidungen und Reaktionsbildungen gründeten. Die meisten seiner Texte sind reich an aufrichtiger Menschlichkeit, Mitgefühl und Fürsorglichkeit, speziell jene, die dem Verständnis des Innenlebens schwer gestörter Kinder gewidmet sind; doch seine Werke dienten auch der Entromantisierung und Entmystifizierung. Kurz, sein Humanismus war nicht einfältig, lau, überzogen optimistisch, noch von realistischen Überlegungen abgehoben.

Für den psychoanalytische Theorie und Praxis lehrenden, übertragenden und modifizierenden Bettelheim gründete das Privileg des Psychoanalytikers in einem tief verwurzelten Respekt vor dem Menschen, vor seiner oder ihrer Privatheit, individuellen Einmaligkeit, seinen Kämpfen, seiner Suche nach Wahrheit, seiner Hoffnung auf persönliche Formen von Befreiung, Kreativität und Lebendigkeit. Diese Werte mögen seine Identifikation mit Freud und dem klassischen Liberalismus des Wiener jüdischen Bürgertums der Zwischenkriegsjahre widerspiegeln. Er war eine der letzten wirklich unabhängigen Stimmen der Psychoanalyse, einer jener respektlosen Bilderstürmer, die sich voll Verachtung für regionale, nationale, internationale Streits über psychoanalytische Doktrinen, niemals um Institutionen des Establishments oder psychoanalytischer Institute kümmerte. Er erachtete diese Streits als abwegig.

Als eine selbstsichere, kritische Stimme sagte er seine Meinung – oft in einer kämpferischen, beißenden, intoleranten Weise, immer aber wohlüberlegt, kurz, knapp und bestimmt. Ich lernte schnell, daß es sinnlos war, mit ihm über bestimmte Themen zu diskutieren; mehr als einmal empfand ich ihn als rechthaberisch, autoritär und ziemlich barsch in seinen Urteilen – beispielsweise über die Politik der Anti-Kriegsbewegung in den 1960er Jahren, der Kritik an der amerikanischen Außenpolitik, den theoretischen Versuchen Marxismus und Psychoanalyse zu verbinden. Doch auch im vorgerückten Alter war ein Dialog mit ihm möglich; bei Problemen, von denen er wußte, daß sie existentiell oder psychologisch drängten, konnte er erstaunlich entwaffnend und einfühlsam sein.

Bettelheim war ein Mann voll von Geschichten. Wenn man ihn in der richtigen Stimmung antraf, war er bereit aus dem Nähkästchen zu plaudern. Für ihn war Psychoanalyse kein unmöglicher Beruf, sie war ein sonderbarer Beruf, ausgeübt von einer Galerie von Gaunern, Genies, Schamanen, Priestern, falschen Propheten, Narzissten, Exhibitionisten,

Funktionären und gelegentlich komischen Käutzen. Letztlich blieb er aber stolz auf die Psychoanalyse, er fand sie faszinierend, unmöglich festzunageln und unendlich inspirierend. Bettelheim selbst konnte manchmal sonderbar sein.

Er sprach freundlich und außerordentlich positiv über Wilhelm Reich, den er in Wien als jungen Mann gekannt hatte, er hielt ihn für *den* zukunftsträchtigen psychoanalytischen Denker und Kliniker des Jahrhunderts. Wann immer er von ihm sprach, erwähnte er Reichs enorme Vitalität und seinen unlöschbaren Durst nach Erkenntnis. Ich hatte das Gefühl, dass sich Bettelheim mit Reich identifizierte, weil auch er sich durch die offizielle Psychoanalyse an den Rand gedrängt und geächtet fühlte, zumindest in Amerika. Für Bettelheim repräsentierte Reichs Charakteranalyse (1933) die Geburt der modernen psychoanalytischen Theorie und Praxis. Er kannte bezeichnende, manchmal bissige Anekdoten über andere Koryphäen der psychoanalytischen Bewegung darunter Margret Mahler, Anna Freud, Heinz Hartmann, Kurt Eissler, D.W. Winnicott, Melanie Klein, Franz Alexander und Heinz Kohut.

Bei meinem letzten Besuch Bettelheims bat ich ihn um einen klinischen Rat über anhaltende Probleme, die ich mit verschiedenen Patienten hatte, die alle Kinder von Überlebenden des Holocaust waren. Bettelheim drängte mich, geduldig, freundlich, empfindsam, gelassen und der Herr meiner eigenen Ängste zu bleiben, zu lernen, die ausgedehnte Phase des »Nicht-genau-Wissens« besser zu ertragen, nicht vorschnell in Interpretationen zu stürzen, die Erinnerungen an oder Fantasien über den Holocaust wachrufen, die oft heftige negative Übertragung auszuhalten (was er als die am schwierigsten zu lernende und in die psychoanalytische Technik zu integrierende Aufgabe ansah), und die Gegenübertragung zu berücksichtigen und über sie als authentischen Weg zum Geist und der Seele des Patienten nachzudenken. Dann machte er eine Pause und sagte mit dem Schock einer schmerzhaften Erkenntnis: »Sie wissen, *meine* Kinder sind Kinder eines Überlebenden des Holocaust«. Das ist der Bettelheim, an den ich mich erinnere: hilfsbereit, scharfsinnig, fürsorglich, doch immer persönlich, den emotionalen und lebensgeschichtlichen Anteilen zwischenmenschlicher Begegnungen gefühlvoll zugewandt.

Mein Lieblingsbild von Bruno Bettelheim bleibt dasjenige, wo er im Flur der *Orthogenic School* seinen Arm um die Schulter eines Mädchens legt; es ist ein kraftvolles Bild, mit dem Rücken zur Kamera zeigt es einen

Mann, der selbstsicher, beschützend, beruhigend, sensibel war, der Selbstvertrauen ausstrahlte, der fähig war, seine eigenen Zweifel auszuhalten sowie die die schreckliche Last seiner eigenen lebensgeschichtlichen Erfahrung mit Würde und Mut zu tragen.

Übersetzung: Franz-Josef Krumenacker

Rudolf und Ruth Ekstein mit Bruno Bettelheim im Januar 1990 in der Wohnung von Eksteins Tochter in Los Angeles

IV. Polemiken

9. Offener Brief an *Newsweek*

Der folgende Brief wurde als Antwort auf einen Artikel geschrieben, der in »Newsweek«, Rubrik »Lifestile«, vom 10. September 1990 veröffentlicht wurde. Die Zeitschrift brachte in ihrer Ausgabe vom 8. Oktober 1990 eine verstümmelte Fassung. Im Interesse der Klarheit veröffentlichen wir hier den vollständigen Text.

Wir sind betroffen über den verzerrten Eindruck, der durch den Artikel »Beno Brutalheim?« von Nina Darnton entsteht (Lifestyle, 10.9.1990, S. 59–60). Während Bettelheim tot ist und nicht antworten kann, wird ein in höchst unverantwortlicher Weise prügelnder Bettelheim präsentiert. Der Artikel gibt ein sensationelles und widerliches Bild von Bettelheim als Sohn einer Hündin bzw. eines Genies, der seine ethischen Prinzipien durch Einschüchterung, Herabwürdigung und körperliche Züchtigung seiner kranken Patienten verletzte. Darnton behauptet, dass er sadistisch war und sich nicht kontrollieren konnte. Alle ihre Belege sind zweifelhaft und offensichtlich aus dem Kontext gerissen. Wir erfahren nichts über die interviewten Personen. Mehr noch, wir erfahren nichts über ihre Glaubwürdigkeit. Werden vereinzelte Erinnerungen aufgebläht? Erhalten wir ärztliche Fantasien, die von früheren Patienten als selbstverständliche Fakten präsentiert werden? Warum schwiegen die Kritiker Bettelheims, als er noch lebte? Wir bezweifeln die Professionalität und Ehrenhaftigkeit der Journalistin Darnton. Ihre Methoden sind schäbig und ungenau. Fakten hat sie nicht oder kaum überprüft. Zum Beispiel macht sie zwei vollständig falsche Behauptungen über Dr. Rudolf Ekstein. (»Bettelheims alter Freund Rudolf Ekstein, ein über 70jähriger pensionierter kalifornischer Psychoanalytiker, der Bettelheim in Wien vor dem Krieg kennengelernt hatte ...«) Dr. Ekstein ist nicht pensioniert. In Wirklichkeit sagte Dr. Ekstein zu Frau Darnton, dass er das Interview mit ihr abbrechen müsse, um einen Patienten aufzusuchen. Ebenso ist falsch, dass er Bettelheim in Wien vor dem 2. Weltkrieg kennengelernt hat; sie trafen sich in den 50er Jahren in den USA. Diese Falschinformation macht uns misstrauisch gegenüber anderen Ungenauigkeiten in ihrem Artikel.

Schwerwiegend regredierte und gestörte Patienten in psychiatrischen Einrichtungen erfordern feste Grenzen und Strukturen, ebenso wie ein Personal, das sie freundlich, tolerant, empathisch, geduldig und kenntnisreich behandelt. Diese Therapeuten sind in ihrer täglichen Arbeit mit solchen Patienten einem Ensemble von Ängsten, Frustrationen, Enttäuschungen und regressiven Entwicklungen ausgesetzt. Kein Therapeut ist ein Heiliger. Keiner hat die perfekte Selbstkontrolle und Selbstdisziplin zur Verfügung, um ohne so etwas wie emotionale Aufruhr oder sogar einen gelegentlichen Ausbruch reagieren zu könne. Kein Kliniker kann seine Arbeit und seine konsistente klinische Philosophie in einer absolut unfehlbaren Weise durchführen. Im besten Fall sind sie »gut genug« – das genau ist das Ideal, das Bettelheim in seinem Buch über Elternschaft beschrieb. Als Verwalter arbeitete Bettelheim mit einer extrem anstrengenden Patientengruppe, einer Gruppe von Unheilbaren, von Personen, die von anderen Therapeuten aufgegeben worden waren. Ebenso hatte er es mit einem Spektrum emotionaler Antworten auf diese Patienten von seiten seines Pflegepersonals zu tun, das sich in gewissen Augenblicken so vorgekommen sein muss, als wäre es durch die Patienten verrückt gemacht worden. Mit anderen Worten: Bettelheim hatte eine schwere Verantwortung nach beiden Seiten, für seine Patienten und für sein Personal. Dass er Ärger, Ungeduld, Frustration ausdrückte und dies gelegentlich in einem autoritären Ton, das ist nicht überraschend oder außer der Natur. Zu suggerieren, dass er ein grausamer oder gefühlloser Tyrann war – ein Patienten-Vergewaltiger –, geht am Problem vorbei.

Bettelheim bleibt der empathische Anwalt der hilflosen Kinder und der unzugänglichsten Patienten. Was uns als »beleidigend« und »brutal« erscheint, ist diese Form von Skandal- und Entlarvungs-Journalismus. Er könnte die Hoffnungen auf Wiederherstellung der schwerwiegend gestörten Patienten beeinträchtigen, die gegenwärtig in psychiatrischen Krankenhäusern behandelt werden, indem ihr Vertrauen in ihre Pfleger erschüttert wird. Dieser Journalismus zeigt auch kein Verständnis für die psychologischen Schwierigkeiten und therapeutischen Absichten derer, die sich beruflich mit geistiger Gesundheit befassen und von denen viele von den geistsprühenden Schriften Bettelheims und von seiner hartnäkkigen Menschlichkeit angeregt worden sind.

Übersetzung: Werner Rügemer

10. Leserbrief an *Society*

Meine Antwort an einige von Bettelheims früheren Patienten

Der Dichter Rimbaud charakterisiert seine eigene Epoche als ein »Zeitalter der Ermordungen.« Unsere Gegenwart degenerierte zu einer Epoche in der Leichname ermordet werden. In gleicher Weise sind die Attacken auf Bruno Bettelheim unverhältnismäßig. Diese Briefe bilden eine Kampagne in der nicht nur sein Leichnam bespuckt wird, sondern auch – erfolglos meiner Meinung nach – der Versuch unternommen wird, sein beachtliches Werk zu diskreditieren. Die Vehemenz der Briefe von Jatich und Pekow, beides ehemalige Patienten der *Orthogentic School*, erschweren es sich auf einen vernünftigen Dialog über Bettelheims Ideen und ihre historische Bedeutung einzulassen. Ihre Intention scheint es auf Rufmord und Beschmutzung seines guten Names abgesehen zu haben.

Mein Interview mit Bruno Bettelheim fokussiert Themen die relevant waren für Bettelheim in seinen letzten Lebensjahren. Das Interview fasst seine reifen Reflektionen über das Altern, das Vermächtnis des Holocausts, und eine Reihe von wichtigen Episoden, in bezug auf seine persönliche Rolle in der psychoanalytischen Bewegung zusammen. Schließlich behandelt es den Selbstmord, denn der latente Unterton dieser Konversation bildete sein Konflikt sich das eigene Leben zu nehmen. An dieser Stelle möchte ich vermerken, dass das Interview in keiner Weise die Absicht hatte, Kontroversen zu vermeiden. Die Gespräche wurden im Juli und November 1988 geführt, also vor der Bekanntmachung der Exposes, die den vermeintlichen Patientenmissbrauch bezeugten, und Anschuldigungen des geistigen Diebstahls in seinem Buch *Uses of Enchantment*. Meine Abmachung mit Bettelheim war das Interview nicht vor seinem Tod zu veröffentlichen, wegen des kontroversen Inhalts den Selbstmord betreffend.

Die unverschämte Wut gegenüber Bettelheim in diesen Briefen (und ähnlichen Briefen in anderen Publikationen) geht weit über eine Glaubwürdigkeit hinaus. Es scheint keine Grenze der verurteilenden Verleumdungen zu geben. Ich nehme an, dass diese Anschuldigungen seiner Persönlichkeit durch andere Quellen des Grolls gespeist wurden. Ich vermute, dass die Schreiber – zumindest teilweise – durch das Gefühl eines anhaltenden Schmerzes und Verrates, den sie in der *Orthogenic School* erfahren und erlebten, motiviert wurden. Das groteske Portrait Bettelheims ist sensationsheischend, aber es stimmt nicht mit meinem persönlichen Wissen und Wertschätzung Bettelheims und seines Werkes überein.

Es gab vermutlich viele Gesichter Bruno Bettelheims. Jenes welches ich kannte war Mitte 80 und schwächlich, jedoch charmant, hellsichtig und immer faszinierend. Er führte ein faszinierendes und produktives Leben, sicherlich ein Leben der kreativen Widersprüchen, paradox und zugleich schöpferisch. Wenn es einen gemeinsamen Nenner gab, dann war es seine unnachgiebige Ehrlichkeit. Diese Ehrlichkeit hatte eine verfolgende und zwingende Note. Ich glaube sie speiste sich aus drei Quellen: seinem Charakter, seinem Erlebnis des Holocausts, und seiner Identität als humanistischer Psychoanalytiker und Intellektueller.

All dies durchdringt diese letzte Unterhaltung, insbesondere seine Bemerkungen über die persönlichkeitssplitternden Aspekte des Überlebens in Nazi-Konzentrationslagern und den Versuchungen des Selbstmordes. Diese Offenheit und vor allem eine Fähigkeit sich selbst und seine Welt ohne Selbsttäuschungen zu sehen, sowie sich mit historischen, kulturellen und therapeutischen Themen auseinander zu setzen, dies war es was ich am meisten an Bettelheim schätzte. Es könnte das wichtigste Vermächtnis seines Beitrages zur psychoanalytischen Methode und Tradition sein. Allerdings könnte es etwas einschüchternd sein. Doch ist dies vollkommen abwesend in den Argumenten jener die behaupten seine Märtyrer zu sein.

Dazu genötigt, würde ich mich als kritischer Bewunderer Bettelheims bezeichnen. Ich bewunderte seine Gelehrsamkeit, und die Fragen die er in seinen populären Schriften aufwarf, sowie seine Fähigkeit schwer fassbare klinische und historische Probleme zu untersuchen und darzustellen. Probleme die möglicherweise ethischer Natur waren. Weder als private noch als öffentliche Person war Bettelheim auf die Notwendigkeit geliebt zu werden angewiesen. Als bekannte Persönlichkeit, die kein Blatt vor den Mund nahm, und oftmals dem Zeitgeist wiedersprach, wurde er zur Zielscheibe großen Neids. Doch im Grunde war er ein Lehrer der wünschte, dass seine Gedanken und Methoden studiert und individuell angewandt werden. Gleichfalls hoffte er, dass seine Lehren überdacht, überarbeitet und modifiziert werden würden.

Newsweeks sensationsheischende Attacke auf Bettelheim machte mir nicht als sein blinder Anbeter Sorgen, sondern aufgrund der Erschütterung, die ich bei der unfairen und jegliche Balance vermissenden Darstellung empfand. Ich stellte die Forschungsmethoden, Techniken der Datensammlung und die äußerste Unzuverlässigkeit und Emotionalität der Aussagen – die polemischen und bösartigen Briefe im Journal *Society* sind zum wiederholten Mal beispielgebend – in Frage. Weil *Newsweek* lediglich für eine gekürzte Wiedergabe meines Briefes (mitunterschrieben von Dr. Rudolf Ekstein) Platz fand, und überdies von Pekow fehlerhaft dargestellt wurde, lade ich den interessierten Leser ein, die *Psychohistory Review* (April 1991) für den vollständigen Text zu konsultieren.

Die Attacken in diesen schamlosen Briefen sind spielend leicht vollbracht, wenngleich sie eine Selbsttäuschung bedeuten. Dort verschieben (displace) die sogenannten Opfer den angeblichen Täter. Aus Rache wird Wut, und entwickelt sich zur Vendetta an einem Leichnam. Dies verdeutlicht wie stark Dr. Bettelheim weiterhin ihr Dasein dominiert, quält und entstellt. Ich bin erstaunt, dass sie fünfzehn und mehr Jahre verstreichen lassen, bevor diese verdammenden Beleidigungen der Öffentlichkeit zugänglich gemacht werden. Diese offensichtlich erfolgreichen, gebildeten Individuen waren scheinbar widerwillig, ihre Beschwerden vorzubringen solange Bettelheim die Stärke gehabt hätte Ihnen entgegenzutreten.

Warum die *Washington Post*, *Newsweek* und *Commentary* ihre Seiten diesen Denunziationen zur Verfügung stellten ist ein anderes Thema. Sensationen steigern den Absatz, wie auch Skandale, insbesondere wenn es sich um die scheinbare Demaskierung eines erfolgreichen Autors handelt. Die Veröffentlichung rufschädigender Artikel über einen distinguierten toten Autoren und Therapeuten ist ein leichtes Spiel – die Toten werden weder mit Gerichtsverfahren drohen, noch sind sie weiterhin fähig kritisch Stellung zu nehmen.

Diese Verleumdungen versuchen, vielleicht auf einem tieferen Niveau, die Erinnerung an einen einzigartigen psychoanalytischen Denker, der seine Loyalität zu den respektlosen, kritischen und interpretierenden Möglichkeiten der Psychoanalyse und psychoanalytischen Kultur behielt, zu zerstören. Ich werte diese publizierten Berichte als unehrliche Versuche den klinischen Einfluss und den guten Namen der zeitgenössischen Psychoanalyse zu untergraben.

Neokonservative Organe wie *Comentary* wünschten sich möglicherweise, eine unabhängige und unnachlässige Kritik ihrer politischen und ideologischen Maßstäbe zu entwerten. Bettelheim opponierte jedenfalls gegen *Comentarys* selbstgefälligen Ton. Anstelle sich mit dem substantiellen Wert seiner Analyse der jüdischen Beteiligung an ihrer eigenen Massenschlachtung während des Holocausts auseinander zusetzen, oder seine Opposition zu bestimmten Zielen der israelischen Politik zu debattieren, bevorzugten diese Publikationen einen Rufmord anstelle eines authentischen intellektuellen Dialogs. Skandalöse Anschuldigungen des Missbrauches erhielten Vorrang gegenüber ehrlicher Durcharbeitung seiner Ideen und seiner sozialpsychologischen Perspektiven.

Wenn die Gedanken eines Autors nicht ernst genommen werden, stellt die Verunglimpfung seines Namens lediglich eine weitere, bisweilen primitive, Form der Banalisierung dar. Der tote Dr. Bettelheim fährt fort, wie alle mächtigen Vaterfiguren, eine Autorität auszuüben in seiner mythischen – für manche dämonischen – Präsens. Der Bettelheim-Mythos kann entmythifiziert werden und wir können von seinem Leben und Werk lernen, wenn es uns gelingt ihn historisch einzuordnen und wenn wir seine Texte kritisch lesen, bedeutet das in diesem Zusammenhang, sie respektvoll zu behandeln. Die oben erwähnten Briefe tun nichts dergleichen.

Übersetzung: Ulrich Bach

Bruno Bettelheim 1984 auf dem Münchner Märchenkolloquium

Bruno Bettelheim
ONE SIERRA LANE • PORTOLA VALLEY, CALIFORNIA 94025
415-851-2018

November 24, 1982

Dear Dr. Fisher:

Thank you very much for having sent me your very interesting article on Civilization and its Discontent. I read it and found it illuminating in regard to Freud's controversy with Romain Rolland. As far as I understand your position, in my reading of it I found it much more assertive and convincing than I guess you did.

But this might very well be due to the difference in time and place where I read it first, and where you did. This leads me to the main regret I have about your study: As a historian I would have hoped you would place this essay more in the context of the time in which Freud wrote it, a historical situation radically different from where one finds oneself today in California.

Everything that is written is timeless and timebound Your article does justice only to the first and not sufficiently to the latter. Incidentally, I am sure you realize that the title of this essay is badly mistranslated, something you might consider should you continue your study of it.

Sincerely yours,

Bruno Bettelheim
ONE SIERRA LANE • PORTOLA VALLEY, CALIFORNIA 94025
415-851-2016

June 24, 1983

Dear Dr. Fisher:

I appreciate your courtesy of having sent me a copy of your review of my little book on the English translations of Freud. When I wrote it, I did not expect that everybody would agree with me, least of all the official psychoanalytic American establishment. Why should they, after having for years accepted these deficient translations as the bible? Their reaction to the book was mostly icy silence. If so, so be it. What pleased me was that I got many spontaneous reactions from a wide variety of intellectuals who wrote me that for the first time Freud made sense to them. They ranged from a nobel prize winner in economics to the greatest living mathematician, to highschool juniors. This gladdens me, because this is the group I tried to reach. I did not expect to make a dent among the psychoanalysts. If I write something I expect everybody to respond in terms of his or her frame of reference. If it stimulates somebody to some serious thinking, as you obviously were, this is all I can hope for.

Just one correction: I did not plan to publish first an excerpt in The New Yorker. They picked up the book before publication from the publisher and decided to print part of it. which, of course, delighted me. But it was not planned by me, it was just a pleasant surprise.

If you are interested in another reaction to the Strachey translations, if you have not yet read it, may I bring to your attention Darious Ornston's article "Strachey's Influence" in part 4 of the International Journal of Psychoanalysis, volume 63, 1982.

As for Anna Freud's authorization of these translations, this is a long and complex story which has to do with her relation to her father, and the role of guardian of psychoanalysis she chose. In regard to her the official psychoanalytic attitude is that everybody has ambivalences about his parents, with the one exception of Anna Freud.

Well enough of that.

Sincerely yours,
Bruno Bettelheim

LOS ANGELES PSYCHOANALYTIC SOCIETY & INSTITUTE
2014 Sawtelle Boulevard
Los Angeles, California 90025
(213) 478-6541

PRESENTS

BRUNO BETTELHEIM, PH.D.

"HOW I BECAME A PSYCHOANALYST"

Thursday May 18, 1989
8 P.M. LAPSI Auditorium

discussant: David James Fisher, Ph.D.

Professor Bettleheim will be presented with Honorary Membership Status in the *Los Angeles Psychoanalytic Society* and Institute at this meeting. He is recognized throughout the world as one of the greatest living child psychologists, and has been honored especially for his work with autistic children. He was born in Vienna in 1903, received his doctorate at the University of Vienna, and came to America in 1939 after a year in the concentration camps of Dachau and Buchenwald.

Dr. Bettelheim is the author of numerous books, including the following which will be available at the meeting: FREUD & MAN'S SOUL, THE EMPTY FORTRESS, THE USES OF ENCHANTMENT, A HOME FOR THE HEART, and TRUANTS FROM LIFE.

Lee Shershow, M.D.
Chairman, Professional Education

Mark F. Orfirer, M.D.
President

(There will be no paper circulated for this presentation.)

Einladung zur Verleihung der von David James Fisher vorangetriebenen Ehrenmitgliedschaft für Bettelheim in der Psychoanalytischen Gesellschaft und dem Psychoanalytischen Institut von Los Angeles; siehe S. 59 und 70 in diesem Buch

The University of Chicago
CHICAGO 37, ILLINOIS

The Orthogenic School
1365 EAST SIXTIETH STREET

July 21, 1946

Lieber Ernst:

Deine Broschuere habe ich noch nicht erhalten. Dein Vater war so lieb und hat mir eine Kopie Deines Buchenwald artikels geschickt. Ich finde diese Arbeit ausgezeichnet, nur ist sie glaube ich noch nicht druckreit. Ich hoffe, Du wirst es mir nicht uebel nehmen, wenn ich Dir sage dass man es dieser Arbeit ansieht, dass sie zu bald nach der Befreiung geschrieben wurde. Man muss zu diesen Dingen Distanz bekommen. Mich hat ganz besonders interessiert die Zersetzung im Lager, und die Zersetzung der SS. Das musst Du unbedingt noch weiter analysieren und dann drucken lassen. Ich habe keinen Zweifel, dass Du dieser Arbeit auch schon jetzt gedruckt haben kannst, aber ich glaube, dass Du Dir damit die Moeglichkeit verdirbst eine viel bessere Arbeit zu schreiben, sowie Du mehr darueber nachgedacht hast. Die Arbeit wie ich sie gelegen habe, ist zu ungleichmaessig. Neben ausgezeichneten und wichtigen Beobachtungen, die nicht genuegend diskutiert sind, sind Wiederholungen und verhaeltnismaessig nebensaechliche Bemerkungen. Ich glaube Du wolltest zuviel, udn zuviel auf einmal sagen. Fuer mich war die Arbeit ungeheuer interessant, aber cih habe mich ja jahrelang mit dem Problem beschaeftigt. Und das kann man von dem gewoehnlichen Leser nicht voraussetzen. Instatt eine Arbeit zu schreiben, die das ganze Problem behandelt. wuerde ich Dir vorschlagen eine Arbeit erst ueber ein Problem, z.B. nur das Verhalten der Gefangenen, zu schreiben, dann eine andere, nur ueber die Gestapo, und so weiter.

Es tut mir schrecklich leid, dass Du und Hilde diese Schwierigkeiten haben. Hier sind die Dinge auch nicht gerade schoen. Was soll man schon machen.

Die Arbeit ueber Biro habe ich an Dwight MacDonald geschickt und ihn gebeten sie wieter zu leiten. Leider habe ich nichts mehr darueber gehoert. Zuviele Europaeische Kuenstler sind ja leider in derselben Lage. Die Indifferenz hier ist zum Kotzen. Die refugees wie ich haben soviele persoenliche Freunde und Verwandten, denen sie helfen muessen, und die Amerikaner sind schon sehr muede, Du weisst ja, man will nicht immer an die menschlichen Verpflichtungen erinnert werden.

Schreib mir wieder mal, ich freue mich immer, von Dir zu hoeren. Alles Gute und hoffentlich wirst Du bald herueber kommen koennen.

Herzlichst

Dieser Brief an Ernst Federn vom 21.7.1946 bezieht sich auf Enst Federns erste Konzentrationslager-Studie »Der Terror als System« nach dessen glückliche Befreiung im April 1945 aus Buchenwald. Dort, in Buchenwald, hatte Bettelheim Ernst Federn kennengelernt. Der Briefwechsel zwischen Bettelheim und Federn wurde in R. Kaufhold (Hg. 1999): *Ernst Federn – Versuche zur Psychologie des Terrors* (Psychosozial-Verlag) publiziert und kommentiert. Dieser Brief wurde dort diskutiert (a. a. O. S. 162f.)

Literatur

Aichhorn, A. (1925/1977): Verwahrloste Jugend. Die Psychoanalyse in der Fürsorgeerziehung. Bern, Stuttgart, Wien (Huber).

Aichhorn, T. (Hg. 2003): Zur Geschichte der Wiener Psychoanalytischen Vereinigung I, 1938–1949, Luzifer-Amor, 16. Jg, Heft 31, 2003.

Aichhorn, T. (2003a): Bettelheim und die Wiener Psychoanalyse. In: Kaufhold/Löffelholz (Hg. 2003).

Ammon, G. (Hg. 1973): Psychoanalytische Pädagogik. Hamburg.

Becker, D. (1992): Ohne Haß keine Versöhnung. Das Trauma der Verfolgten. Freiburg i. Br. (Kore)

Becker, S. (1994): Die Bedeutung Bruno Bettelheims für die psychoanalytische Sozialarbeit in Deutschland. In: Kaufhold (Hg. 1994), S. 237–243.

Benveniste, D. (1992): Siegfried Bernfeld in San Francisco. Ein Gespräch mit Nathan Adler. In: Reichmayr/Fallend (Hg. 1992), S. 300–315.

Bernfeld (1925/1973): Sisyphos oder die Grenzen der Erziehung. Frankfurt a. M. (Suhrkamp).

Bruno Bettelheim

Im Folgenden werden zuerst Bettelheims Bücher, sowie im Anschluss eine kleine Auswahl aus Bettelheims sonstigen Publikationen genannt. Die Zitation der Bücher erfolgte gemäß dem Erscheinungstermin der deutschsprachigen Ausgabe.

Bettelheim, B., & Janowitz, M. (1950): Dynamics of Prejudice: A Psychological and Sociological Study of Veterans. New York. (Wiederabgedruckt in Bettelheim & Janowitz (1964): Social Change and Prejudice. New York).

Bettelheim, B. (1962; dt. 1962): Gespräche mit Müttern. München. (Dialogues with Mothers. New York).

Bettelheim, B. (1960; dt. 1964): Aufstand gegen die Masse. Die Chance des Individuums in der modernen Gesellschaft. Frankfurt a. M. (The Informed Heart – Autonomy in a Mass Age. New York).

Bettelheim, B. (1950; dt. 1971): Liebe allein genügt nicht. Die Erziehung emotional gestörter Kinder. Stuttgart. (Love is Not Enough. New York).

Bettelheim, B. (1969; dt. 1971a): Die Kinder der Zukunft. Gemeinschaftserziehung als Weg einer neuen Pädagogik. München. (The Children of the Dream. New York).

Bettelheim, B. (1955; dt. 1973): So können sie nicht leben. Die Rehabilitierung emotional gestörter Kinder. München. (Truants from Life. The Rehabilitation of Emotionally Disturbed Children. New York).

Bettelheim, B. (1974; dt. 1975): Der Weg aus dem Labyrinth. Leben lernen als Therapie. Stuttgart. (A Home for the Heart. New York).

Bettelheim, B. (1954; dt. 1975a): Die Symbolischen Wunden. Pubertätsriten und der Neid des Mannes. München. (Symbolic Wounds. New York).

Bettelheim, B. (1967; dt. 1977): Die Geburt des Selbst. The Empty Fortress. Frankfurt a. M. (The Empty Fortress. Infantile Autism and the Birth of the Self. New York).

Bettelheim, B. (1976; dt. 1977a): Kinder brauchen Märchen. Stuttgart. (The Uses of Enchantment. New York).

Bettelheim, B. (1979; dt. 1980): Erziehung zum Überleben. Zur Psychologie der Extremsituation. München. (Surviving and Other Essays, New York).

Bettelheim, B., & Zelan, K. (1981; dt. 1982): Kinder brauchen Bücher. Lesen lernen durch Faszination. Stuttgart. (On Learning to Read. The Child's Fascination with Meaning. New York).

Bettelheim, B., & Karlin, D. (1975; dt. 1983): Liebe als Therapie. Gespräche über das Seelenleben des Kindes. München. (Un autre regard sur la folie. Paris).

Bettelheim, B. (1982; dt. 1984): Freud und die Seele des Menschen. München. (Freud and Man's Soul. New York).

Bettelheim, B. (1987; dt. 1987): Ein Leben für Kinder. Erziehung in unserer Zeit. Stuttgart. (A Good Enough Parent. New York).

Bettelheim, B. (1990; dt. 1990): Themen meines Lebens. Essays über Psychoanalyse, Kindererziehung und das Schicksal der Juden. Stuttgart. (Freud's Vienna and Other Essays. New York).

Bettelheim, B., & Rosenfeld, A. A. (1993; dt. 1993): Kinder brauchen Liebe. Gespräche über Psychotherapie. Stuttgart. (The Art of the Obvious. Developing Insight for Psychotherapy and Everyday Life. New York).

Sonstige Publikationen Bettelheims

Bettelheim, B. (1937): Das Problem des Naturschönen und die moderne Ästhetik. Dissertation, Wien.

Bettelheim, B. (1943): Individual and Mass Behavior in Extreme Situations. In: Journal of Abnormal and Social Psychology, 38, October: S. 417–452. Deutsche Fassung: Individuelles und Massenverhalten in Extremsituationen. In: B III, S. 47–57.

Bettelheim, B. (1944): Behavior in Extreme Situations. In: Politics, 1, August, S. 199–209.

Bettelheim, B. (1947a): The Concentration Camp as a Class State. In: Modern Review, 1, October, S. 628–637.

Bettelheim, B. (1947b): The Dynamism of Anti-Semitism in Gentile and Jew. In: Journal of Abnormal and Social Psychology, 42 (2), S. 153–168.

Bettelheim, B. (1948): Closed Institutions for Children? In: Bulletin of the Menninger Clinic, 12: 135–142.

Bettelheim, B. (1948a): The Social Studies Teacher and the Emotional Needs of Adolescents. In: School Review, 56: S. 585–592. Deutsche Fassung: Der Sozialkundelehrer und die emotionalen Bedürfnisse seiner Jugendlichen. In: Fürstenau, P. (Hg.) (1974): Der psychoanalytische Beitrag zur Erziehungswissenschaft. Darmstadt, S. 336–348.

Bettelheim, B. (1949a): Review of: Mitscherlich, A.: Doctors of Infamy – The Story of the Nazi Medical Crimes. New York. In: The American Journal of Sociology, 55, S. 214f.

Bettelheim, B., & Sylvester, E. (1949b): »Milieu Therapy« – Indications and Illustrations. In: The Psychoanalytic Review, 36, S. 54–68.

Bettelheim, B. (1950): Review of Eissler, K. R. (Hg.) : Searchlights on Delinquency – New Psychoanalytic Studies. In: The American Journal of Sociology, 56, S. 104–105.

Bettelheim, B. (1951): How Arm Our Children Against Anti-Semitism? A Psychologist's Advice to Jewish Parents. In: Commentary, 12, September, S. 209–218.

Bettelheim, B. (1951a): Helping Jewish Children to Face Prejudice. In: Jewish Affairs, October: 4–8.

Bettelheim, B. (1955): Individual Autonomy and Mass Controls. In: Adorno, T.W., & Dirks, W. (Hg.): Sociologica. Frankfurt a. M., S. 245–262.

Bettelheim, B. (1956): Schizophrenia as a Reaction to Extreme Situations. In: The American Journal of Orthopsychiatry, 26, July, S. 507–518. Deutsche Fassung, gekürzt, mit einigen Ergänzungen und anderen redaktionellen Veränderungen: Schizophrenie als Reaktion auf Extremsituationen. In: Bettelheim, B.: Erziehung zum Überleben. Zur Psychologie der Extremsituation. Stuttgart, S. 126–138.

Bettelheim, B. (1959): A Note on the Concentration Camps. Review of Frankl, Victor E.: From Death Camp to Existentialism: A Psychiatrist's Path to a New Theory. In: Chicago Review, 8 , S. 113–114.

Bettelheim, B. (1960): Emotional Blocks to Learning: A Problem Learner. In: Parents Magazine, May, S. 114–117.

Bettelheim, B. (1964): Antwort an Richter Musmanno. In: Die Kontroverse Hannah Arendt, Eichmann und die Juden. München, S. 117–118.

Bettelheim, B. (1969a): Children Must Learn To Fear. In: The New York Times Magazine, April, 1969, S. 125, 135–136, 140–145.

Bettelheim, B. (1969b): Psychoanalysis and Education. In: The School Review, 77 (2), S. 73–86.

Bettelheim, B. (1970): The Importance of Fairy Tales. In: The Instructor, 86 (1), S. 79f.

Bettelheim, B. (1971): The Anatomy of Academic Discontent. In: Hook, S. (Hg.) (1971): In Defense of Academic Freedom. New York, S. 61–74.

Bettelheim, B. (1978): Holocaust. Überlegungen, ein Menschenalter danach. In: Der Monat, Heft 2, S. 5–24.

Bettelheim, B. (1979a): Vorwort zu Jurgensen, G. (1979): Die Schule der Ungeliebten. Als Kindertherapeutin bei Bruno Bettelheim. München, S. 9–12.

Bettelheim, B. (1979b): Autismus und Psychoanalyse. In: Psychologie heute, 3 (2), S. 12–18.
Bettelheim, B. (1985): »...Wenn man so lebensmüde wird, dass man nur noch leben will...« Reflexe eines Gesprächs mit Bruno Bettelheim über die Friedens- und Ökologiebewegungen. In: Tagesanzeiger Magazin (Zürich), Nr. 10, März, S. 18–27.
Bettelheim, B. (1987): Kinder brauchen Monster. Aus einem Gespräch mit dem Psychoanalytiker Bruno Bettelheim über das Leben heute. In: Frankfurter Rundschau, 13.10.1987, S. 9.
Bettelheim, B. (1988): Kulturtransfer von Österreich nach Amerika, illustriert am Beispiel der Psychoanalyse. In: Stadler, F. (Hg.) (1988): Vertriebene Vernunft II. Emigration und Exil österreichischer Wissenschaft 1930–1940. Wien, München, S. 216–220.
Bettelheim, B. & Ekstein, R. (1994): Grenzgänge zwischen den Kulturen. Das letzte Gespräch zwischen Bruno Bettelheim und Rudolf Ekstein. In: Kaufhold, R. (Hg.) (1994), S. 49–60.

***

Brecht, B. (1976): An die Nachgeborenen, in: M. Kersting (1976): Bertolt Brecht in Selbstzeugnissen und Bilddokumenten. Hamburg (Rowohlt), S. 150-153.
Buxbaum, E. (1973): Die Rolle der Eltern bei der Ätiologie von Lernstörungen. In: Ammon, G. (Hg., 1973), S. 204-237. (Dieser Aufsatz ist mit einer etwas abweichenden Übersetzung auch erschienen in: Psyche 20, 1966, S. 161-187).
Eissler, K. R. (Hg.) (1949): Searching on Delinquency. New York (International Universities Press).
Ekstein, R. (1939/1994): Demokratische und faschistische Erziehung aus der Sicht eines Lehrers und Flüchtlings – Oktober 1939. In: Wiesse (Hg., 1994), S. 138-151.
Ekstein, R./Motto, E. L. (1963): Psychoanalyse und Erziehung – Vergangenheit und Zukunft, Praxis der Kinderpsychologie und Kinderpsychiatrie, 12 (6), S. 213–233.
Ekstein, R. (1968): Review of B. Bettelheim: The Empty Fortress. In: Psychoanalytic Quarterly, 37 (2), S. 296.
Ekstein, R. /Motto, R. L. (1969): From learning of love to love of learning, New York.
Ekstein, R. (1969a): The Full Fortress, Psychiatry and Social Science Review, 3 (8), S. 2–8.
Ekstein, R. (1973): Grenzfallkinder München (Reinhardt).
Ekstein, R. (1973a): Book Review: A Home for the Heart by Bruno Bettelheim.
Ekstein, R. (1987): Die Vertreibung der Vernunft und ihre Rückkehr. In: Stadler, F. (Hg. 1987): Vertriebene Vernunft I. Emigration und Exil österreichischer Wissenschaft 1930-40, München-Wien, S. 472–477.

Ekstein, R./Fallend, K./Reichmayr, J. (1988): »Too late to start life afresh«. Siegfried Bernfeld auf dem Weg ins Exil. In: Stadler, F. (Hg. 1988): Vertriebene Vernunft II. Emigration und Exil österreichischer Wissenschaft 1930–40, Wien-München, S. 230–241.

Ekstein, R. (1989): Grußwort anläßlich des 10jährigen Bestehens des Vereins für Psychoanalytische Sozialarbeit e.V., *psychosozial* 12, Heft 37, S. 13–17.

Ekstein, R. (1994): Vorwort. Zu: Kaufhold (Hg., 1994), S. 10–12.

Ekstein, R. (1994a): Mein Freund Bruno (1903–1990). Wie ich mich an ihn erinnere. In: Kaufhold (Hg., 1994), S. 87–94.

Federn, E. (1976): Marxismus und Psychoanalyse. In: Die Psychologie des 20. Jahrhunderts, Bd. II: Freud und die Folgen (1), Hg. Dieter Eicke, Zürich, S. 1037–1058.

Federn, E. (1990): Leserbrief an »Commentary« vom Dezember 1990 zum Artikel von Angres: »Who really was Bruno Bettelheim?«. Veröffentlicht in Kaufhold (1999a), S. 162f.

Federn, E. (1993): Zur Geschichte der Psychoanalytischen Pädagogik. In: Kaufhold (Hg. 1993), S. 70–78.

Federn, E. (1994): Bruno Bettelheim und das Überleben im Konzentrationslager. In: Kaufhold (Hg., 1994), S. 125–127, sowie in Kaufhold (Hg. 1999), S. 105–108.

Federn, E. (1997): Leserbrief an den »Spiegel« vom 19.2.1997, veröffentlicht in Kaufhold (1999a), S. 176f.

Federn, E. (1999): Ein Leben für die Psychoanalyse. Von Wien über Buchenwald und die USA zurück nach Wien, Gießen 1999 (Psychosozial-Verlag).

Federn, E. (1999a): Versuche zur Psychologie des Terrors. Material zum Leben und Werk von Ernst Federn (Hg.: Roland Kaufhold). Gießen (Psychosozial-Verlag).

Fenichel, O. (1999): Aufsätze (2 Bd.). Gießen (Psychosozial-Verlag).

Fenichel, O. (1999): Psychoanalytische Neurosenlehre (3 Bd.). Gießen (Psychosozial-Verlag).

Fenichel, O. (2001): Probleme der Psychoanalytischen Technik. Gießen (Psychosozial-Verlag).

Wichtige Publikationen von David James Fisher

Fisher, D. J. (1973): Malraux's Imagination: the Mythical Nature of Character Portraits in Anti-Memoirs. In: The French Review, 47, No. 2, December, 1973, S. 360–373.

Fisher, D. J. (1974): Romain Rolland and the Polularization of Gandhi. In: Gandhi Marg, 18, No. 3, July, 1974, S. 145–180.

Fisher, D. J. (1974a): The Rolland-Barbusse Debate, in: Survey, No. 2/3 (91/92), Spring-Summer, 1974, S. 121–159.

Fisher, D. J. (1976): Sigmund Freud and Romain Rolland: The Terrestrial Animal and His Great Oceanic Friend. In: American Imago, 33, No. 1, Spring, 1976, S. 1–59.
Fisher, D. J. (1977): Freud et Rolland, In: Topique: Revue Freudienne, No. 18, January, 1977, S. 117–155.
Fisher, D. J. (1977a): Romain Rolland and the French People's Theatre. In: The Drama Review, 21, No. 1, March, 1977, S. 75–90.
Fisher, D. J. (1977b): The Origins of the French Popular Theatre. In: The Journal of Contemporary History, 12, No.3, July 1977, S. 461–497.
Fisher, D. J. (1978): Malraux: Left Politics and Anti-Fascism in the 1930's. In: Twentieth Century Literature, 24, No. 3, Fall, 1978, S. 290–302.
Fisher, D. J. (1981): Psychoanalysis and Interpretation, in: Humanities in Society, 4, No. 2-3, Spring/Summer, 1981, S. 115–120.
Fisher, D. J. (1981a): Pacifism and the Intellectual.In: Peace and Change, 7, No. 1-2, Winter, 1981, S. 85–96.
Fisher, D. J. (1981b): Lacan's Ambiguuous Impact on Contemporary French Psychoanalysis. In: Contemporary French Civilization, 7, No. 1-2, Fall/Winter, 1981, S. 89–114.
Fisher, D. J. (1982): Reading Freud's Civilization and its Discontents. In: Modern European Intellectual History: Reappraisals and New Perspectives (Cornell University Press, 1982), Hg. Dominick LaCapra und Steven L. Kaplan, S. 251–279.
Fisher, D. J. (1983): Review of Bettelheim's »Freud and Man's Soul«. In: Los Angeles Psychoanal. Bull. 1 (4), S. 20–26.
Fisher, D. J. (1984): The Analytic Triangle, in: Partisan Review, 53, No. 3, Summer, 1984, S. 473–480.
Fisher, D. J. (1986): The Question of Psychohistory, in: Partisan Review, No. 3, Summer, 1986, S. 474–478.
Fisher, D. J. (1988): Romain Rolland and the Politics of Intellectual Engagement, Berkeley, California, University of California Press, 1988.
Fisher, D. J. (1988a): Psychanalyse et engagement: Otto Fenichel et les Freudiens politiques. In: Revue Internationale d'Histoire de la Psychoanalyse, I, 1988, S. 375–390.
Fisher, D. J. (1991): Cultural Theory and Psychoanalytic Tradition. New Brunswick, New Jersey (Transaction Publishers).
Fisher, D. J. (1991a): Bruno Bettelheim's Achievement. In: Free Associations, Vol. 2, Part 2, No. 22, July, 1991, S. 191–201.
Fisher, D. J. (1995): Father's Day, Tikkun, May/June, 1995, S. 69–72.
Fisher, D. J. (1996): Father's Day 1994. In: The American Psychoanalyst, Vol. 30, No. 2, Spring, 1996, S. 23–30.
Fisher, D. J. (1996a): Jews, Patients, and Fathers in Sartre's Freud Scenario, in: Sartre Studies International, Vol 2, No. 2, 1996, S. 1–26.
Fisher, D. J. (1996b): Remembering Robert J. Stoller. In: The Psychoanalytic Review, Vol. 83, No. 1, Winter, 1996, S. 1–10.
Fisher, D. J. (1997): Avant–propos, Stoller's Notes sur Foucault, in: Revue Francaise de Psychanalyse, Vol. 61, No. 3, July-September, 1997, S. 1003–1011.

Fisher, D. J. (1998): L.A.P.S.I. Interview Series. In: The Free Associator (LAPSI Newsletter), Vol. 2, No. 4, December, 1998, S. 2–6.
Fisher, D. J. (1999): Sartre's Freud: Dimensions of Intersubjectivity in The Freud Scenario. In: Endless Night: Cinema and Psychoanalysis, Parallel Histories (University of California Press, 1999), Hg. Janet Bergstrom, S. 126–152.
Fisher, D. J. (2002): Buchbesprechung: Unfree Associations: Inside Psychoanalytic Institutes by Dougals Kirsner, in: American Imago. Studies in Psychoanalysis and Culture, Vol. 59, Summer 2002, No. 2, S. 209–224.

***

Frattaroli, E. J. (1994): Bruno Bettelheim's Unrecognized Contribution to Psychoanalytic Thought. In: Psychoanalytic Review 3/1994, S. 379ff.
Fremon, C. (1994): Liebe und Tod. Ein Gespräch zwischen Bruno Bettelheim und Celeste Fremon. In: Kaufhold (Hg., 1994), S. 99–111.
Fremon, C. (2002): The Man in the White Coat. Review of: T. Raines: Rising to the Light. A Portrait of Bruno Bettelheim, Los Angeles Times, Sunday, September 15, 2002, S. 6 (Book reviews).
Freud, S. (1924): Der Realitätsverlust bei Neurose und Psychose. GW XIII, S. 361–368.
Freud, S. (1925): Geleitwort zu »Verwahrloste Jugend« von August Aichhorn. GW XIV, S. 565–567.
Freud, S. (1930): Das Unbehagen in der Kultur. Frankfurt a. M., S. 63–129.
Freud, S./Pfister, O. (1963): Briefe 1909–1939, Frankfurt a. M. (S. Fischer).
Friedländer, S. (1979): When Memory Comes (trans. H. R. Lane).: Farrar, Straus, Giroux, New York.
Gerspach, M. (1994): George, der Ausreißer. Bruno Bettelheims Anregungen für die Heilpädagogik. In: Kaufhold (Hg. 1994), S. 244–256.
Goleman, D. (1990a): Bettelheim's Suicide Tied to Many Troubles. In: New York Times, March 15.
Goleman, D. (1990b): Bruno Bettelheim Dies at 86. Psychoanalyst of Vase Impact. In: New York Times, March 14.
Gottlieb, R. (2003): The Strange Case of Dr. B., The New York Review of Books, February 27, 2003.
Gottschalch, W. (2003): Bruno Bettelheims Beitrag zu einer skeptischen Pädagogik. Annäherungen an Bruno Bettelheim über Begegnungen mit Ausnahmesituationen. In: Kaufhold/Löffelholz (Hg. 2003).
Heinsohn, G. (1994): Bruno Bettelheims Mütter und Kinder des Kibbutz. In: Kaufhold (Hg. 1994), S. 175–183.
Horn, K. (1965): Rezension von B. Bettelheim: Aufstand gegen die Masse. Die Chance des Individuums in der modernen Gesellschaft, Psyche 19, S. 819–823.

Ignatieff, M. (1994): Die Einsamkeit der Überlebenden. In: Kaufhold (Hg. 1994), S. 112–115.

Jaccard, J. (1995): Doctor of the well varnished truth. (Buchbesprechung von Nina Sutton: Bruno Bettelheim). In: Le Monde, nachgedruckt in Guardian Weekly, 23.7.1995, S. 16.

Jacobsen, K. (2000): Blaming Bettelheim, Psychoanalytic Revue 87, S. 385-415; auf deutsch (2003): Bettelheim beschuldigen. In: Kaufhold/Löffelholz (Hg. 2003).

Jacoby, R. (1985): Die Verdrängung der Psychoanalyse. Oder: Der Triumph des Konformismus. Frankfurt a. M. (Fischer TB).

Jurgensen, G. (1979): Die Schule der Ungeliebten. Als Kindertherapeutin bei Bruno Bettelheim, München (dtv).

Karlin, D. (1994): Bruno Bettelheim über seine Arbeit, die Krise der Psychoanalyse, Alter und Selbstmord. Gespräch zwischen Daniel Karlin und Bruno Bettelheim. In: Kaufhold (Hg. 1994), S. 67–70.

Kaufhold, R. (Hg. 1993): Pioniere der Psychoanalytischen Pädagogik: Bruno Bettelheim, Rudolf Ekstein, Ernst Federn und Siegfried Bernfeld, *psychosozial* Heft 53 (I/1993), 16. Jhg.

Kaufhold, R. (1993a): Zur Geschichte und Aktualität der Psychoanalytischen Pädagogik. Fragen an Rudolf Ekstein und Ernst Federn. In: Kaufhold (1993), S. 9–19.

Kaufhold, R. (Hg. 1994): Annäherung an Bruno Bettelheim, Mainz.

Kaufhold, R. (1996): Nina Sutton: Bruno Bettelheim: Auf dem Weg zur Seele des Kindes. Kinderanalyse 4/1996, S. 427–434.

Kaufhold, R. (Hg. 1999): Ernst Federn: Versuche zur Psychologie des Terrors. Material zum Leben und Werk von Ernst Federn, Gießen (Psychosozial-Verlag).

Kaufhold, R. (1999a): Material zur Geschichte der Psychoanalyse und der Psychoanalytischen Pädagogik: Zum Briefwechsel zwischen Bruno Bettelheim und Ernst Federn. In: Kaufhold (1999), S. 145–172.

Kaufhold, R. (1999b): »Falsche Fabeln vom Guru?« Der »Spiegel« und sein Märchen vom bösen Juden Bruno Bettelheim. In: Behindertenpädagogik, 38. Jg., Heft 2/1999, S. 160–187.

Kaufhold, R. (2000): »Literatur ist das Gedächtnis der Menschheit«. Hans Keilson zum 90. Geburtstag. In: *psychosozial* Heft 79 (1/2001), S. 123–128.

Kaufhold, R. (2001): Bettelheim, Ekstein, Federn: Impulse für die psychoanalytisch-pädagogische Bewegung. Gießen (Psychosozial-Verlag).

Kaufhold, R. (2001a): Von Wien über New York nach Seattle/Washington.Zum 100. Geburtstag von Edith Buxbaum (1902–1982), einer Pionierin der Psychoanalytischen Pädagogik. In: Zeitschrift für politische Psychologie, 2003.

Kaufhold, R./Lieberz-Groß, T. (2001): Deutsch-israelische Begegnungen, *psychosozial*, 24. Jg., Nr. 87, Heft 1/2001.

Kaufhold, R. (2002): »Dem, was man selbst erlitten hat und andere ebenfalls, kann nur abgeholfen werden, indem man lebt und handelt.« Kritischer Kommentar zu Paul Roazens Bettelheim-Studie, *psychosozial*, 25. Jg., Nr. 89, Heft 3/2002.

Kaufhold, R./R. Wagner (2002): »Psychoanalytische Pädagogik« – ein Gespräch zwischen Rolf Wagner und Roland Kaufhold. In: Fragen und Versuche Nr. 100, Juli 2002.

Kaufhold, R. (2003): Spurensuche zur Geschichte der die USA emigrierten Wiener Psychoanalytischen Pädagogen. In: Luzifer-Amor: Geschichte der Wiener Psychoanalytischen Vereinigung, (Hg. Thomas Aichhorn), Heft 1/2003.

Kaufhold, R. (2003a): Correspondence between Bruno Bettelheim and Ernst Federn. In: The Psychoanalytic Review, Volume 90 (3), Autumn 2003 (New York).

Kaufhold, R. (2003b): Bruno Bettelheim (1903–1990): Frühe biographische Wurzeln in Wien und sein psychoanalytisch-pädagogisches Wirken. In: *Kinderanalyse*, 11. Jg., Heft 3/2003.

Kaufhold, R./M. Löffelholz (Hg., 2003): Bruno Bettelheim (1903–1990): »So können sie nicht leben«. Zeitschrift für Politische Psychologie 3/2003.

Keilson, H. (1933/(1998): Wohin die Sprache nicht reicht. Vorträge uns Essays aus den Jahren 1936–1996. Gießen.

Kirschenbaum, L. M. (1991): Report of Dr. Bruno Bettelheim's Presentation: »How I became a Psychoanalyst«. In: L. A. Psychoanal. Bull., Summer 1989, S. 3–7.

Kirsner, D. (2000): Unfree Associations: Inside Psychoanalytic Institutes.

Koelbl, H. (1994): Jüdische Porträts – Ein Gespräch mit Bruno Bettelheim. In: Kaufhold (Hg. 1994), S. 61–66.

Leber, A./M. Gerspach (1996): Geschichte der Psychoanalytischen Pädagogik in Frankfurt am Main. In: Plänkers, T. u.a. (Hg. 1996): Psychoanalyse in Frankfurt am Main. Tübingen (edition diskord), S. 489–541.

Levi, P. (1990): Die Untergegangenen und die Geretteten. München, Wien (Hanser).

Löffelholz, M. (2003): Bettelheim als antiautoritärer Lehrer in Deutschland – Erinnerungen aus den 50er Jahren. In: Kaufhold/Löffelholz (Hg. 2003).

Maas, M. (2003): Assoziationen zum Einfluss Bettelheims auf die Genese der »Gesprengten Institution« Hagenwört. Ein psychoanalytisch-pädagogisches Modell für Menschen mit seelischem Handicap. In: Kaufhold/Löffelholz (Hg. 2003).

Mauthe-Schonig, D. (1996): »Die kleine weiße Ente hat einen Traum...« Psychoanalytische Anmerkungen zu einem Grundschulunterricht, in dem regelmäßig Geschichten erzählt werden. In: Jahrbuch für Psychoanalytische Pädagogik 7, Mainz.

Mehlhausen, J. (1990): Gedenken an Bruno Bettelheim. In: Zeitschrift für Pädagogik, 36 (6), S. 793–803.

Oesterle-Stephan, A.-K. (1999): Erfahrungen einer Extremtraumatisierung und deren Folgen. Gedanken zum Leben und Werk Bruno Bettelheims. Vortragsmanuskript.

Parin, P. (1990): Es ist Krieg und wir gehen hin. Bei den jugoslawischen Partisanen. Berlin (Rowohlt).

Parin, P. (1993): Karakul. Erzählungen. Hamburg (Europäische Verlagsanstalt).

Parin, P./G. Parin-Matthèy (2000): Subjekt im Widerspruch. Gießen (Psychosozial-Verlag).

Raines, T. (2002): Rising to the light: A Portrait of Bruno Bettelheim. New York (Alfred A. Knopf).

Reich, K. (1993): Zur Psychologie extremer Situationen bei Bettelheim und Federn. In: Kaufhold (Hg. 1993), S. 83–93.

Reich, K. (1994): Bettelheims Psychologie der Extremsituation. In: Kaufhold (Hg. 1994), S. 134–155.

Reichmayr, J./E. Mühlleitner (1998): Otto Fenichel 119 Rundbriefe, Bd. I (Europa) und II (Amerika). Frankfurt a. M. (Roter Stern/Stroemfeld).

Richter, H.-E. (2003): Psychoanalyse und Politik. Gießen (Psychosozial-Verlag).

Richter, H.-E. (2003a): Geburtstagsfeier 6. Juni 2003. Ansprache vor dem Gießener Psychoanalytischen Institut (Vortragsmanuskript, 4 S.).

Roark, A. C. (1991): Hitting our Heroes When They're Dead. In: San Jose Mercury News, 9. März, S. 20f.

Roazen, P. (2002): Aufstieg und Fall von Bruno Bettelheim, *psychosozial*, 25. Jg., Nr. 89, Heft 3/2002, S. 103–119.

Sanders, J. (1993): Bruno Bettelheim und sein Vermächtnis: Die Orthogenic School in den neunziger Jahren - Vortrag auf dem Ehemaligentreffen der Universität von Chicago zu Ehren Bruno Bettelheims in Los Angeles. In: Kaufhold (Hg. 1993), S. 29–33.

Schmauch, U. (1977): Ist Autismus heilbar? Zur Psychoanalyse des frühkindlichen Autismus, Frankfurt a. M.

Schmauch, U. (1994): Das Gefühl der Hölle. Sprache und Methode bei Bruno Bettelheim. In: Kaufhold (Hg. 1994), S. 128–133.

Simmel, E. (1993): Psychoanalyse und ihre Anwendungen. Ausgewählte Schriften (Hg. L. M. Hermanns/U. Schultz-Venrath), Frankfurt a. M. 1993 (Fischer TB).

Sterba, R. (1985): Erinnerungen eines Wiener Psychoanalytikers. Frankfurt a. M. (Fischer TB).

Stork, J. (1977): Wenn es ein Paradoxon gibt. Vorwort zu B. Bettelheim: Die Geburt des Selbst, München, S. IX–XV.

Stork, J. (1994): Zur Entstehung der Psychosen im Kindesalter. In: Kinderanalyse 2/1994, S. 208–248.

Sutton, N. (1996): Bruno Bettelheim. Auf dem Weg zur Seele des Kindes. Hamburg.

Teuns, S. (1991): In memoriam Bruno Bettelheim (Wien 1903–Silverspring/Washington 1990). In: arbeitshefte kinderpsychoanalyse 13, 1991, S. 85–93.

Wirth, H.-J. (Hg., 1997): Geschichte ist ein Teil von uns. In: *psychosozial* Heft 67 (I/1997).

Wirth, H.-J. (2002): Narzissmus und Macht. Zur Psychoanalyse seelischer Störungen. Gießen (Psychosozial-Verlag).

Wirth, H.-J./Haland-Wirth T. (2003): Emigration, Biographie und Psychoanalyse. Emigrierte PsychoanalytikerInnen in Amerika. In: Kaufhold/Löffelholz (Hg. 2003).

Zimmerman, D.P. (1991): The Clinical Thought of Bruno Bettelheim: A Critical Historical Review. In: Psychoanalysis and Contemporary Thought: A Quarterly of Integrative and Interdisciplinary Studies, 14 (4), S. 685–721.

Drucknachweise

Psychoanalytische Kulturkritik und die Seele. Engl.: Psychoanalytic Cultural Criticism and the Soul. In: Fisher (1991): Cultural Theory and Psychoanalytic Tradition, S. 139–157.

Zum psychoanalytischen Verständnis von Faschismus und Antisemitismus – Wahrnehmungen aus den 40er Jahren. Engl.: Towards a Psychoanalytic Understanding of Fascism and Anti-Semitism: Perceptions from the 1940's. In: Revue Internationale d'histoire de la Psychanalyse, 5, 1992, S. 221–241.

Ermutigung zum Spiel. Engl.: Thoughts on Bettelheim's Contribution of Parenting and the Encouragement of Play. In: Los Angeles Psychoanalytic Bulletin, Fall, 1990, S. 43–48.

Ein letztes Gespräch mit Bruno Bettelheim. Engl: A Final Conversation with Bruno Bettelheim. In: Fisher (1991): Cultural Theory and Psychoanalytic Tradition, S. 159–175.

Der Selbstmord eines Überlebenden. Einige private Wahrnehmungen zu Bruno Bettelheims Freitod. Engl.: The Suicide of a Survivor: Some Intimate Perceptions of Bettelheim's Suicide. In: The Psychoanalytic Review, Vol. 79, No. 4, Winter, 1992, S. 591–602.

Hommage an Bruno Bettelheim (1903–1990). Engl.: Hommage to Bettelheim (1903–1990). In: Fisher (1991): Cultural Theory and Psychoanalytic Tradition, S. 177–181.

OffenerBrief an *Newsweek*. Engl.: An Open Letter to Newsweek . In: Los Angeles Psychoanalytic Bulletin, Spring, 1991, S. 50f.

Leserbrief an *Society*. Engl.: Reply to Bettelheim's former patients in Society. In: Society, Vol. 28, No. 5, July/August 1991, S. 8f.

Angaben zu den Autoren

David James Fisher, geb. 1946, 1973 Ph. D. der Europäischen Kulturgeschichte an der University of Wisconsin, 1973–75 Post-Doctoral Training an der Ecole des Hautes Etudes en Sciences Sociales in Paris; 1980–1988 Psychoanalytische Lehranalyse. Er arbeitet heute in Los Angeles als Psychoanalytiker sowie als klinischer Professor für Psychiatrie an der UCLA School of Medicine, Senior Faculty Member am Los Angeles Psychoanalytic Institute, Training and Supervising Analyst am Institute of Contemporary Psychoanalysis. Diverse Zeitschriftenpublikationen in den USA, Frankreich und Deutschland.
Buchveröffentlichungen: *Romain Rolland and the Politics of Intellectual Engagement* (University of California Press, 1988); *Cultural Theory and Psychoanalytic Tradition* (Transaction Publishers, 1991).
Anschrift: 9911 West Pico Boulevard, Suite 1280, Los Angeles, California 90035.

Roland Kaufhold, geb. 1961, Dr. phil., Dipl. Päd., Studium und Ausbildung zum Sonderschullehrer. Tätig an einer Sonderschule für Sprachbehinderte in Köln. Veröffentlichungen u. a.: (Hg.) *Ernst Federn: Versuche zur Psychologie des Terrors. Material zum Leben und Werk von Ernst Federn*. Gießen 1999 (Psychosozial-Verlag); Kaufhold/Lieberz-Groß, T. (Hg. 2001): *Deutsch-israelische Begegnungen*, psychosozial Nr. 83, Heft 1/2001; *Bettelheim, Ekstein, Federn: Impulse für die psychoanalytisch-pädagogische Bewegung*. Gießen 2001(Psychosozial-Verlag); zus. mit M. Löffelholz (Hg. 2003): Bruno Bettelheim (1903–1990): »So können sie nicht Leben«, Zeitschrift für politische Psychologie, Heft 3/4, 2003.
Anschrift: Sülzgürtel 96, 50937 Köln.

Michael Löffelholz, geb.1936, Dr. phil., Dipl. Soziologe, em. Dozent am Institut für Allgemeine Erziehungswissenschaft der Universität Hamburg, Studium der Soziologie und Pädagogik in Frankfurt/Main, Promotion über Eduard Spranger, Veröffentlichungen im Bereich der Geisteswissenschaftlichen Pädagogik und der erziehungswissenschaftlichen Jugendgewaltforschung. Letzte Veröffentlichung: Zus. mit R. Kaufhold (Hg. 2003): Bruno Bettelheim (1903–1990): »So können sie nicht Leben«, Zeitschrift für politische Psychologie, Heft 3/4, 2003.
Anschrift: Löwenstr. 55, 20251 Hamburg.

2001
313 Seiten · Broschur
EUR (D) 25,90 · SFr 46,–
ISBN 3-89806-069-1

Die Studie bietet auf der Grundlage biografisch-historischer Forschungen über Leben und Werk der emigrierten österreichischen und jüdischen Psychoanalytiker und Pädagogen Bruno Bettelheim, Ernst Federn und Rudolf Ekstein eine neue Sicht der Geschichte der psychoanalytisch- pädagogischen Bewegung sowie neue Orientierungen im Grenzbereich von Pädagogik und Psychoanalyse. Diese Tradition wurde durch den Nationalsozialismus in Deutschland und Österreich vernichtet, überlebte im amerikanischen Exil im Werk von Federn, Bettelheim und Ekstein und wurde von diesen seit den 70er Jahren zurück nach Europa gebracht. Das Buch vermittelt in seiner emphatischen, narrativen und zugleich engagierten Schreibweise einen neuen und originellen Zugang zu der Art der radikalen Parteinahme, wie sie insbesondere das Lebenswerk von Bettelheim kennzeichnet. Die unauflösbare Wechselbeziehung zwischen biografischer Entwurzelung, »radikalem« pädagogisch-therapeutischem Engagement und wissenschaftlicher Forschung wird in eindrücklicher Art nachfühlbar.

Juni 2003 2 Bände
1082 Seiten Broschur
EUR (D) 49,90 · SFr 83,30
ISBN 3-89806-173-6

Mit der Geschichte Hilde und Ernst Federns wird zu verstehen versucht, wie Menschen unter schwierigsten Bedingungen leben und überleben. Über die Rekonstruktion ihrer Biographien auf rund 1000 Seiten in zwei Bänden stellt der Autor die Dialektik von totalitären Gewaltstrukturen und den Kampf von Subjekten um ihre Individualität dar.
Prinzip der Darstellung ist die kommunikative Verknüpfung der Erfahrungen und Erkenntnisse der Federns und deren Interpretation vor dem Hintergrund der wissenschaftlichen und lagerbiographischen Literatur.
Der Überlebenskampf Federns gegen den Nazi-Terror und die Shoah werden aus historischer, soziologischer und psychologischer Perspektive nachgezeichnet und analysiert. Daraus kristallisiert sich beispielsweise die nach Hannah Arendt am meisten repräsentative Kategorie des 20. Jahrhunderts – die »verschleppte Person« – sowie ein umfangreiches Bild der terroristischen Vergesellschaftung im System KZ.

2. Auflage 2000
244 Seiten · Broschur
EUR (D) 20,50 · SFr 34,90
ISBN 3-932133-47-1

Mit diesem Band liegen 50 Jahre nach ihrem Entstehen die gesammelten Studien Ernst Federns zur Psyhologie des Terrors vor. Darüber hinaus finden Sie mehrere Begleitstudien über Federns Analysen zum nationalsozialistischen Terror sowie eine Dokumentation seines Briefwechsels mit Bruno Bettelheim aus den Jahren 1945 bis 1989, mit dem Federn gemeinsam in Buchenwald inhaftiert war.

www.ingramcontent.com/pod-product-compliance
Ingram Content Group UK Ltd.
Pitfield, Milton Keynes, MK11 3LW, UK
UKHW040025200726
13854UKWH00001B/356

9 783898 062817